大学生心理健康教育教程

主　编　孙汉清　汪祥辉　老士翠
副主编　季玲杯　艾卫花　高艳红
　　　　毕泽生　万　婷
编　委　康潇珊　罗　浩　陈　春

东北大学出版社
·沈　阳·

图书在版编目（CIP）数据

大学生心理健康教育教程 / 孙汉清，汪祥辉，老士翠主编．— 沈阳：东北大学出版社，2022.6
ISBN 978-7-5517-2994-9

Ⅰ.①大… Ⅱ.①孙… ②汪… ③老… Ⅲ.①大学生-心理健康-健康教育-教材 Ⅳ.①G444

中国版本图书馆 CIP 数据核字（2022）第 095681 号

出 版 社：东北大学出版社
地址：沈阳市和平区文化路三号巷 11 号
邮编：110819
电话：024-83687331（市场部）　83680267（社务部）
传真：024-83680180（市场部）　83680265（社务部）
网址：http：//www.neupress.com
E-mail：neuph@neupress.com
印 刷 者：唐山唐文印刷有限公司
发 行 者：东北大学出版社
幅面尺寸：185 mm×260 mm
印　　张：13
字　　数：310 千字
出版时间：2022 年 7 月第 1 版
印刷时间：2022 年 7 月第 1 次印刷
策划编辑：牛连功
责任编辑：刘雨蓉　张庆琼
责任校对：周　朦
封面设计：潘正一

ISBN 978-7-5517-2994-9　　定　价：43.80 元

前言

PREFACE

心理健康教育是提高大学生心理素质、促进其身心健康和谐发展的教育，是高等院校人才培养体系的重要组成部分，也是高校思想政治工作的重要内容。通过向大学生普及心理健康知识，使其增强心理健康意识、提高心理调适能力、提升心理素质，从而使大学生身心健康、人格完善、全面发展。

为此，我们编写了《大学生心理健康教育教程》一书。本书紧扣《普通高等学校学生心理健康教育课程教学基本要求》的文件精神，以心理学的基本理论做支撑，以塑造健全人格、促进大学生身心和谐发展为主线，紧紧围绕大学生在心理成长过程中遇到的主要困惑和难题而展开。本书在理论介绍上力求贴近大学生思维特点，在内容安排上力求科学实用，以大量丰富而真实的案例为辅助，贴近大学生的日常生活，这种将常见心理问题的案例与理论探讨相结合的形式，为大学生提供了丰富的学习材料。

本书内容共有十章，涵盖大学生心理健康、自我意识、人格发展、学习心理、情绪管理、人际交往、恋爱心理、压力管理与挫折应对、心理障碍、生命教育等多个方面的知识。内容深入浅出、通俗易懂，注重逻辑性，体现实用性、可操作性、趣味性、互动性等特点。本书既可作为各高等院校大学生心理健康课程的教材和心理团体训练手册或辅助读物，也可供广大高等院校教育教学管理工作者、心理学爱好者及相关从业者阅读和参考。

本书在编写的过程中参阅了大量的有关大学生心理健康方面的著作，同时也引用了许多专家和学者的研究成果，在此表示衷心的感谢！

由于编者水平有限，加之时间仓促，本书中难免存在错误或疏漏之处，敬请读者批评、指正。

编　者

2022 年 5 月

目录
CONTENTS

第一章 关爱自我——大学生心理健康

怀着梦想，怀着激情，怀着亲人的殷殷嘱托，年轻的朋友们步入了向往已久的大学殿堂，步入了放飞青春梦想的地方。人的灵魂是思想，而思想的基础是人的心理，大学生活应从“心”开始，不断提高心理素质应该成为当代大学生的一项重要追求。心理健康不仅是大学生身心健康发展的需要，也是大学生适应社会的需要，更是大学生成功发展的需要，只有心理健康的人，才能约束自己、适应环境、面向未来、自强不息，才能显示出生命的价值。

课程导读

2020 年初，新冠肺炎疫情来势汹汹并迅速席卷全球。一场疫情，让我们见证了党和国家的有力领导与全国人民万众一心取得的伟大战略成果，也让我们悄然经历了人生中最漫长的假期、最寂静的春节、最特别的授课形式……身边的同学看起来适应良好，而自己却感到恐慌、焦虑、迷茫、无措。不少人被困在家，每天既无聊又无奈，总是不由自主地搜索各种有关疫情的信息，想念小吃街的美食，想念远方的朋友……

一场疫情，让我们更加珍惜岁月静好的生活与身边的亲人，更加珍惜健康的身体，同时，也更加真切地体验到内在情绪与情感的起伏。健康不再仅仅意味着健康的体魄，而是生理和心理共同构建的综合体。

那么什么是心理健康？大学生心理健康的标准与影响因素又有哪些？从本章开始，让我们共同走进大学生心理健康教育课程的学习。

第一节 大学生心理健康教育

一、大学生心理健康教育的内涵

所谓心理健康教育，就是教育者运用心理学、教育学原理及心理咨询理论和技术等，对受教育者施加一定的影响，帮助他们化解心理矛盾、减少心理冲突、缓解心理压力、优化心理素质，使受教育者的心理得以正常发展，保持健康的心理状态，形成良好的个性和思想品质，促进人格的健全及人生的全面发展。

心理素质在很大程度上决定着一个人的整体健康状况，决定着一个人对生活的感受，决定着一个人的生活质量，甚至决定着一个人的终身幸福，因此一些学者又将心理健康教育称为心理素质教育。

为了在激烈的高考竞争中取胜，当代大学生在考入大学之前几乎是“两耳不闻窗外事，一心只读圣贤书”。家长的过度关爱、学校的应试教育、生活经历的缺乏，使一些学生心理脆弱、意志薄弱，缺乏承受挫折和适应社会的能力，主要表现为依赖性强，情绪不稳定。因此，当代大学生更需要心理健康教育。

谈到大学生心理健康教育，一些人容易联想到“心理障碍”“心理疾病”，认为加强心理健康教育是因为有心理障碍的大学生越来越多。其实这是一种偏见。心理健康教育在本质上是为了促进大学生的身心健康发展，提高人的适应能力和生活质量。著名学者马建青认为，大学生心理健康教育具有“三级功能”：初级功能——防治心理疾病；中级功能——完善心理调节；高级功能——促进心理发展。大学生心理健康教育的初级功能就是预防并发现大学生中的心理异常者，并采取相应措施来防治心理疾病。大学生心理健康教育的中级功能就是帮助大学生加强对自己、他人和社会的了解，完善心理调节机制，使其学会自我调节，增强挫折承受力和社会适应能力，保持积极乐观的情绪。大学生心理健康教育的高级功能就是帮助大学生认清自己的潜力所在，培养开拓创新、勇敢坚毅、乐观自信的心理品质，使其更有效率地工作，全面而充分地发展自己，幸福而快乐地生活。

大学生心理健康教育应立足于中级功能和高级功能，以培养心理健康、人格健全的大学生为目标，这正是现代学校教育的重要使命。缺乏心理健康教育，则是不完整的现代教育。

二、大学生心理健康教育的目标和任务

随着心理健康教育研究在中国的迅速发展，国内的许多学者和教育部门都从各自的角度提出了不同的心理健康教育目标。如教育部办公厅于 2021 年 7 月 7 日印发的《关于加强学生心理健康管理工作的通知》（以下简称《通知》）（教思政厅函〔2021〕10 号），要求进一步提高学生心理健康工作的针对性和有效性，切实加强专业支撑和科学管理，着力

提升学生心理健康素养。

《通知》明确，要加强源头管理，全方位提升学生心理健康素养。加强心理健康课程建设，高校要面向本专科生开设心理健康公共必修课，原则上设置 2 个学分（32～36 学时），中小学要将心理健康教育课纳入校本课程，同时注重安排形式多样的生命教育、挫折教育。

《通知》要求，要做好心理健康测评工作，加快研制更符合中国学生特点的心理测评量表，县级教育部门牵头负责组织区域内的中小学开展心理健康测评工作，每年面向小学高年级、初中、高中开展一次心理健康测评。县级教育部门要建立区域性的中小学生心理辅导中心，定期提供业务指导、技能培训。

《通知》强调，要加强保障管理，加大综合支撑力度。配齐建强骨干队伍，高校应按不低于 1∶4000 的师生比来配备心理健康教育专职教师且每校至少配备 2 名，每所中小学至少要配备 1 名心理健康教育专职教师，县级教研机构要配备心理教研员。要落实场地和经费保障，学校应在年度预算中统筹各类资金，保障心理健康教育工作基础经费，确定生均标准，足额按时拨付，并视情况建立增长机制。

由此可见，高校心理健康教育关注的不仅是大学生心理问题的预防和治疗，更注重大学生心理健康素质的培养和协调发展。因此，对心理健康的维护，对个体认识机能、情感机能的发展和完善，对个体独立、健全、完美的人格塑造，对学生潜能的开发，对高水平心理素质的培育和养成，对个人生活质量的关注和提高，是大学生心理健康教育的基本内涵。

《教育部　卫生部　共青团中央关于进一步加强和改进大学生心理健康教育意见》（教社政〔2005〕1 号）文件明确指出，加强和改进大学生心理健康教育、做好心理咨询工作的主要任务是：①宣传普及心理健康知识，帮助大学生认识健康心理对成长成才的重要意义。②介绍增进心理健康的方法和途径，帮助大学生培养良好的心理品质和自尊、自爱、自律、自强的优良品格，有效开发心理潜能，培养创新精神。③解析心理现象，帮助大学生了解常见心理问题产生的主要原因及其表现，以科学的态度对待心理问题。④传授心理调适方法，帮助大学生消除心理困惑，增强克服困难、承受挫折的能力，珍爱生命、关心集体，悦纳自己、善待他人。

2022 年 4 月 25 日，习近平总书记在中国人民大学考察时强调，“为谁培养人、培养什么人、怎样培养人”始终是教育的根本问题。要坚持党的领导，坚持马克思主义指导地位，坚持为党和人民事业服务，落实立德树人的根本任务，传承红色基因，扎根中国大地办大学，走出一条建设中国特色、世界一流大学的新路。高校的根本任务是立德树人。一流大学要有一流的育人体系，培养一流人才方阵，坚持全员、全过程、全方位育人，担负起为党育人、为国育才的职责使命，为全面建成社会主义现代化强国、实现中华民族伟大复兴的中国梦提供源源不断的高质量人才支撑。

三、加强大学生心理健康教育的重要意义

加强大学生心理健康教育的重要意义

（一）有助于大学生正确认识自我、规划自我

“认识你自己”是一句古希腊的著名格言，它体现了人类正确认识自我的重

要性。大学生通过学习心理学，掌握人的心理过程与个性心理特征形成的规律，就能采取有效步骤发挥自己的优势，矫正自己的缺点，弥补自己的不足。大学生掌握一定的心理学知识，就等于掌握了认识自我的钥匙，有利于找准自己的位置，达到理想自我与现实自我的统一，发挥自身的潜能，成为一名合格的社会成员。

（二）有助于大学生提高适应能力，形成良好心态

心理健康教育能使大学生积极适应自我、适应环境、适应社会的各种变化，学会调控学习、生活中的各种烦恼，通过有意识地训练，掌握排解心理困扰、减轻心理压力的方法，提高抗挫折的能力，保持心理健康。情绪是人在活动中对客观事物所持态度的体验，即主观对客观的一种感受。情绪状态会直接或间接地影响到人的其他心理活动和身体健康。大学生心理健康教育可以使大学生充分了解人的情绪的正常状态及自身情绪变化的特点，通过有效的调控手段，使自己经常保持乐观、满意、愉悦的心态。

（三）有助于大学生建立良好的人际关系

从高中升入大学，不同地域、不同习惯的同学相聚在一起，需要一个相互适应、相互熟悉的过程。学习心理学知识，可以增进相互间的理解，促进人际关系的和谐。大学生的友谊往往是深刻而持久的，它可以成为大学生情感的寄托，可以增强归属感，满足被尊重与被爱及自我实现的需要。与此同时，关心他人、理解他人，也能促使自己拥有博大的胸怀，从而增强生活、学习、工作的能力和力量，最大限度地减少心理应激和心理危机感，这是人们维护和保持心理健康最基本、最重要的因素之一。

（四）有助于提升大学生的综合素质

20 世纪 90 年代以来，我国的教育思想突出强调素质教育。健康的心理既是素质教育的重要组成部分，也是素质教育的基础和载体。心理素质是人的素质中一个重要组成部分，同时也是各方面素质发展的重要基础。在大学生中有计划地进行心理知识教育与普及，对帮助大学生认识自己、提升自我，提高自身心理素质具有重要作用。通过系统的心理知识的学习和辅导训练，使大学生的心理素质得到整体优化，在培养科学精神和创新思维意识、培养坚忍不拔的意志、增强适应社会生活的能力、从容应对心理困扰、预防心理疾病、提升综合素质等方面发挥积极作用。

第二节　大学生心理健康的概念与标准

当代大学生既有当代大学生的观念、情感、追求，也有当代大学生的苦闷和彷徨，他们渴望心理健康，企盼心理健康知识的帮助和引导。因此，把握心理健康的标准，了解当代大学生的心理健康状况，掌握增进心理健康的方法途径，不仅是当代大学生的共同心愿，也是当代大学生成长的必要课题。

一切成就、一切财富都源于心理健康。古希腊哲学家赫拉克利特说过，人如果没有健

康，智慧就难以表现，文化无从施展，没有力量战斗，财富会变成废物，知识无法利用。

关注心理健康，就是关注自身生存的状态。

一、科学的健康观

人人都关心自己的健康，那么一个人怎样才算健康呢？传统的健康观认为，无病就是健康。科学的健康观则认为，健康是指身心健全和体能充沛的一种状态，而不仅仅是没有病痛。但是长期以来，人们对健康的关注多停留在生理方面，忽视了心理方面的健康，只注重身体锻炼，而忽视了心理素质的培养。

1989 年，世界卫生组织对健康下的定义共有以下四层含义：

（1）躯体健康，即生理健康；

（2）心理健康，即人格完整，自我感觉良好，情绪稳定，积极情绪多于消极情绪，有较好的自控力，能保持心理上的平衡，能自尊、自爱、自信，有自知之明等；

（3）社会适应健康，即自己的各种生理和心理活动及行为能适应复杂的环境变化，并为他人所理解和接受，使自己在各种环境中都有充分的安全感；能保持正常的人际关系，能受到他人的欢迎和信任；对未来有明确的生活目标，能切合实际地在各种社会环境下不断进取，有理想和事业上的追求；

（4）道德健康，即不以损害他人的利益来满足自己的需要，有辨别真伪、善恶、美丑、荣辱、是非的能力，能按照社会公认的道德准则来约束、支配自己的言行，愿为人们的幸福做贡献。

二、心理健康的概念

戴尔·卡耐基认为，一个人事业上的成功，只有 15% 是由于他们的学识和专业技术，另外的 85% 要靠良好的心理素质和善于处理人际关系。重视心理健康已成为当今世界的大趋势。什么是心理健康？一个人的心理达到什么样的标准才算是健康的？这是一个复杂的问题，不同的学者从不同的角度有不同的论述。

1946 年第三届国际心理卫生大会将心理健康定义为："所谓心理健康，是指在身体、智能以及情感上与他人的心理健康不相矛盾的范围内，将个人心境发展成最佳的状态。"这次大会提出的心理健康的标志如下：

（1）身体、智力、情绪十分调和；

（2）适应环境，在人际关系中能彼此谦让；

（3）有幸福感；

（4）在工作和职业中能充分发挥自己的能力，过有效率的生活。

美国心理学家马斯洛和米特尔曼提出的心理健康的十条标准如下：

（1）有充分的自我安全感；

（2）能充分了解自己，并恰当估计自己的能力；

（3）生活理想切合实际；

（4）不脱离周围现实环境；

（5）能保持人格的完整和统一；
（6）善于从经验中学习；
（7）有良好的人际关系；
（8）能适度地宣泄情绪和控制情绪；
（9）在符合团体要求的前提下，能适当地发挥个性；
（10）在不违背社会规范的前提下，能适当满足个人的基本要求。

我国学者马建青主编的《心理卫生学》一书提出了心理健康的七条标准，分别如下：
（1）智力正常；
（2）善于协调和控制情绪，心境良好；
（3）具有较强的意志品质；
（4）个人关系和谐；
（5）能动地适应和改造现实环境；
（6）保持人格的完整和健康；
（7）心理行为符合年龄特征。

以上这些标准颇具实用参考价值，但概括起来，心理健康从广义上讲是指一种高效而满意的、持续的心理状态；从狭义上讲是指人的基本心理活动的过程内容完整、协调一致，即知、情、意、行、人格完整协调，能适应社会。

拓展阅读

世界卫生组织关于健康的十条标准

（1）精力充沛，能从容不迫地应付日常生活和工作的压力而不感到过分紧张。
（2）处事乐观，态度积极，乐于承担责任，事无巨细不挑剔。
（3）善于休息，睡眠良好。
（4）应变能力强，能适应环境的各种变化。
（5）能够抵抗一般性感冒和传染病。
（6）体重正常，身材均匀，站立时头、肩、臂位置协调。
（7）眼睛明亮，反应敏锐，眼肌轻松，眼睑不发炎。
（8）牙齿清洁，无空洞，无痛感；齿龈颜色正常，不出血。
（9）头发有光泽，无头屑。
（10）肌肉、皮肤富有弹性，走路轻松有力。

三、大学生心理健康的标准

大学生心理健康的标准

心理健康对大学生的成长与发展有着重要影响，健康的心理是大学生完成学业和发展任务的基本前提及保证。作为一名当代大学生，具备怎样的心理健康水平才符合健康心理的表现呢？综合国内外专家学者的观点，根据大学生这一特殊群体的年龄特征，一般认为我国当代大学生心理健康水平可以从以下八个方面进行评估。

（一）智力正常

智力是人的观察力、记忆力、思维力、想象力与注意力等多种能力的综合。正常的智力是人从事学习、工作、生活等各种社会活动的必要条件，也是反映一个人心理健康的核心标准。所谓智力正常，包括两个方面：其一，组成智力的各种要素（如观察力、记忆力、思维力、注意力等）应该得到均衡发展；其二，一个人的智力发展水平应基本符合其年龄的特征。对于大学生而言，智力正常的关键是：看大学生的智力是否充分地发挥了其效能，是否有强烈的求知欲和浓厚的探索兴趣；智力结构中各要素在其认知活动和实践活动中是否都能积极协调地参与并正常地发挥作用；是否乐于学习，充分体验到学习的乐趣。

（二）情绪稳定、乐观

情绪健康是大学生心理健康的一个重要指标。大学生情绪健康的表现如下：

(1) 愉快的情绪多于不愉快的情绪，乐观开朗、热情、富有朝气、满怀自信，善于自得其乐并对生活充满希望；

(2) 情绪稳定性好，善于控制和调节自己的情绪，能较好地驾驭自己的情绪、情感，喜不狂、忧不绝、胜不骄、败不馁；

(3) 情绪的作用时间因客观情况变化而转移，情绪反应强度与引起这种情绪反应的情景相符合，情绪反应适度。

如果一名大学生经常“无故寻愁觅恨，有时似傻如狂”，总是喜怒无常，悲观失望，那他的心理一定是不健康的。

（三）意志健全

意志，是指人在完成一种有目标的活动时进行选择、决定和执行的心理过程。意志健全的人在行动的自觉性、果断性、顽强性和自制力等方面都会表现出较高的水平。意志健全的大学生在学习、工作、生活等各种活动中都有明确的目的性，并能脚踏实地地去实现这些目标；能遵守社会规范，约束自己的行为；在困难和挫折面前冷静、果断，能够采取合理的反应方式解决所遇到的各种困难；能在行动中控制自己的情绪和言行，既不盲目行动、顽固执拗、言行冲动，也不优柔寡断、害怕困难、意志薄弱。如果一名大学生在自然、社会和他人面前总是处于盲目被动状态，或者优柔寡断，缺乏独立意志，随波逐流，甚至草率行事，或一遇挫折即放弃目标，无所适从，就是意志不健全的表现。

（四）人格完整

人格，在心理学上是指个体比较稳定的心理特征的总和。人格完整，是指有健全统一的人格及个人的所思、所说、所做协调一致，人格构成要素的气质、能力、性格和理想、人生观等各方面平衡发展。大学生人格完整的主要标志是：人格结构的各要素完整统一；有正常的自我意识，不产生自我同一性混乱；以积极进取的人生观作为人格的核心，能把自己的需要、愿望、目标和行为统一起来。

（五）人际关系良好

人际关系状况最能体现和反映一个人的心理健康水平。和谐的人际关系既是大学生心理健康不可缺少的条件，也是大学生获得心理健康的重要途径。大学生人际关系和谐的表现为：乐于与他人交往，能认可他人存在的重要性和作用；能以尊重、信任、理解、宽容、友善的态度与人相处，宽以待人，乐于助人，积极的交往态度多于消极的交往态度；能分享、接受、给予爱和友谊，能与集体保持和谐的关系，可与他人同心协力、合作共事；有稳定的人际关系，拥有可信赖的朋友，社会支持系统强而有力。

（六）自我意识明确，并能悦纳自己

自我意识是个体对自己的认识和评价。心理健康的大学生会对自我有一个适当的了解和恰当的评价，并有愉悦的接纳态度，知己所长所短，不苛求自己，对自己的优点感到欣慰并产生相应的自尊感，对自己的缺点也不妄自菲薄，自信乐观，愿意扬长避短、开发潜能，即使对自己无法改变的缺陷也能坦然面对。

（七）良好的环境适应能力

环境适应能力包括正确认识环境及正确处理个人与环境的关系。心理健康的大学生是环境的良好适应者，对所处的环境能够有客观的认识和评价，使自己与社会保持良好的接触；生活理想不脱离现实，能面对现实修正自己的需要和欲望，使自己的思想、行为与社会协调一致；对学习、工作和生活中的各种困难和挑战都能妥善处理。

（八）心理行为表现符合大学生的年龄特征

在人的生命发展的不同阶段，均应有相应的心理行为表现。大学生是一个处于特定年龄阶段的社会群体，他们的认识、情感、言行、举止应具有与其年龄和社会角色相适应的心理行为特征，如精力充沛、勤学好问、反应敏捷、喜欢探索等；具备独立的生活能力和独立的思考判断能力；其行为具有理智性和一贯性，能合理地控制自己的情绪。

事实上，心理健康的标准不像生理健康的标准那样具体、精确和绝对，心理健康与否、正常与否的界限是相对的，以上心理健康标准仅仅反映了大学生个体良好地适应社会生活所应有的心理状态的一般要求，而不是最高境界。心理健康是较长一段时间持续的心理状态，一个人偶尔出现的一些不健康的心理行为并不意味着这个人就一定是心理不健康的。而且心理健康状态并非固定不变，而是不断变化的，既可以从不健康转变为健康，也可以从健康转变为不健康。要把握大学生心理健康的标准，应掌握三个方面，即相对性、整体协调性和发展性。大学生在自身发展中面临许多人生的重要课题，心理危机与心理困难也都是在发展的大背景下产生的。

案例故事

终于变成一个快乐的人

一个有钱人，带着许多金银珠宝，到远方寻找快乐，但是他踏遍了千山万水还是找不到快乐。

一天，他坐在路边皱着眉头发愁，恰巧一个衣衫褴褛的农夫唱着山歌走过来。

有钱人问农夫快乐的秘诀。农夫微笑着说：“有什么秘诀？只要你放下随身携带的东西，快乐就很简单。”

这个有钱人突然意识到，他带着这么重的金银珠宝，腰几乎被压弯了。他害怕住店时被偷，害怕在路上被抢劫，时刻担惊受怕，他怎么会开心呢？因此，他放下行李，向路过的穷人分发金银珠宝。于是，他不再背负沉重的负担，而是微笑着，成为一个快乐的人。

人生中，我们背负的欲望太多了。很多时候，不是快乐离我们太远，而是我们根本不知道自己和快乐之间的距离；不是快乐太难，而是我们活得不够简单。

第三节 大学生心理健康的现状及影响因素

现代大学生作为中国社会中文化层次较高的群体，一向被认为是最活跃、最健康的群体之一。如果仅仅从身体状况和生理健康来看，的确如此，但从心理健康的角度分析，情况可能会大不一样。

一、大学生心理健康现状分析

大学生心理健康现状分析

总体而言，大学生的精神卫生状况良好，他们智力水平高、求知欲强、对知识感兴趣；他们的状态比较稳定，乐观、自信、充满活力；他们的情感是健康的，他们关心国家大事和人民的生活，他们对未来充满了希望；他们的意志力较强，敢说、敢做、不畏艰难、追求理想且性格较为完整，喜好想象、敢于创新、积极进取；他们的自我意识比较完整，关心自己、接受自己，并能主动展现自己；他们热爱社交，喜欢拥有友情和爱情；他们关注社会，希望能够更好地理解这个世界，并不断调整自己，积极地融入这个社会。但是，作为当代社会的重要成员，他们的思想更容易受到社会的变化和时代的影响。心理上过度的依赖需求和满足感相对不足、各种心理压力、排解能力相对不足、转移心理刺激程度不足，使得他们成为心理疾病高发的群体。其精神健康问题具有类似于其他社会团体的特点，同时也具有大学生群体所特有的精神健康问题。在心理问题方面，大学生的问题更为复杂多变，而且呈现出一些独有的特点。

2021 年 3 月 1 日，中科院心理研究所和社会科学出版社正式对外发布《中国国民心理健康报告（2019—2020）》（以下简称《报告》）。《报告》关于中国青少年心理健康素养现状的调查结果显示，2020 年中国青少年心理健康素养达标率为 14. 24%，其中心理健康知识、技能和意识的达标率分别为 20. 4%、65. 6% 和 92. 3%。当自己出现心理问题时，有 30% 以上的青少年会找心理咨询师寻求帮助；当家人或朋友出现心理问题时，有 50% 以上的青少年会建议寻求专业帮助。具体分析发现，心理健康素养存在显著的群体差异：女孩的心理健康知识得分高于男孩；城镇青少年的心理健康知识得分高于农村地区的青少年；高年级青少年的专业心理求助态度比低年级更消极；父母关系和睦、家庭经济宽裕的青少年更愿意寻求专业心理帮助。

通过分析得出的结果可以看出，目前，部分大学生的精神状况并不乐观。大学生的心理疾病主要有神经症性的情绪、人际关系、强迫倾向等。大学生的心理问题在专业和年级生源中表现出不同：从专业的角度来看，高竞争专业的学生有较多的心理问题；从年级的角度来看，大学二年级和三年级的学生的心理状况最差，其次是一年级，四年级次之。从生源的角度来看，农村大学生的心理问题多于城市大学生。虽然大学生的心理问题很常见，但只有很少一部分人得到了专业的心理辅导。

二、大学生中常见的心理问题

（一）入学适应问题

大学生进入大学校园后，生活环境、生活条件、人际关系、学习方式与方法都与之前不同，这一系列的变化使他们原有的习惯、心理结构与心理定势被打破，他们渴望独立，自信心、自尊心增强，但心理上还存有依赖性、理想化、盲目自信等特征。他们往往留恋家庭、中学环境，想念同学等，盲目地向往未来，容易随心所欲地把生活理想化。一旦遇到困难，他们就会产生复杂的心理矛盾，抱怨学校，抱怨同学，极度失落，甚至自我封闭。由于没有摆正个人与社会、个人与集体的关系和位置，盲目自信，很可能导致自我膨胀或自暴自弃。当这种应激超过限度时，就会出现失眠、食欲不振、注意力不集中、环境适应困难，以及烦躁、焦虑、头痛、神经衰弱等心理疾病。

（二）学业问题

在影响大学生情绪波动的因素中，学习的因素排在第一位。随着高校就业制度的改革、竞争压力的增大，学业受到了当代大学生的重视，这使大学生在学业上更具进取心。同时，学业也给大学生增加了心理压力。一般来说，大学生学习压力过大、学习负担过重，会导致智力活动能力受限制，学习效率下降，这不仅会降低大学生的学习兴趣，而且会使大学生对学习失去信心，精神上会感到压抑，焦虑不安，久而久之就会引起某些心理障碍。

（三）人际关系问题

大学生活中最棘手的问题莫过于人际关系问题。在大学阶段，个体独立地步入了社会群体交际圈，大学生的交往范围大大拓宽，他们积极主动地接触教师、校外人员及社会，渴望从中获得真正意义上的交往体验和真知灼见，以便为将来进入社会做准备。然而，一室之内尚且难以交往，何谈走向社会呢？交往中语言艺术和技术技巧的缺乏、认知偏差等，带给他们更多的是打击和困惑，或表现为自我否定从而陷入苦闷和焦虑，或企图对抗而陷入困境，从而产生心理问题。

（四）网络中的心理问题

2022 年 2 月 25 日，中国互联网络信息中心（CNNIC）在京发布第 49 次《中国互联网络发展状况统计报告》（以下简称《报告》）。《报告》显示，截至 2021 年 12 月，我国网民规模达 10.32 亿，较 2020 年 12 月增长 4296 万，互联网普及率达 73.0%。网络在给大学生带来积极影响的同时，也给大学生的健康带来了许多负面影响，如网络成瘾、网恋、网上暴力等。不少大学生把大部分时间用于网络交友、游戏等，不仅会导致视力下降、眼睛疼痛、手关节疼痛、身体疲乏无力、食欲不振等不良生理反应，而且会严重地影响大学生正常的学习、生活、交往，甚至导致人格异化、精神障碍或犯罪。

（五）恋爱与性心理问题

处于青春中后期的大学生，由于性的发展成熟及性意识的萌发，对异性产生了极大的好感和兴趣，并渴望与异性进行交往。但是，由于大学生的恋爱思维通常还未完全成熟，而特有的激情在给爱情蒙上一层神秘色彩的同时，也可能会酿成一杯爱的苦酒。另外，大学生是一个十分特殊的群体，他们在校学习时间的延长导致了他们社会化过程的延后。他们在经济上尚未独立，生活在半社会化的校园中，还有比较艰巨的专业学习与专业训练的任务，他们的未来还有许多不确定因素，这一切导致了他们性心理的成熟落后于性生理的成熟，使得他们处于早熟与难以自立的两难之中，由此而产生种种与性心理有关的心理冲突。大学生对这类冲突往往敏感而多虑，这对其心理发展与成熟有着重要的影响。

（六）就业的压力及择业中的问题

就业是人生的重要转折点，也是目前学生最关心的问题。面对择业，大学生的心理是复杂而多变的，有些毕业生鉴于学习成绩不理想、年龄较大、家庭负担重或鉴于个人条件好、自我评价高，在择业中表现出消极依赖、悲观失望或急于求成、盲目攀高等情绪。大学生在求职择业过程中产生的种种矛盾心态、迷茫和困惑往往会干扰他们正确的就业心态。什么单位才是自己应该去的，什么单位才是最利于自己发展的，什么工作才是最有前途的，这些都是摆在大学生面前的现实问题。

（七）新冠肺炎疫情给大学生带来的常见心理问题

新型冠状肺炎疫情的暴发给人们的生活和健康带来了巨大的威胁。虽然在全国人民的共同努力下，抗疫取得了阶段性的成功，但是疫情在全球范围内的影响范围仍在不断扩大，面对随时可能再次暴发的疫情，我们依然不能掉以轻心。疫情背景下，大学生表现出的众多的心理应激反应都是在特殊时期不正常的心理状态。如果任其发展，就会对大学生的身体和心理造成很大的危害，严重的甚至会影响到今后正常的生活和学习。可以采取以下措施对大学生的心理状态进行调节，使其能够从容面对疫情给自己带来的危害与改变。

（1）调节情绪，加强与周围人的联系和沟通。

（2）保持健康的生活方式。

（3）获取信息时要有筛选信息的能力。

（4）出现问题时能够积极寻求帮助。

除了以上一般性的心理问题和心理困惑外，由于大学生心理发展尚未完全成熟，自我调节和自我控制能力不强，有些心理矛盾和心理困惑会长期积累在心中，使其产生不适应感、焦虑感和压抑感，如果长期郁积而得不到缓解，就会产生心理疾病。

三、影响大学生心理健康的因素

大学生在学习、工作和生活中常常面临各种考验，如在生活中如何抵御消极情绪的干扰，把自己的感情引上正确的方向；如何正确地对待不幸和挫折；如何对自己的行为真正负责；如何对自己的前途充满信心。这些都与一个大学生良好的个人心理素质和健康的心理水平密切相关。哪些因素对大学生的心理健康有重要影响呢？影响大学生心理健康的因素是多方面的，归纳起来可以分为个人内在因素和外在环境因素。

（一）个人内在因素

1. 生理因素

人的生理特点，尤其是大脑与神经系统的生理特点，是人心理活动的物质基础。如果大脑与神经系统有某些缺陷，人的某些心理活动就不能正常进行。例如，大脑中的听觉中枢不健全，人就不能获得正常的听觉，不仅难以欣赏音乐等，也难以与人进行正常的语言交流，这样就会给人的情绪、人际交往等方面带来直接影响。而且，大脑与神经系统的生理特点，直接规定了人的气质类型，这些气质类型（如胆汁质、抑郁质等）在情绪的表现方面尤其值得注意，如果不能恰当地予以教育、引导，就有可能导致某些心理异常。其他如自主神经系统、内分泌系统功能失调，也会引起人的情绪异常。例如，甲状腺功能亢进，会导致人出现神经过敏与情绪激动的现象；肾上腺功能不足，则会使人情绪抑郁。大学生在成长过程中，父母的遗传影响、病菌病毒感染、大脑外伤或化学中毒及某些严重的躯体疾病等都会对其心理健康发展造成极大的影响。

2. 心理因素

个体在心理活动中的矛盾和挫折是影响其心理健康的重要因素。一方面，青少年的心理处于快速发展的过程中，但还未完全成熟。他们有理想、有追求、有激情，但由于环境条件、个人能力等因素的制约，当许多目标无法同时达成时，他们不得不放弃一些目标，这是一种被迫的抉择。如果牵扯到自己喜欢的人、事、物，却事后懊恼，长此以往，就会变得沮丧，最终导致患上心理疾病。另一方面，大学生活也不是一帆风顺的，有句话说得好——“人生逆境十之八九，顺境十之一二”，大学生在学习、生活、交友、恋爱、择业等方面都会遇到各种问题，而一旦遇到了困难，却又无法克服，就会感到沮丧，情绪低落。如果他们不能正确处理挫折，不能用恰当的心理防御机制来克服挫折，那么他们往往会丧失自信，产生一种挫败感和负罪感。紧张、不安、忧虑、恐惧、抑郁等情绪交织而成一种复杂的情绪，如果长时间保持这样的状态，就会造成不良的心理状态。

（二）外在环境因素

1. 社会因素

大学生关心社会、政治、经济的发展，社会物质、社会意识、社会风气、舆论等各方面因素对大学生都有影响。大学生物质生活丰富，但当利益格局发生变化时，贫富差距将增大。从社会意识角度来看，社会主义市场经济制度的确立与发展必然伴随着价值观的转变。社会的变化，其实就是人们的心态、观念、思维方式等的更新与变化。在社会转型期，对未来的迷茫必然会对当代大学生造成一定的冲击。同时，社会风气、舆论等因素也将对处于成长阶段的大学生造成深刻的心理影响。正确的社会舆论对其心理健康发展是有益的，而不正确甚至错误的舆论则会对大学生心理健康造成不利的影响。

2. 家庭因素

父母的教育方式、心理行为及父母关系、家庭气氛等都会对大学生心理产生影响。大学生的世界观和人生观的形成，与其童年时期的思想观念有关。童年时期，若家长认识不统一，思想和行为上有差异，常会造成孩子的心理混乱。事实证明，父母感情和谐、兄弟姐妹关系良好的家庭，可以培养出拥有谦虚、礼貌、随和、真诚、乐观、大方等良好的个性品质的大学生；相反，如果家人经常吵闹、打骂，会导致部分大学生性格中出现粗暴、野蛮、孤僻、冷漠的一面。

3. 教育因素

教育层面的影响包括两个方面。一是高等教育发展的变迁。高等教育逐渐适应市场、扩大专业，逐渐注重培养大学生的适应性和能力。二是高校招生和就业体制的改变。大学生缴纳学费，在一定的条件下选择自己的职业，社会也加大了对大学生和高校的要求。这些都直接影响当代大学生的心态，他们要承担一部分的教育费用，在由学习阶段过渡到择业阶段的时候，他们面临着越来越多的选择，而且好的就业岗位竞争也越来越大，有部分大学生越来越焦虑，越来越迷茫。而在就业中，人才市场招聘方式的不规范更是刺激了当代大学生的心理。学生既想参加竞争，也害怕失去就业的机会；他们想要得到更多的机会，但也不想失去原本的保障。

第四节　大学生增进心理健康的途径与方法

心理测评

大学生增进心理健康的途径与方法

心理健康知多少——大学生心理健康调查问卷（UPI）

一、填写问卷

指导语：以下问题是为了了解并增进你的身心健康而设计的调查，请你按照题号顺序阅读（表1－1）。在你最近一年中常常能够感觉到、体验到的项目中选择“是”，在没有感觉过的项目中选择“否”，在空格中打“√”即可（注意只有两种选择）。

表1－1　大学生心理健康调查问卷（UPI）

(1) 食欲不振	是	否
(2) 恶心、胃难受、腹部疼痛		
(3) 容易腹泻或便秘		

表 1-1 大学生心理健康调查问卷（UPI）（续）

(4) 关注心悸和脉搏		
(5) 身体健康状况良好		
(6) 牢骚和不满多		
(7) 父母期望过高		
(8) 自己的过去和家庭是不幸的		
(9) 过于担心将来的事情		
(10) 不想见人		
(11) 觉得自己不是自己		
(12) 缺乏热情和积极性		
(13) 悲观		
(14) 思想不集中		
(15) 情绪起伏过大		
(16) 常常失眠		
(17) 头痛		
(18) 颈部、肩膀酸疼		
(19) 胸痛憋闷		
(20) 总是朝气蓬勃		
(21) 气量小		
(22) 爱操心		
(23) 焦躁不安		
(24) 容易动怒		
(25) 想轻生		
(26) 对任何事都没有兴趣		
(27) 记忆力减退		
(28) 缺乏耐性		
(29) 缺乏决断能力		
(30) 过于依赖他人		
(31) 为脸红而苦恼		
(32) 口吃，声音发颤		
(33) 身体忽冷忽热		
(34) 常常注意排尿和性器官		
(35) 心情开朗		

表 1－1 大学生心理健康调查问卷（UPI）（续）

（36）莫名其妙地不安		
（37）一个人独处时感到不安		
（38）缺乏自信心		
（39）做事畏首畏尾		
（40）容易被人误解		
（41）不相信他人		
（42）过于猜疑		
（43）厌恶交往		
（44）感到自卑		
（45）杞人忧天		
（46）身体倦乏		
（47）一着急就出冷汗		
（48）站起来就头晕		
（49）有过昏迷或抽搐的情况		
（50）人缘好，受欢迎		
（51）过于拘泥		
（52）对任何事情不反复确认就不放心		
（53）有些洁癖		
（54）摆脱不了毫无意义的想法		
（55）觉得自己身上有怪味		
（56）他人在自己背后说坏话		
（57）总注意周围的人		
（58）在乎他人的视线		
（59）觉得他人轻视自己		
（60）情绪容易被影响		
（61）至今，你感觉自己有健康方面的问题吗？		
（62）至今，你感觉自己有心理方面的问题吗？		
（63）至今，你接受过心理咨询与治疗吗？		
（64）你有健康或心理方面想咨询的问题吗？		

注：大学生心理健康调查问卷（UPI）分为两部分。第一部分是 UPI 问卷本身，即第（1）～（60）题。其中，有 4 个测伪题（第 5，20，35，50 题）不计分。除测伪题以外的其他 56 个题，选择“是”计 1 分，选择“否”计 0 分，并求总和。UPI 总分最高为 56 分，最低为 0 分。第二部分是附加题，即第（61）～（64）题。主要是了解被测者对自身身心健康状态的总评价，以及是否接受过心理咨询的治疗，有什么咨询要求。这部分不用计分。

二、UPI 的筛选规则

（一）A 类筛选标准

满足下列条件之一者应归为 A 类。

（1）UPI 总分在 25 分（包括 25 分）以上者。

（2）第 25 题做肯定选择者。

（3）辅助题中同时至少有两题做肯定选择者。

（二）B 类筛选标准

满足下列条件之一者应归为 B 类。

（1）UPI 总分在 20 分至 25 分（包括 20 分，不包括 25 分）之间者。

（2）第（8）（16）（26）题中有一题做肯定选择者。

（3）辅助题中只有一题做肯定选择者。

（三）C 类筛选标准

不属于 A 类和 B 类者应归为 C 类。

三、UPI 解释和建议

关于 A，B，C 三类如何判定，主要是根据心理咨询师的经验。下面的特征及建议仅供参考。

A 类：心理异常，明显影响正常生活者。

处理建议：进一步预约心理咨询，或转介至当地心理门诊或精神科。

B 类：心理正常，但存在一定程度的心理问题（严重或一般心理问题），如人际关系不协调、新环境不适应等；有一定时间的病程，但心理问题没有充分泛化，仍能够维持正常学习和生活。

处理建议：进一步预约心理咨询，直到情况明显好转或消失。

C 类：心理正常。

处理建议：排除 A，B 类可能性后，提醒该类学生在出现心理困扰时可以及时向学校心理健康教育中心求助。

团体心理辅导

活动一：从“心”开始

【活动目的】调动学生参与课堂的积极性，抓住注意力，提升对本课程的学习兴趣。

【活动时间】10 分钟。

【活动准备】准备几段长短不同的、带“心”字的朗读材料。

【活动方法】根据场地限制情况和参与人数，所有参加人员围坐一圈或按横排首尾相接。每个人将左手掌朝下伸向左前方，右手则食指伸出，点在右侧人员伸出的左手掌心中，要求食指必须与掌心接触。

听指导教师读材料，每当听到“心”这个字时，所有参加人员需要迅速地用左手抓住左侧人员的食指，同时也要迅速地将自己的右手食指缩回，不要被右侧的人抓住。

【玩法提示】

（1）集中精力参与，认真分辨故事中关键字的同时，保持反应与动作的敏捷性。一方面力图抓住左侧同学的手指，另一方面避免被右侧的同学抓住。

（2）注意一定要抓住“心理”的“心”字才算成功，听到“辛苦”“新生”等词语里的“辛”“新”等字做出错误的反应，则被判定为当轮失误。

【材料准备】

（1）基础版故事：大家好！我是你们的心理老师，欢迎大家和我一起开始“心理健康教育”课程的学习。

（2）进阶版故事：同学们，经过高中三年辛苦的学习，我们终于走进了大学校门，开始了崭新的学习生活。你的心里，是感到忐忑不安还是心驰神往呢？

（3）加强版故事：心理学，是研究人类心理发生、发展及其变化规律的科学。大学生心理健康教育，是帮助大家更好地认识自己、发展自己、喜爱自己、热爱生活的学科。今天，很高兴我们能够一起进入第一课的学习。关注心理，从我开始——健康与心理健康。现在我们做的活动叫从“心”开始。请你听到有“心理”的“心”字出现时行动，在“辛苦”“新年”等同音字出现时行动会被判定为当轮失误。同学们，切记专心致志、一心一意，不要心不在焉、心浮气躁，只有心平气和，才能得心应手。各名同学，你准备好了吗？

【教师点拨】

（1）你抓到了几次？

（2）你成功逃脱了多少次？

（3）你被抓住了几次？

（4）你认为游戏成功的关键是什么？

（5）认真听取材料，分辨关键字，分配注意力，在抓住他人的同时逃脱抓捕，你认为这中间的关系如何平衡？

活动二：魅力四射

【活动目的】引导学生对人格特质的分析，发展积极正向人格，完善自我，增进人际关系。

【活动时间】30 分钟。

【活动准备】保持之前建立的小组不变。每名同学准备纸、笔。

【活动方法】

（1）教师在黑板上书写多种或正面或负面的性格特质。如真诚、热情、自信、友善、活泼开朗、幽默风趣、善解人意、乐于助人、聪明能干、心胸宽广、正直坦荡、敌意、自私、虚荣、虚伪、孤僻冷漠、固执任性、骄傲自大、待人刻薄、性情暴躁、喜怒无常、心胸狭隘……同学们可以自行补充。

（2）每名同学进行独立思考后，在纸上写下自己最喜欢的和最不喜欢的性格特质，各写三种。

（3）独立思考，你自己的性格最类似其中的哪两种？正面和反面各写一种。注意：这部分不要求公开分享。

（4）小组分享每名组员最乐于交往的性格特质，要求每个人分享时简要陈述理由。

【玩法提示】仔细倾听，认真对照自己，了解自身性格在人群中的受欢迎程度。

【教师点拨】

（1）指导教师根据每组成员的分享进行记录。在最受欢迎的人格特质组，每种被提到的特质加 1 分，完成后统计出最受欢迎的三种特质；反之，在最不受欢迎的人格特质组，每个词语每被投一票减 1 分，完成后统计总分，找出最不受欢迎的三种特质。

（2）对上一个步骤得出的正负人格魅力指数进行比对，分别分析这些特质受欢迎和不受欢迎的原因。

（3）结合自身谈一谈：如何发扬性格中的优点、克服缺点，如何培养最受欢迎的三种性格特质，如何克服最不受欢迎的三种性格特质。

第二章
认识自我——大学生自我意识

进入大学的同学们处于自我意识发展的重要时期，健全的自我意识是大学生心理健康的重要标志。“一个人真正伟大之处，就在于他能够认识自己。”那么，今天的“我”从哪里来？“我”又要到哪里去？现在就让我们走进自我意识，在这个广袤的世界中开启“自我”发现之旅。

课程导读

晓刚，21 岁，某理工学院四年级学生。他相貌堂堂，一表人才。四年来，他一方面努力完成学业，另一方面从事一些兼职工作，性格显得很成熟，与周围的人相处得很好。在他人眼中，他是一个自信、开朗、有幽默感、坚强而有头脑的人。但他说这不是他，他的心底藏着另一个胆小、懦弱、自卑的自我，他认为这个自我才是真正的“我”，而那个外在的“我”不过是表面现象而已，从未真正在他身上存在过。

晓刚始终能感受到两个“我”的斗争，一个要求他自信坚强，一个要求他自卑懦弱。他觉得自己每天都戴着面具生活，外在的“我”只不过是个虚假的外罩，所以他总是被真正的“我”打击着，经常产生危机感和不安全感，担心这种不一致的状况一直持续下去。他越努力表现自己，就越有压力，总觉得外在的“我”和内在的“我”不能统一起来。这就是人在青年时期容易遇到的自我同一性的问题与个人的内部状态与外部环境协调一致的问题。

加强正确认识和自我评价的能力的培养，无论是外在的“我”还是内在的“我”，都是自我构成的一部分。要接纳自我，整合自我，既要看到自己优秀的一面，也不要贬低内在的“我”，通过实际行动提升内在的“我”，从而解决自我同一性的危机。

第一节　自我意识的产生与发展

一、自我意识的概念

有关自我意识的研究历史悠久，早在古希腊时期，先哲苏格拉底即以德尔菲神庙的箴言“认识你自己”作为自己的座右铭，可见，两千多年前的哲学界已经有了对于自我的思考。时至今日，“我是谁？我从哪里来？我将到哪里去？”依然被部分学者称为哲学史上最难回答的三个问题。

心理学真正意义上的自我概念研究是从詹姆斯开始的，他把“自我”从意识活动中区分开来，将“自我”概念引入心理学。自此之后，心理学对自我概念的研究曾几度兴衰。而对于自我概念的界定，也因不同学派心理学者研究取向、角度、方法上的差异，出现了多种不同的解释。

在此，综合地对自我意识做如下认识。

自我意识是指自己对自己及周围环境关系的多角度、多层面、全方位的认识、体验和评价，是个体关于自我的全部思想、情感和态度的总和。所谓“认识”，即自己感知到的“我”，如自己的外形外貌、学识能力、个人背景、人际圈子等；所谓“体验”，即自己感受到的“我”，是自己对如上各种自我认识或积极或消极的情感接纳；所谓“评价”，即自己对自己现状及发展前景的定位。

简言之，自我意识是指自己对自己所有一切的认识，是个体拥有的关于自我的整体信息，如相貌、身高、身材、兴趣、爱好、性格、气质、社会关系、社会地位、自己在群体中应该享受的权利与所承担的义务等。可以说，与“我”有关的一切，共同构成了一个“我”。

二、自我意识的结构

自我意识的形式分类

（一）自我意识的形式分类

自我意识是一种复杂的心理现象，是人们认识世界的基点。根据在认知、情感、意志三种心理过程上的表现，将自我意识在形式上分为自我认识、自我体验和自我调控。

1. 自我认识

自我认识就是一个人对自己、自己与周围环境关系的认识，包括对自己存在的认识，对个人的身体、心理和社会特点等方面的认识，即了解“我是一个什么样的人？”自我认识包括自我感觉、自我概念、自我观察、自我分析和自我评价。

（1）自我感觉是指自己对某些事物的看法和观点，是自我对于作用于感觉器官的客观对象的心理反应，自我感觉不是独立存在的，往往受到外部环境的影响，如人们的评价、态度、环境的变化等。

（2）自我概念即一个人对自身存在的体验。它包括一个人通过经验、反省和他人的反馈，逐步加深对自身的了解。

（3）自我观察是指一个人对自己的心理活动进行观察和总结。

（4）自我分析是指对自我理性、深刻、全面的分析。它比自我介绍更深刻（自我介绍最基本的内容可以省略），同时又包含自我评价的内容。

（5）自我评价是自我意识的一种形式。它是主体对自己思想、愿望、行为和个性特点的判断和评价。

自我认识可以通过观察与分析外部情境、社会比较、他人评价等途径获得。善于自我认识的人能够通过自己的观察并结合他人评价等方式获取比较客观的自我认识，正确的自我认识也能够帮人们找到正确的努力方向和恰当的奋斗目标，能够让人体验到更多的幸福感和意义感。

2. 自我体验

自我体验就是在自我认识的基础上产生的内心体验，是情感方面的感受（如“我是否满意我自己？”），与自我体验和自我认识、自我评价有关，也和自己对社会规范、价值取向的认识有关，积极的自我体验会促进自我发展，消极的自我体验会阻碍自我发展。研究结果表明，在儿童时期，父母过多的否定和严厉带给儿童的消极自我体验会影响孩子的自我发展，这样的孩子容易产生自我意识发展偏差。孩子最初的自我体验来自父母的评价和体验，如果父母对自己的孩子非常不满意，无论孩子在现实情况中的表现如何，父母都坚定地认为自己的孩子是糟糕的、差劲的，那么这个孩子长大之后很难形成积极的自我体验，就会经常性地体验到自我否定、自我排斥，觉得自己是一个失败的人。

3. 自我调控

自我调控就是对自身行为与思想语言的控制，即“我怎样克制自己？”“我想要成为一个什么样的人？”自我调控一方面表现为主动作为，积极努力地成为理想中的自己，另一方面有制止作用，抑制某些与目标无关的行为。自我调控是将内心的自我与外界现实相联结的纽带。通过自我调控，可以控制自己的言语和行为，积极地实现理想，同时也能够克制内心的懒惰，面对外界的诱惑也能保持冷静理智的态度，不轻易改变努力的方向。例如，一个准备考研的同学，发现到了大四已经找到工作的同学每天都很轻松，在宿舍里打游戏，或者出去玩，总之就是高枕无忧，坐等上班；而自己每天要披星戴月，埋头苦读。此时就需要发挥自我调控作用，积极复习，向考研的目标努力，同时也要抑制内心渴望悠闲、打游戏的想法，努力达成考研目标。

（二）自我意识的内容分类

从内容上看，自我意识可分为生理自我、社会自我和心理自我。

1. 生理自我

作为自我意识的原始形态，儿童阶段的生理自我始于 1 岁，到 3 岁左右基本成熟。这是自我意识的发展的第一个飞跃期。

2. 社会自我

儿童在3岁以后，自我意识发展到社会自我阶段，至少年期基本成熟。

3. 心理自我

心理自我是从青春期开始发展和形成的。青春期是自我意识发展的第二个飞跃期。

（三）自我意识的观念分类

自我意识按照观念来分类，可以分为现实自我、投射自我和理想自我。

1. 现实自我

现实自我是指从自己的立场出发，对自身目前的真实状况的认知，即“真实的我是什么样子的?”现实自我能够反映出个人目前的状态。

2. 投射自我

投射自我是指个人想象中他人对自己的看法，即“别人认为我是什么样子?”例如，当你站在台上演讲，结果突然忘词了，虽然看起来还算镇定，但是此时你对自己的评价可能是“样子好糟糕”“看起来像个傻瓜”。其实，在描述这些问题的时候，你是站在台下观众的角度来评判自己，认为他人就是那么想自己的。但实际上台下的观众可能完全没有看出来你忘词了，只是觉得你有一个停顿的设计，或者他们根本没有注意到你是否忘词。

3. 理想自我

理想自我是指个人从自己的现实立场出发对将来的我的认识，即“希望我自己是什么样子?”理想自我通常指向未来。理想自我就是个人努力的方向，同学们可以想象一下，十年后，自己会成为什么样子? 不过，同学们会因为理想自我和现实自我的差距太大，产生严重的心理困扰。

三、自我意识的发生与发展

人类的自我意识从无到有、最终达到相对稳定成熟，大致经历如下三个发展阶段。

（一）自我中心期

刚刚出生的婴儿尚未出现自我意识，还不能把自己和外界事物分开。这个时期的婴儿依旧生活在主体与客体尚未分化的状态之中。

大约在8个月时，自我意识开始萌生，这就是最初形态的自我意识，即能够意识到自己身体的存在，听到自己的名字能够做出相应的反应，可以将自己与外部区分开来。9～12个月时，能认识自己的面孔，看到自己的照片、视频、镜像等会有模糊的亲切感，对着自己的照片或影像微笑、拍手，具备了模糊的自我意识。

1岁以后，给幼儿眉心点上红点，再抱到镜子面前，孩子可能出现有意识地擦额头的举动，这表明孩子知道镜中人是自己。这个点红点的测验就是发展心理学中著名的点红实验。1岁以后，已经出现有意识的举动。阿姆斯特丹（1972）借用动物学家盖勒帕在黑猩猩研究中使用的点红测验（以测定黑猩猩是否知觉“自我”这个客体），从而使有关婴儿自我觉知的研究取得了突破性进展。实验的被试是88名3~24个月的婴儿。实验开始，在婴儿毫无察觉的情况下，主试在其鼻子上涂一个无刺激红点，然后观察婴儿照镜子时的反应。研究者假设，如果婴儿在镜子里能立即发现自己鼻子上的红点，并用手去摸它或试图抹掉，表明婴儿已能区分自己的形象和加在自己形象上的东西，这种行为可作为自我认识出现的标志。

2—3岁时，幼儿能够使用第一人称代词“我”称呼自己，这是自我意识完全萌生的重要标志。随着“我”的使用频率的提高，要求“我自己做”的事情越来越多，开始有了自己的要求，应该说3岁的幼儿的自我意识有了一定的发展，但其行为仍是以“我”为中心的，即以自己的身体为中心，以自己的想法解释外部的世界，并将自己的想法和情感投射到外界事物上去。这呈现出明显的“自我中心”特点，也是幼儿心理自我发展的前三年被称为“自我中心期”的重要原因。“自我中心”特点作为儿童运算阶段最重要的心理特点之一，从2岁左右萌生，3岁后表现最为突出，通常持续到6—7岁。

拓展阅读

皮亚杰的三“山”实验

三山实验是著名发展心理学家皮亚杰针对3—7岁儿童设计的经典实验之一，以此证明该年龄段儿童自我中心化的特点。

实验内容：在桌子上放置三座山的模型，在高低、大小、位置方面，三座“山”之间有明显的差异。实验时，先让儿童从模型的不同角度观察这三座“山”，然后让其坐在桌子一边，将一个布偶娃娃放置在其对面（图2-1）。此时实验者要儿童回答两个问题。第一个问题是：“你看到的三座“山”是什么样子？”第二个问题是：“布偶娃娃看见的三座“山”是什么样子？”并要求儿童从四张图片中指出哪一张是玩具娃娃看到的“山”。结果发现，儿童对两个问题给出同样的答案（即认为娃娃看到的景象与自己看到的相同），只会从自身所处的角度看三座“山”的关系，而不能设身处地从对面娃娃的立场来看问题。据此得出结论，“自我中心”是该年龄段儿童心理发展阶段的共有现象。

图2-1 皮亚杰三“山”实验

（二）客观化时期

从3岁到青春期，大概是幼儿园到初中以前的时间段，这一时间段是自我意识发展的客观化时期。这个时期个体受社会化影响最深，也是个体学习社会角色规范的重要时期。个体主要通过观察、模仿、学习、认同、内化的形式逐步形成各种性别角色、家庭角色、社会群体角色，习得社会规范。

这一时期自我意识的特点是模糊、不自觉、被动的。个体虽然能够感受到自己的内心世界，但仍然主要依据外在的评价去认识自己、他人及周遭世界。对自己的认识往往服从于父母、教师等权威。

如果问这个年龄段的孩子“你是一个什么样的人?”许多小学生回答不上来，说没有想过。即使回答，也往往是对自己一些外部特点的描述，如“我是一个爱画画的人”“守纪律的人”“喜欢猫的人”等，或者是转述教师、家长或其他成人对自己的评价。他们也意识不到自己所面临的各种矛盾，因而内心世界很平静，没有忧愁，没有烦恼，此阶段是一段无忧无虑的时期。

（三）主观化时期

主观化时期延续时间最长，从青春期一直延续到成年期。大概在初中到高中阶段，个体开始“发现”了自己，比如发现自己能想出某个主意，而他人想不出，从而感到自豪、得意；开始关心自己的发展，出现理想或幻想；还有了许多内心的“小秘密”；开始对周围人的想法、个性等感兴趣……自我意识的全新发展和最后成熟，是从青年初期（高中阶段）开始的，并在青年期内基本完成。

这一时期，个体经历了由分化到矛盾再到统一的过程，最终完成自我整合。它是自我意识发展的关键时期，自我意识主要表现出如下特点。

1. 平衡理想自我与现实自我

具体做法如下：努力改善现实自我，使之逐渐接近理想自我；修正理想自我中某些不切实际的过高要求，使之与现实自我接近；或者放弃理想自我而迁就现实自我。

2. 抽象思维能力大大提高

使自我意识能超越具体的情境，进入精神领域。

第二节　自我意识的作用与偏差

一、自我意识的作用

自我意识的作用

（一）自我意识对个体成长的影响

1. 促进社会适应，建立和谐的人际关系

自我意识健全的人能够正确地评价自我，同时也能科学、客观地认识、评价他人与社

会，能够建立和谐的人际关系。如果大学生过分地以“我”为中心，会导致理想自我与现实自我差距过大，容易造成社会适应不良和人际关系不协调，从而影响其心理健康。

2. 促进自我教育，完善自我

自我意识健全的人能够正确评价、认识自我，可以有效地自我调节，控制、纠正心理偏差，缩小理想自我与现实自我的差距，以达到加强自我教育的目的。如果不能很好地客观评价自我，则需要重新调整认知结构，改变对自己的认识，重塑理想自我，以接近现实自我，达到与社会统一协调。

3. 促进自我调节，创造最佳心理品质

健全的自我意识通过合理的自我认识、良好的自我体验、自觉的自我调节的控制，能促进自我实现，最大限度地挖掘自身心理潜能。

（二）自我意识能够丰富人的情感

自我意识成熟后会形成一个新的、更高级的情感世界。如当人意识到“我”是独特的时，会产生孤独感；当产生自尊需要时，则产生羞耻感；当发现一个自己的内部世界时，才感到内在自我和外在行为的种种不符或冲突而产生痛苦、彷徨等新的情感；当把自己的情感作为自我意识的客体时，才得以发现大自然的美丽和音乐、绘画等艺术品之美，从中体验到美感。

总之，自我意识的不断发展与完善使得人的情感日益丰富，生活日益多彩。

二、自我认知偏差

需要指出的是，人在认识自己的时候，往往是做不到完全客观的，可能出现这样那样的认知偏差。认知偏差是人们在知觉自身、他人或外部环境时，常因自身或情境的原因使得知觉结果出现失真的现象。在自我认知方面，个体倾向于以有利于自身的方式来进行自我知觉。比如，人们倾向于把成功归因于自己的努力、智慧和能力等内部因素，而将失败归因于运气不好、客观条件受限等外部因素。这种把成功归因于自己而否定自己对失败负有责任的倾向性，即为人在自我服务方面的自我认知偏差。

常见的自我认知偏差主要有以下四种。

（一）聚光灯效应

聚光灯效应是指不经意地把自己的问题放到无限大。

夏天了，大家都会穿得比较清凉。某天，一名女同学走在路上。她听见身后不远处两名同学在交谈，他们提到夏天到来，最早穿裙子的女生都是腿比较细的那些，因为腿粗的姑娘先穿了裙子大家都会注意到她长了一副萝卜腿。本来是无心之谈，可是前面听到对话的女生却特别在意，回到寝室不但反复照镜子，询问室友自己是不是长胖了，甚至可能开始新一轮的减肥。造成这种情况的，可能就是聚光灯效应。

拓展阅读

聚光灯效应

聚光灯效应，又称焦点效应，是美国心理学家季洛维奇和萨维斯基于1999年提出的心理学名词。

当时，心理学家季洛维奇和萨维斯基在美国康奈尔大学设计实施了一个有趣的心理实验：要求被试者穿着奇装异服在即将上课的时候走进教室，招摇地从前门走进去，经过所有的座椅，然后到达教室的最后排坐好，下课后，再从后门离开。之后先行采访被试者认为有多少人注意到了他们的奇装异服，再去询问当时教室中的同学实际有多少人注意到了被试者的衣着。结果显示，被试者认为有50%以上的人都注意到了他，但根据当时在场同学的调查显示，他们对被试者的被关注度其实只有23%。

由此推论：人们往往以为自己是一切的中心，是所有情境的焦点，太在乎和自己有关的事物，这就是聚光灯效应。

英国心理学家艾玛·库克撰文称，有两种情况最容易遭遇聚光灯效应：

第一，重大聚会之前；

第二，过度关注自身，而忽视了外部评价。

聚光灯效应的启示：正、反方向的聚光灯效应可带来自卑和自负。人们假设自己的成功所有人都知道，其实并不是；相反，人们的失败也并非有你想象的那么多人关注。可能当时的确有一些人注意到了，但是他们很快就遗忘了。活用这个知识，可以有效缓解舞台紧张、面试紧张等心理反应。

1. 认识自卑与自负

大学生自我意识发展过程中最常见的认识偏差包括自卑和自负两种。

（1）自卑。主要是指自我意识评价过低，自愧无能而失去自信，伴有自怨自艾、悲观失望等消极情绪体验。自卑常常以消极防御的形式表现出来，如猜疑、焦虑、紧张、不安、羞怯、孤僻、自欺欺人等。自卑的人十分敏感，经不起刺激。

（2）自负。与自卑正好相反，自负是一种过度自信的心理表现。自信本来是一种优秀的品质，但有些同学如果自信过度，骄傲、自大，听不进他人的建议和劝告，一意孤行，这种自我膨胀的自信就很容易导向自负。自负的人缺乏自知之明，容易失败，也容易受伤。

2. 自卑的产生原因

自卑心理产生的因素很多。如消极的心理暗示（我不行或我不能，唯恐他人耻笑）；过低的自我期望，容易用已发生的负性结果验证自己的能力；过强的自尊心也是造成自卑的主要原因，自尊心过强，会导致自尊需求得不到满足而产生心理失望，从而丧失自信心。另外，如果一个人经常遭遇挫折和外界打击，也很容易产生自卑心理。

案例故事

某大学一名辅导员带中文系一名大二的女生去进行心理辅导。据辅导员描述，该女生由于长期营养不良导致全身长满了紫癜，精神不济，学习成绩下降，人际关系紧张。心理教师与该女生详谈后得知，该生家庭十分贫困，无钱供她读书，她靠做家教挣来的工资做生活费，还要养活一个读高中的弟弟，因此感到很自卑，总觉得同学都瞧不起她，感觉很痛苦。其实，该生成绩不错，大一时曾获二等奖学金，同学对她的评价都较好。可她却固执地认为同学都因她家庭困难而鄙视她，最令她苦恼的是没有男生追求她。为了改变现状，她常常连续一个月不吃肉，节约伙食开支，去购买漂亮衣服，甚至买新上市的水果，在寝室吃给室友看，以获得同学的“羡慕”与“尊重”。这样的牺牲并没有让她感觉到自己的处境有任何好转，反而发现同学投来异样的眼光，这令她心情越来越糟。由于长期节食，她患上了严重贫血，常常头晕目眩，上课时难以集中注意力，记忆力减退，学习成绩大幅度滑坡，以致补考多门而成为班上的学困生，烦恼、自卑、懊悔在时刻吞噬着她不甘居于人后的自尊心，但此时的她已感力不从心。

3. 如何克服自卑

自卑往往是自己给自己的心理压力，可以通过调整心态加以克服。心理学家阿德勒认为：每个人都有先天的生理或心理欠缺，这就决定了每个人的潜意识中都有自卑感存在。但处理得好，会使“我”超越与克服自卑去寻求优越感，而处理不好就将演化成各种各样的心理障碍或心理疾病。如下方法可供大家尝试，用以克服自卑心理。

（1）积极心理暗示。当你处于某些情况下时，不妨对自己说“别人行，我也能行”“别人能成功，我一定能成功”。以此给自己鼓励，增强自己的信心。

（2）体验成功的乐趣。经常回忆依靠自己的努力而成功了的事或合理想象将取得的成功，以此激发自己的自信心。

（3）学会如何进行正确的归因。在遇到问题的时候，要分析问题的根源，不要因为一次失败就断定自己的能力不够。失败有很多种原因，不一定是因为能力不够，而是要客观地分析。对自己的评价不能太高，要了解自己的缺点和弱点，要对自己的能力、素质、心理特征有一个全面的了解。要实事求是，不要夸大其词，不要贬低自己的优点。尤其要重视缺点的弥补与长处的发扬，把自卑的压力转化为前进的动力，在自卑中超越自己。

（4）确立激发点。当你处在弱势或者面临自己的弱项时，可以有意地转移话题，或者把注意力转移到其他方面。例如，可以将注意力集中在自己喜欢的、能够展示自己才华的活动上，以此来减轻和消除因弱点而产生的自卑感。

（5）自我调节。走路的时候要昂首挺胸；眼睛要正视他人；敢于在公共场合讲话；要做自己想做的事；要面带微笑。

（二）乐观偏差

乐观偏差，又称非现实的乐观主义，是指人们倾向认为自己更可能经历积极事件，而他人更可能遭遇消极事件的现象。

对于他人遇到的积极事件，更容易产生与自己有关、自己也可能遇到类似事件的联想。例如，看到媒体报道有人中了彩票大奖，进而产生自己如果中奖要如何分配奖金的联想。而对于车祸、癌症等灾难事件，则很少产生与自身相关的联想。例如，烟民认为得肺癌只是小概率事件，与自己无关。

乐观偏差的启示：乐观偏差与自我中心有关。乐观偏差的好处在于，让人们觉得自己的生活、周围的世界更美好。相对地，弊端也十分明显，认为坏事不会降临，所以不做出适当防御。例如，明知熬夜、酒驾等行为有害，可在很多时候，仍然缺乏必要的风险意识，直至结果难以挽回才追悔莫及。

（三）虚假独特性效应

虚假独特性是指当人们成功时，会把自己的才智和品德看成是超乎寻常的，以满足自己的自我形象，即高估自己的优点在人群中的独特性。

虚假独特性的启示：认为自己是棒的，是很强的，是与众不同的，而事实上，大部分人都是芸芸众生中的一员。需要保持理性，找准自己的真实定位，才不会落入错判的圈套。

（四）虚假普遍性效应

虚假普遍性是指当人们行为不佳时，会高估自己观点和立场的普遍性。

虚假普遍性的启示：认为自己的观点，他人也有；自己的看法，他人也一样；自己的信念，他人也相同。虚假普遍性在很多社会事件中都有缩影。例如，酒驾的司机认为他人也酒驾，是虚假普遍性；认为自己技术高，肯定不会出事，则是虚假独特性。

人在认识自己的过程中，其实是很难达到完全理智客观的。那为什么人类在千万年的遗传进化中，依然保留了这种自我服务偏差呢？那是因为，这种不客观虽有弊端，可也有一定的好处。相信自己比同伴拥有更多的天赋和积极的品质，能使人们产生良好的自我安全感，从而缓解压力，提升自信。

需要指出，人们只有在保持偏差适应性的同时，理性判断、谋定后动，更好地审时度势，避免认知偏差引起的错误评价和群体冲突，才能更好地处理自我冲突与群体关系，更好地平衡自己的心理健康水平。

第三节　自我意识的完善与健全

大学生随着自身年龄的增长与社会阅历的加深，在自我认识、自我体验、自我调控各方面的认知能力明显增强，表现出该时期的自我独特性。

一、大学生自我意识的特点

大学生自我意识的特点包括三个方面，即自我认识的特点、自我体验的特点和自我控制的特点。

（一）大学生自我认识的特点

1. 更加注重对自己内在素质的认识

调查结果表明，大学生对自我的认识不再像初中生或者是高中生那样仅看重一些外在的东西（如身体、容貌、仪表等），他们更加看重内在的素质。在某问卷调查中，许多大学生在回答“你认为你是一个什么样的人”时，都选择从心理品质的特征来回答，如善良、热情、自信、诚实等，很少有大学生选择自己的外在条件来回答。

2. 更加注重自己在社会中的地位和作用

随着年龄的增长，大学生对自我的社会属性（如社会地位、社会责任等）越来越关注，渴望与社会进行近距离的接触，能够主动思考将来在社会上要扮演一个什么样的角色。

3. 自我评价能力提高

由于自我认识的广度和深度进一步提高，大学生对自己的评价能力日益提高。大多数大学生能够对自己有较全面、较客观的评价，并根据这种评价调整自己的行为。

（二）大学生自我体验的特点

1. 自我体验较为强烈

大学生在逐渐加深自我了解的基础上，表现出越来越强的价值感和责任感，因而在学校的各种活动中表现出强烈的好胜心理。一旦这种心理不能得到满足，就会产生内疚和压抑的情绪；相反，如果好胜心理得到满足，就会产生幸福和骄傲的情绪。总之，失败与成功都会引起大学生强烈的情绪反应。

2. 自我体验具有丰富性和起伏性

大学生丰富多彩的学习生活为他们发展自我体验的丰富性提供了有利条件。例如，由于意识到自己的社会角色和社会地位而产生了社会责任感和义务感；由于意识到自己的能力和品德的高低而产生了自豪、自尊或自卑、自惭等体验。

大学生的自我认识在这一阶段也并不成熟，仍然处于不断完善的过程当中。此时，大学生还不能完全控制自己的情绪、情感、意志，因此，自我体验会表现出起伏性的特征。如有的大学生因为一件小事就斤斤计较、悲观沮丧；有的大学生取得一点成绩就骄傲自满、忘乎所以。

3. 自我体验敏感性增大

大学生对涉及自我的事情非常敏感，在与他人的交往尤其是异性交往中，情绪更是敏感、脆弱。他们喜欢寓情于景，在景中抒发自己的感情，喜欢运用想象来表达自己对生活的感悟，因而在他们的思维中总是会出现许多的想象和感慨。

从性别差异来看，在自我体验强度方面，男生大于女生；在体验的持续性上，女生比男生持久。

（三）大学生自我控制的特点

1. 对未来目标的设定从依附性向独立性发展

大学生已经处于成年人的阶段，应该像成年人一样独立地去完成一些事情。对于未来发展目标的设定，大学生不再像中学生那样依赖于父母、老师等他人的意见，而是越来越独立地决策。

2. 行为方式由盲目性向自主性发展

随着生活阅历的增加和认知能力的提高，大学生的自我控制能力越来越强，他们非常清楚自己的所作所为，能够为了达到目标而自觉采取一些行动，并控制好自己的行为。

二、大学生自我意识的完善与健全

（一）从众心理与自我中心

从众心理是指个体在群体的影响或压力下，放弃自己的意见或违背自己的观点，使自己的言论、行为保持与群体一致的现象，即通常所说的“随大流”。

自我中心是指从自身意愿出发，根据自己的需要和情感去判断和理解周围世界及和他人的关系等，不能从多视角或从事物自身规律和特点出发，不能或很少顾及他人的立场和观点。

从众心理和自我中心均与个体在自我认识上的偏差有关。过度关注自身可能导致“自我中心”，而对外在群体规范、信息的过度输入和解读则可能滑向从众。

1. 克服从众

（1）独立思考，辩证思维。努力培养和提高自己独立思考和明辨是非的能力。遇事一分为二，兼听则明，既要注意多听取不同的观点意见，也要保持自己的理性判断，特别是事关自身的重要选择，做到审时度势、慎重分析、主动决策。需要注意的是，果断的决策力是与个人知识、经验和阅历的积累密不可分的，提升与历练自己是成长过程中的必修课。

（2）破除权威迷信，勇于创新思考。权威的存在为学习和生活提供了捷径，与此同时，过度迷信权威不但可能延缓创新与突破进程，严重者更可能导致在决策上的失误。摒除盲目迷信，自主独立思考。利用小组分享、交流辩论、头脑风暴等不同方式从多个角度分析问题，敢于质疑，多多提问，自主意识自然能够随之逐渐增强。

2. 克服自我中心

（1）积极融入集体。很多大学生以自我中心的性格与其在成长过程中因家庭关系、居住环境等因素限制所造成的人际隔绝、缺少社群互动有关。如过度溺爱的父母养成了孩子说一不二的性格，成长过程过于顺遂的孩子缺乏抗压能力等。大学生要多增加与同学、同龄人互动的机会，可以从班级、社团开始，尝试多参加集体活动，多交朋友，学习接纳他人。

（2）留心观察，换位思考。虽然大学生来自不同的地域，有着不同的性情、习惯与价值理念，但交友的基本原则就是把握进退、收放与取舍的尺度。在不碰触自己核心利益的同时，从自我的圈子跳出来，设身处地替其他人想想，尊重、关心、帮助他人，自然也会获得他人同等的回报，体验到与独善其身截然不同的价值与幸福。

（二）孤独感、自卑与自负

人际孤独感、自卑与自负，都是与自我体验相关的自我失衡状态。

关于自卑与自负，已在上一节“自我认知偏差”的内容中涉及，这里主要论述孤独感相关的内容。

孤独，一种自觉得不到他人思想上的理解与情感共鸣的主观感受和体验，是一个人生存空间和生存状态的自我封闭。孤独的人会脱离社会群体而生活在一种消极的状态之中。要对抗这种人际孤独感，可以尝试以下做法。

1. 多元立体社交，扩大择友范围

大学生正处于青少年与成年的衔接阶段，一些少年老成的同学觉得与同龄人社交缺乏思想深度，与至亲长辈交流又有难以逾越的代沟；一些同学喜欢小众音乐和二次元文化，在身边有限的圈子里少有共同语言；等等。对于这些情况，大学生不妨打开社交思路，破除年级、学院和地域的界限，寻找更多同路好友。

2. 放平心态，增长见闻

一本好书、一段音乐、一场讲座、一次打工体验、一场能力所及的旅行……这些都能让大学生放平心态，增长见闻。美好的生活可能在很多不经意的时刻悄然发芽开花。不用刻意营造，也不用急于求成，阅历世界，填补内心。在这个过程中，也许你就会发现，好友与知音正以同样的方式与你不期而遇。

（三）拖延与逆反

拖延与逆反

当代大学生的自我控制水平明显提升，具体表现为自觉、主动、果断地选择目标并加以坚持的能力。然而，这个年龄阶段的青年人，体质、生理上的发展与情绪上的调控能力尚未达到稳步平衡，加之情绪上的波动对自我调控的直接影响，在理想与现实存在较大落差或环境预期与内在诉求出现冲突时，拖延、自我放弃、盲目逆反等消极的自我控制就会出现。

1. 克服拖延

（1）善用外部监督。相较于被项目“截止期限”操纵的打工族，以及大考小考不断的中学生，大学生的拖延成本无疑都要低得多。工作学习缺乏外在监控，执行力下降，对自控能力较差的学生来说，自然容易引起拖延症状泛滥的连锁反应。对于这部分学生，可以考虑找有共同目标的同学组成学习小组互相监督。

（2）破除完美主义倾向。很大一部分有“拖延症”的同学，究其拖延原因可能发现，当时他并非不想完成任务，恰恰相反，而是想把任务完成得尽善尽美。而这种力求完美的想法，就要求大学生空出单独的时间，在条件充分允许、心理建设完备的情况下开始工作

学习。事实上，这在大学各种课业与活动交织的大环境下很难实现。于是，内在的迫切相反地表现为外在的拖延。不妨尝试利用碎片时间，一步步累积下去，要记住，完成本身的价值是先于完美存在的。

拓展阅读

人人都有“拖延症”

加拿大心理学博士蒂莫西·A. 皮切尔曾在《战胜拖延症》一书中说：“人人都会有拖延症。”

美国《科学》杂志的调查数据显示，大约95%的人都承认曾经拖延，而没有承认的另外5%的人则被认为是在说谎。另一项调查结果显示，大约75%的大学生认为自己有时拖延，25%认为自己一直拖延。

皮切尔博士指出，拖延是一种“屈服以求得自我感觉良好”的行为。在面对来自任务的压力时，为了保持短期的平衡、愉悦，大脑边缘系统会驱动情绪，选择即时性的满足感，以暂时回避任务，脱离压力。这种对压力的逃避和从即时满足中获得的快乐感彼此纠缠，随着现实压力的增大和自责的加剧愈演愈烈，使个体陷入不断逃避与不断自责的怪圈。

2. 克服逆反

逆反，表现为当事人采取的行动与其所处环境中大部分人的预期完全相反的心理现象。很多人认为，逆反是出现在学龄前幼儿和青春期的中学生身上的事，其实不然。在发展心理学的理论中，个体对父母的认同往往经历着从认同到否定再到认同的过程。而这漫长的发展过程可能一直持续到人们的中年时期。“少年不懂父母恩，懂时已是中年人”，这句话正是很多人成长的缩影。

（1）客观剖析自我与环境。从明确自身的目标和定位开始，客观评价环境限制、他人建议与自身优势和短板，积极进行自我规划，并在此基础上主动进行自我提升。自觉能动地以实际行动完善自我。对于尚未找到目标的同学，完善自我可以从规避不良信息开始，也就是拥有可能暂时不知道自己要什么，但至少要清楚自己不能成为什么的底线思维。从此开始，丰富阅历、增长见闻，一个拥有丰富见识与底蕴的人，自然更能够兼收并蓄，理性思考与接纳更多的意见和建议。

（2）加强沟通，求同存异。很多时候，人们与父母、他人的矛盾，并不是势同水火的原则、底线之争。相反，仔细分析后可能发现，彼此在大的目标与方向上是一致的，或是至少可以朝着趋同的方向发展的。有分歧的只是具体的执行顺序、理念和策略。

心理测评

指导语：请仔细阅读下面各题（表2－1），在符合自己情况的数字上打“√”，“1”表示从来没有，“2”表示绝大多数时间没有，“3”表示多半时间没有，“4”表示半数时间有，“5”表示多半时间有，“6”表示绝大多数时间有，“7”表示所有时间都有。每一条只能选择一个数字。

表2-1 积极人格品质调查

序号	积极人格品质	从来没有	绝大多数时间没有	多半时间没有	半数时间有	多半时间有	绝大多数时间有	所有时间都有
(1)	创造性或灵活性	1	2	3	4	5	6	7
(2)	好奇心或兴趣	1	2	3	4	5	6	7
(3)	开放、虚心	1	2	3	4	5	6	7
(4)	爱学习	1	2	3	4	5	6	7
(5)	远见或智慧	1	2	3	4	5	6	7
(6)	勇敢和勇气	1	2	3	4	5	6	7
(7)	坚定不移和持之以恒、勤奋、刻苦	1	2	3	4	5	6	7
(8)	诚实或真诚	1	2	3	4	5	6	7
(9)	热情或激情	1	2	3	4	5	6	7
(10)	爱或依恋	1	2	3	4	5	6	7
(11)	慷慨	1	2	3	4	5	6	7
(12)	社会智力或社交技巧	1	2	3	4	5	6	7
(13)	忠诚和协作	1	2	3	4	5	6	7
(14)	公平、正直	1	2	3	4	5	6	7
(15)	领导能力	1	2	3	4	5	6	7
(16)	宽恕或仁慈	1	2	3	4	5	6	7
(17)	谦虚	1	2	3	4	5	6	7
(18)	谨慎、判断力	1	2	3	4	5	6	7
(19)	自制或自我调节	1	2	3	4	5	6	7
(20)	对美的欣赏或敬慕	1	2	3	4	5	6	7
(21)	感恩	1	2	3	4	5	6	7
(22)	希望或乐观	1	2	3	4	5	6	7
(23)	有趣或幽默	1	2	3	4	5	6	7
(24)	信念	1	2	3	4	5	6	7

（1）在下面这份问卷中，你排在前五项的积极人格品质分别是什么？（请按照先后顺序填写序号）

①______________________________

②____
③____
④____
⑤____

（2）在今后的学习、工作和生活中，你打算怎样发挥优点？

____
____

团体心理辅导

活动一：我是谁？

（一）轻柔体操

请学生排成两排，后排的同学为前排同学揉肩、敲背。然后互换位置，相互问好。

（二）教师指导语

我现在问你们20个“你是谁”，请你将头脑中浮现出来的答案写下来（如我是某学校的学生、我是一个爱好足球的人、我是一个非常热情的人等）。不要有什么顾虑，回答每次提问的时间为20秒。若写不出来可略去，继续往下写。

（三）结果分析

（1）答案的数量和质量。一共写出了几个答案，答案中哪些方面的内容为多。若能写出9～10个答案，则大体上可以认为没有特别的障碍。若只能写出7个或更少的答案，则可以认为是过分压抑自己。

（2）回答内容的表现方式，有三种情况：客观情况、主观解释的情况和中性的情况。符合客观情况的，如“我是大女儿”“我是小学生”等；主观解释的情况，如“我是老实人”“我胆小”等；中性的情况，即谁都不能做出判断的情况。如果主观评价都有，可以认为取得平衡了。如果倾向于主观或客观，不能取得平衡。

（3）回答的内容是否涉及自己的未来。哪怕只有一个答案涉及未来（如“我是未来的大学生”），也说明自己有理想和抱负，在现实生活中充满生机。如果没有一个答案涉及未来，可能说明自己对未来考虑不多。

（4）回答的内容涉及自己的身体状况、心理（才智、情绪等）、社会关系状况各有几项？

（5）评估一下你对自己的陈述是积极肯定的还是消极否定的。其中，表示积极和消极的句子各有几句。如果表示积极的句子多于表示消极的句子，说明你的自我接纳状况良好；相反，你的消极陈述的句子将近一半甚至超过一半，这显示你不能很好地接纳自己，你的自尊程度较低，这时你需要内省一番，寻找问题的根源。哪一方面过低评价了自己？是什么原因造成的？有没有改善的可能？

（四）小组分析

（1）组长随意抽一份组员的答案，注意不要公开名字，大家对该生的答案进行分析，试着猜出该生是谁。

（2）得到确认后，大家再次对该生进行评价，如他的优点、缺点等，如此直至每一份答案都经过分析，每一组员都经过评价。

（31）每名学生总结自己的评价和同学的评价，课后写一篇以“这就是我”为题的小文章，文章不讲究形式、措辞，只要求对“我”的各个方面都写全，以达到正确的自我认识。

（五）总结

教师发言，指出正确认识自我的意义。

活动二：假如我是……

【活动目的】引导学生发现自我特质，悦纳独特的自己。

【活动时间】30 分钟。

【活动准备】纸、笔。

【活动方法】完成下面几个问题。

（1）假如我是一种颜色，我希望我是……，因为……。

（2）假如我是一个水果，我希望我是……，因为……。

（3）假如我是一种植物，我希望我是……，因为……。

（4）假如我是一只动物，我希望我是……，因为……。

（5）假如我是一种交通工具，我希望我是……，因为……。

（6）假如有来生，我希望我是……，因为……。

【教师点拨】小组分析与班级分享。

（1）小组分享。小组内每名同学依次分享自己 6 个问题的答案，组内交流。

（2）班级分享。针对每个问题，分别请几名同学分享自己的答案，在群体中寻找与他/她相同的答案。

（3）总结：相同与相异。很容易找到与自己有一个甚至几个答案相同的同学，可是几乎没有可能找到所有题目的答案与自己完全一致的同学。你对自己的独特性满意吗？请宠爱独一无二的自己。

第三章
初识人格——大学生人格发展

当你进入大学，开始大学生活后，有时静下心来回想起高中最要好的朋友时，脑海里会立刻浮现出这个好友的音容笑貌，他的脾气和性格特点及某些独特的行为表现。这个朋友给你的整体印象就叫作“人格”。通俗地讲，所谓“人格”，就是一个人的外貌、气质（脾气）和性格给他人的整体印象。

课程导读

奇妙的巴纳姆效应

请认真阅读下面的描述，看看和你的情况是否类似？

你非常需要他人的喜爱和尊敬。你喜欢批判自己的行为。你还有很多优点没有得到充分发挥，同时也还有很多缺点，但是这些缺点通常你都可以克服。

你在和异性交往时会感觉困难，表面上看起来轻松，其实内心是紧张的。你有时候会怀疑自己的决策和行为是不是对的。

你希望你的生活发生一些改变，讨厌被束缚。你为自己能够独立思考而感到骄傲，并且你不会接受没有证据证明是对的建议。

你觉得在他人面前表现得太过直白是不明智的。你有时是外向的、友善的、好交际的，有时是内向的、谨慎的、沉默的。你的一些雄心壮志常常是不切实际的。

如何？以上的描述能精确地总结出你的人格特质吗？我要对你说的是，这是一段适合任何人的描述。

曾经有一位心理学家为一些大学生完成了一份明尼苏达多项个性测量表（MMPI），并对其进行了分析。一种是参与者的实际测验，另外一种则是种笼统的、几乎适用于所有人的叙述。最终，大部分的大学生选择了这篇虚拟的报告，他们觉得这篇文章写得很好，也很好地描述了自己的性格。这就是所谓巴纳姆效应。这种效应在现实中是很常见的。比如那些算命的人，说得模棱两可，说的都是一些无关紧要的事情，如十二星座的特点等。

那么，究竟何为个性？你对自己的性格有什么认识？如何更科学地评价我们的个性？什么是主要的性格缺陷？你知道自己的缺点么？本章将围绕以上问题，探讨个性的内涵。

第一节 人格概述

人格是个人在社会中的整体的、区别于他人的心理特征，它也是一种十分复杂的心理成分，凝聚着个人文化的、社会的、家庭的、教育的和先天的风貌。对于大学生而言，人格的成熟与否将会在很大程度上决定其心理健康与否，因此，在大学生心理健康教育的过程中，对大学生的人格问题进行分析和解决也是非常重要的。

一、什么是人格

“人格”一词源于古希腊语 persona，即舞台上演员戴的面具，不同的面具体现了角色的特点和性格（如京剧里的脸谱，红脸代表忠义，白脸代表奸诈，黑脸代表刚强）。心理学把它引用过来，用来描述人的心理，以表示在人生大舞台上每个人扮演的不同角色及表现出的相应行为。

心理学家常依据不同的特点对人格进行分类，一些学者将人格归入不同的类别中，也就是人格类型。不同心理学家提出了多样的人格类型理论，它们都有自己的理论基础。近年来，一些研究者在人格描述模式上形成了比较一致的认识，提出了人格五因素模型，堪称人格心理学中的一场革命。研究者通过词汇学的方法，发现大约有五种特质，可以包含人格描述的所有方面。

（1）外倾性。如爱好交际对不爱好交际，爱娱乐对严肃，感情丰富对含蓄，表现出热情、社交、果断、活跃、冒险、乐观等特点。

（2）神经质或情绪稳定性。烦恼对平静，不安全感对安全感，自怜对自我满意，包括焦虑、敌对、压抑、自我意识、冲动、脆弱等特质。

（3）开放性。富于想象对务实，寻求变化对遵守惯例，自主对顺从，具有想象、审美、情感丰富、求异、创造、智慧等特征。

（4）随和性。热心对无情，信赖对怀疑，乐于助人对不合作，包括信任、利他、直率、谦虚、移情等品质。

（5）尽责性。有序对无序，谨慎细心对粗心大意，自律对意志薄弱，包括胜任、公正、条理、尽职、成就、自律、谨慎、克制等特点。

心理学上的人格内涵极其丰富，但基本包含两个方面：一是个体在人生舞台上所表现出的种种言行所遵从的社会准则，这是可以观察到的外显的行为和人格特质；另一方面是内隐的人格成分，即面具后面的真实自我，是人格的内在特征。

拓展阅读

人格在人的素质结构中起着近乎决定性的作用

如果仔细观察周围的人，你会很容易发现这样一些现象：同样做一件事，有人做得又快又好，有人做得又慢又差，当然，也有人做得慢而好，有人做得快而差；同样面对一个任务，有人沉着冷静、坚定自信，有人焦虑不安、退缩不前；同样面对弱者的求助，有人热情慷慨，有人麻木不仁……人与人之间的差异实在太大了。如果你有机会到医院妇产科的婴儿室，你就会很容易发现：同样是新生儿，有的在大哭大叫，有的在酣甜大睡，有的在东张西望。进化程度越高的生物，个体之间的差异越大，这种情形在人类这里发展到极致。从这个意义上，可以说人类是个体差异最大的一种生物。当然，人与人之间也有很多相同的东西，所谓“人同此心，心同此理”。人与人之间的共同性和差异性都是心理学家关注的问题，这种关注集中体现在对人格的研究上。

“人格”一词的使用范围非常广泛，可以在生理、心理、宗教、伦理、法律和美学等不同领域赋予它不同的意义。例如，常听人说，张三的人格卑鄙，李四的人格高尚，这是从伦理道德上给予人评价。在某种情境下有人气愤地说：“这是对我人格的侮辱。”这里的“人格”又属于法律范畴，说明有人侵犯了他的尊严和人权。在国外，有的广告会说某种产品能增进你的人格，其意是指对你的衣着、发型、装饰等有所改进，令你的外表更加美观，这时的“人格”则是指容貌、仪表给人的印象等。

有这样一个小故事。一位老教授昔日培养的三个得意门生事业有成，一个在官场上春风得意；一个在商场上捷报频传；一个埋头做学问，如今也苦尽甘来，成了学术明星。于是有人问老教授三人中哪个会更有出息？老教授说：“现在还看不出来。人生的较量有三个层次，最低层次是技巧的较量，其次是智慧的较量，他们现在正处于这一层次，而最高层次的较量则是人格的较量。”这个故事生动地说明，在人的素质结构中，人格起着近乎决定性的作用。

二、人格的特征

人格的特征

（一）独特性

个体的人格是由遗传、环境、教育等先天及后天因素共同影响而形成的。不同的遗传、生活和教育背景，造就了每个人独特的心理特点，就像有些人是开放自然的，而有些人是顽固自守的，有些人沉默，有些人直率，有些人则谨慎。环境可以使同一种人格特质在不同人的身上表现出不同的含义。例如，在缺少父母关爱的家庭里，独立性具有自我努力的含义；而在民主型家庭中长大的孩子，其独立性是健全人格发展的重要组成部分。

（二）稳定性

人格的稳定性就是那些经常表现出来的特点，它们是一贯的行为方式的总和。就像俗话说的：江山易改，本性难移。一个人的某种人格特质一旦稳定，就很难再去改变。而且这种稳定性还表现在人格特质在不同时空下的一致性。比如，一个外向的大学生，不但在家里很活跃，在课堂上也很活跃，有着积极主动的一面，在老师面前也可以自然地表现自己。拥有这种特质的大学生，不仅在四年的大学生活如此，即便是多年后再重逢，他的特质也是一样的。

（三）综合性

人类是非常复杂的，人类的行为具有多元性和多层次的特征。不同人格的结合是多种多样的，因此人格才会呈现出多姿多彩的一面。在每个人的人格世界中，各种特征并不是单纯地堆叠在一起的，它们就像是一个宇宙、世界，是一个由规则、秩序、内容有机组合的动力系统。人格的有机结构有着内在的一致性，是受自我意识调控的。如果一个人的人格结构中的各个部分相互协调、和谐一致，那么他的人格特征就会很健康；反之，他就会产生各种各样的心理冲突，从而产生“人格分裂”。

（四）功能性

人格是一个人人生成败、喜怒哀乐之源。俗话说“性格决定命运”。人格会影响一个人一生的生活方式，甚至有时候会决定一个人的命运。人们经常利用人格特征来解释一个人的行为和言语，以及某个事件的原因。在失败和挫折面前，有志之人会认真地吸取教训，在失败的残垣断壁上重新焕发生命的光辉；而怯懦的人则一蹶不振，失去了奋斗的目标。在人格功能能够正常发挥的时候，它呈现出一种健康和强大的力量，主宰着一个人的生活和成败；而在人格功能发挥失常的时候，会出现懦弱、无力、失控甚至变态等特征。

（五）可塑性

个体的人格是由遗传、环境、教育等先后天因素共同影响而形成的。青少年时期，由于社会化程度的限制，其人格尚不稳定，易受到外部环境的影响而改变。特别是在青年时期，人格正在处于定型的阶段，会深刻地受到家庭、学校和社会环境等因素的影响。

三、影响人格形成的因素

塑造和培养良好的人格是个体成长与发展的关键。在一个人的人生发展历程中，有许多因素会影响到人格的发展。研究结果表明，人格是在遗传与环境交互作用下逐渐发展形成的，人格的塑造是先天、后天因素共同作用的结果。在人格培养过程中，既要看到个体生物遗传的影响，也要看到社会文化的决定作用。

（一）生物遗传因素

心理学家艾森克在研究分析个性结构的同时，也在寻找其成因。艾森克相信，人格的不同很大程度上是由遗传所致。其主要依据如下：第一，三种人格的基本特质在人生中能保持相当稳定的状态。第二，跨文化研究的结果显示，不同的研究者在不同的国家和文化背景下，采用不同的研究方法，都发现了三种基本的人格特质，即内外向型、神经质和精神质。如果不是生物遗传因素起主导作用，就很难解释这种跨文化的一致性。第三，都可以从生理学的角度来解释人格的三种基本特质。在外向者和内向者中，外向者喜欢社交，喜欢刺激性强的活动，而内向者不喜欢社交，喜欢安静的环境，这种差异是因为大脑皮层的生理唤醒水平不同导致的。外向者的大脑皮层唤醒程度低于内向者，因此他们需要更多更强烈的刺激，对他们而言，缺乏刺激意味着枯燥、沉闷、乏味、无聊；内向者大脑皮层的唤醒程度更高，轻微的刺激就能让他们保持兴奋，因此更强烈的刺激会让他们很快疲惫。所以，性格外向的人喜欢热闹的派对，而性格内向的人则想早点离开。

另外，有一些心理学者对双胞胎进行了调查，发现遗传因素对人格的影响是不可或缺的，但是，遗传因素对人格的影响程度却会由于人格特质的不同而不同。基因是影响人格形成和发展的基础，通常在智力、气质等与生物因素相关性较强的特征中体现其作用，遗传因素的影响会更重要一点，如气质的形成，包括兴奋性强弱、主动或被动、反应速度快慢、活动水平高低、反应强度大小等。而后天环境因素对与社会因素密切相关的价值观、信念、性格等特征的影响更大一些。人格发展的过程是遗传和环境交互作用产生影响的结果，遗传因素可以影响人格发展的方向和形成的难易程度。

（二）社会文化因素

人从一出生就处于社会文化环境中，并受到社会文化的熏陶和影响。文化对人格形成的影响将会伴随着人的一生。米德等人对三个新几内亚部族的人格特质进行了调查，其调查结果发现，来自同一祖先的不同部落各具特色，这一结果清楚地反映出社会文化对个体的影响。阿拉佩什人生活在山丘地区，提倡男女平等，彼此友爱，团结合作，没有恃强凌弱现象，充满了友善氛围。而蒙杜古马人生活在河川地区，主要靠打猎为生，男女之间有权利和地位的竞争，对孩子的惩罚很严厉。该族群的成员具有攻击性强、冷酷无情、嫉妒心强、妄自尊大、争强好胜等人格特质。德昌布利人生活在湖区，其男女角色有显著的差别，妇女是社会的主体，每日操作劳动，掌握着经济权力。而男人们则是从属地位，他们的活动主要是艺术、工艺和祭祀活动，并且担负起抚养子女的任务。社会分工使得女性具有刚毅、支配、自主和快乐的特质，而男性的自卑感是显而易见的。米德和其他学者认为，社会文化对人格的塑造起着重要的作用，这体现在不同的文化背景下，各民族都有自己的民族性格，各地区的文化传统各不相同，而不同的文化发展时期，文化认同也是不同的。

（三）家庭环境因素

家庭在人格的塑造与发展中起着举足轻重的作用。家庭是孩子成长的初始环境，而社会、时代的要求常常是通过家庭在孩子的心中留下印记。很多精神分析学家相信，从孩子出生至五六岁这一时期，是人格形成的最重要时期，一个人的人格基本在此时定型。在此期间，大部分的孩子都在家庭中生活，并被他们的父母所抚养。所以，家长教育的态度是影响个体人格形成和未来发展的关键因素。俗话说“有其父必有其子”，这句话也不无道理。家长根据自己的意愿和方法对子女进行教育，从而逐步培养出他们的一些人格特质。

家庭教养方式一般可分成以下三种。

第一种是权威型的教养方式，这种家长在教育孩子时过分地表现出支配状态，把孩子的所有事情都交由自己控制。在这样的教育环境中长大的孩子容易形成消极、被动、依赖、顺从、懦弱的人格特质，在做事的时候缺乏主动性，容易形成不诚实的人格特质。

第二种是放纵型的教养方式，这种家长过分宠爱自己的子女，导致孩子往往表现出任性、幼稚、自私、野蛮、无礼、独立性差、自以为是、胡作非为等特质。

第三种是民主型的教养方式，家长与子女之间的关系是平等、融洽的，家长尊重子女，使子女有自主的权利，对孩子有正确的引导。家长的这种教育方法可以培养孩子的积极人格特质，如活泼开朗、直爽、自立、礼貌、善于交际、易于合作、思想活跃等。

由此可以看出，家庭在培养人格的方面扮演着举足轻重的角色，而家长在养育子女时也显示出自身的人格特质，并对孩子的人格特质产生了潜移默化的影响，因而在家庭中形成了一种特殊的“社会遗传性”。

（四）早期童年经验

“早期的亲子关系定出了行为模式，它们塑造成了一切之后的行为。”这是关于早期童年经验对人格影响的总结。有一种说法：“三岁看大，七岁看老。”

斯皮茨对孤儿院的儿童做了一项研究，结果显示，那些在幼年时没有家长照料的孩子，在成长过程中会出现各种问题。很多儿童因此患上忧郁症，表现为哭泣、身体僵直、退缩、表情木然。还有一些研究结果表明，遗弃会使儿童精神方面出现问题，容易使儿童形成攻击、反叛的人格。

早期童年经验确实会对人格发展产生影响，快乐幸福的童年对儿童的健康人格发展是有益的，而不幸的童年会导致儿童不良人格的形成，但这两者并不是对应的。溺爱也可以培养一个儿童的不良人格，而逆境也可以培养他的积极人格。因此，早期童年经验并不能直接决定人格，而是与其他因素一起影响人格的形成。早期童年经验对人格的永久性影响因人而异，但对正常人而言，童年的影响会随着年龄的增长和心理的成熟而逐渐消退，所以这种影响并不是经久不衰的。

（五）学校教育因素

学校是一个有目的、系统地对学生产生影响的地方。教师在个性发展中起着引导和引领的作用。教师的人格特质、行为模式和思维方式对学生的学习有很大的影响。每一名教师都有其独特的教学方式，它给学生设置了一个“气氛区”，在教师所处的环境中，学生会有不同的表现。洛奇在一项教育的调查中发现，由性格刻板、专横的教师管理的班级里，学生的欺诈性行为增加；在教师友好、民主的氛围下，欺诈者的数量明显下降。勒温和其他学者还探讨了不同的教育方式对学生个性的影响。研究结果表明，在独裁式、放任式与民主式的管理模式下，学生会呈现出不同的人格特质。

教师的公正对学生产生了很大的影响。一项关于教师公平性的中学生学习和品德发展的调查结果显示，学生非常重视教师对他们的公正、公平，而不公正的行为会使他们的学习和道德素质下降。

班级是学校教育的重要组成部分，其特点要求、舆论、评价等都是“弃恶扬善”的重要因素。

（六）自我调控系统

外界因素体现的是人格培养的外因，而外因是通过内因起作用的。人格的自我调控系统就是人格发展的内因。该系统是以自我意识为核心的。自我意识是人对自身以及对自己同客观世界的关系的意识，包含自我认知、自我体验、自我控制三个子系统。自我调控系统的主要作用是对人格的各个成分进行调控，保证人格的完整、统一、和谐。

综上所述，在人格的培育过程中，各种因素对人格的形成与发展起到了不同的作用。就人格状态而言，后天环境因素的作用更大；但就人格的不同成分来看，遗传、环境的作用因人格特质而异，因人而异。例如，人的气质、智力等成分受遗传因素的影响更大，人的性格、价值观等主要受后天环境影响。遗传决定了人格发展的可能性，环境决定了人格发展的现实性。

四、大学生人格与心理健康的关系

在人格的形成和发展过程中，气质、性格的影响最为关键。由于每个人的气质、性格是不同的，人格表现千差万别。在大学生的人际交往中，由于人格因素而导致的交往障碍很常见。比如与性格相投的人相处时感到难舍难分，与性格不合的人相处则处处觉得别扭，"话不投机半句多"，给人际交往造成一定的障碍。在这里，我们就分析一下气质和性格对人心理健康的影响。

（一）大学生的气质与心理健康

1. 什么是气质

气质是指个体表现在心理活动的强度、速度、灵活性与指向性上的一种稳定的心理特征。这种特征既决定了个体心理活动的动力特征，又给每个人的心理活动蒙上了一层独特的色彩。心理学家往往将气质分为四种类型，这主要依据古希腊著名医生希波克拉底提出的气质的体液说。希波克拉底认为，人体含有四种体液：黏液、黄胆汁、黑胆汁和血液。在体液中，血液占优势的人为多血质，黏液占优势的人为黏液质，黄胆汁占优势的人为胆汁质，黑胆汁占优势的人为抑郁质。显然，体液说是缺乏科学依据的。但由于体液说对气质类型的划分较客观地反映了人们在气质方面的差异，所以希波克拉底以体液命名的四种气质概念一直沿用至今。

（1）胆汁质。这种人充满活力，直率，热情，行动敏捷；心情容易激动，心情变化很大。这些大学生具有远大的理想、有雄心、有独立的洞察力、反应敏捷、行动果断；不愿意听从命令，却乐于命令他人；认清了目标，就想着早日实现，在困难面前也不会屈服；但经常马虎，在学习与工作上具有显著的周期性特征，能够以高度的热忱和充沛的能量投入工作和学习中，当能量耗尽时，一旦失去了自信，心情就会变得低落，甚至是绝望。

（2）多血质。多血质的人有活泼、反应快、情绪变化快、爱好易转移等特点。这一类型的大学生对环境的适应能力较强，性格开朗、热情、善于社交，在团体中有良好的心理状态；与自然打交道，往往能巧妙地从困难中解脱出来；他们肯动脑筋、点子多，不会满足于机械刻板的、循规蹈矩的工作环境，工作能力强，工作效率高；对外部世界的事物有很大的兴趣，但是很容易变得急躁和不适应。

（3）黏液质。黏液质的人安静，稳重，沉默，难以表达情感；注意力集中，不易移动，有耐心。这些大学生的反应比较缓慢，但是不管周围的环境怎样改变，他们的心态都比较稳定；做事谨慎，不做没有把握的事，在任何场合都有很好的自控能力；他们外表温柔，内心坚强，安静多想，不愿意把自己的感情表露出来；在与人相处时，有礼貌，谦虚，不喜欢在公众场合讲话；学习、工作有条理，认真负责，遵守规定的生活次序和制度；但是，黏液质的人也易存在冷淡、固执等性格特点。

（4）抑郁质。抑郁质的人性格内向，动作缓慢，情绪经验丰富，对细微的事情很敏感。这些大学生难以忍受或大或小的神经紧张，他们讨厌这些剧烈的刺激；同时，他们的情感细腻而又脆弱，经常会因为一些琐碎的事情而产生情感上的变化；心中有言，宁可自己去品味，也不愿对他人说；喜欢一个人独处，和他人在一起的时候会害羞；善于理解他人的意图，在团体中很容易相处；做事三思而后行，稳扎稳打，做好自己能做的事情；在学习、工作之后，往往会比其他人更累；面对困难时，往往胆小，自卑，犹豫不决。

在现实生活中，仅有极少数人具有四种气质的典型特征，而大部分人则处于不同的类型之间。

2. 气质在人们的心理和行为中的作用

胆汁质的人经常会和他人产生情绪上的冲突。例如，在一次交谈中，他从来没有想过要争吵，但是，也许有一件事得罪了他（在其他人看来，这只是一件微不足道的小事），他的脾气就变得暴躁起来。如果是一个抑郁症患者，那么胆汁质患者会被长期的怨气所困扰，性格古怪、谨小慎微，甚至会给人一种冷漠和刻薄的感觉。黏液质的人经常难以与胆汁质的人共处。胆汁质的人会烦躁、冲动、慌张。而那些黏液质的人却是一动不动。而抑郁质的人对胆汁质的人也是非常敏感的。可见，在人际交往中，性格是不可忽略的一个重要因素。

在现实生活中，只有少数人是四种气质类型的典型代表，多数人是介于各类型之间的中间类型。气质类型学说见表 3－1。

表 3－1　气质类型学说

气质类型	高级神经过程	气质类型特点
胆汁质	强，不平衡	精力充沛、情绪发生快而强、言语动作急速难于自制、内心外露、率直、热情、易怒、急躁、果断；外倾性
多血质	强，平衡，灵活	活泼爱动、富有朝气、情绪发生快而多变、表情丰富、思维言语动作敏捷、乐观、亲切、浮躁、轻率；外倾性
黏液质	强，平衡，不灵活	沉着冷静、情绪发生慢而弱、思维言语动作迟缓、情绪很少外露、坚忍、执拗、淡漠；内倾性
抑郁质	弱	柔弱易倦、情绪发生慢而强、易感而富于自我体验、言语动作细小无力、胆小忸怩、孤僻；内倾性

3. 正确对待气质

（1）气质是与生俱来的，在个体心理中是最稳定、变化最少且最慢的一种心理特征。气质本身无好坏之分，每一种气质都有积极的一面，也有消极的一面。气质也不能决定一个人活动的社会价值和成就的高低。

（2）大学生在人际交往中，要注意学会观察、分析周围同学的气质特征，采取合适的交往方式。

（3）更多的人是多种气质的混合体，要正确对待自己的气质类型，经常有意识地控制自己气质中的消极品质，发扬积极品质，以形成良好的个性，这对自己的心理健康、人际交往都有着重要意义。

五、心理健康与性格特质

（一）什么是性格

性格是一种与社会联系最为紧密的个性品质，它是指人们对待现实的态度和习惯的行为而产生的较为稳定的心理特点。性格是一个人对自己、对他人、对事物的态度，也是人格的一个重要方面。在人际交往中，一个人是否“游刃有余”“得心应手”，与其个性有着密切的联系。现代高校学生要善于与人打交道，必须充分认识自己和他人的个性，并在交往中不断优化自己的个性。

（二）性格的类型

性格类型可以从不同的角度、不同的侧面来区分。

（1）根据知、情、意在性格中的表达程度，可以分为三类：理性型、情感型和意志型。理性型的人用理性来控制他们的行为；情感型的人情感经验丰富，行为易被情感所影响；意志型的人目标更清晰，行动更积极。

（2）根据个人的心理趋向，可以将其划分为外倾与内倾两类。外倾者的心理活动趋向于外在，性格开朗，喜欢社交，情绪容易外泄，做事不拘礼节，很独立，但有时粗心轻率；内倾者的心理活动趋向于内在，通常表现为情绪内敛、谨慎、自我控制，交际范围狭窄，难以适应。

（3）根据个人的独立性，可以将其划分为独立的、服从的类型。独立的人对外界的影响较小，他们对自己的事情有很强的信心，能够独立地做出判断，找到问题就解决问题，在危急和困境中不惊慌，容易运用自己的能力，但是有时候会将自己的意愿强加给他人，顽固；服从的人容易相处，谦逊，容易与他人合作，但是不太独立，容易受到他人的影响，能轻易地接纳他人的观点，遇到紧急状况时会感到恐慌。

（三）性格因素对大学生心理健康的影响

性格是人们对待现实的态度和习惯的表现。当今的大学生在家里、在学校里都是“宠儿”，常常能听见他人的称赞，在人生的旅途中，还没有遇到太多的波折和挫折；某些大学生自我感觉良好，眼中没有他人，碰到困难时意志软弱，容易感情用事；为人处事总是小气。这些不良的性格特点，不但会导致人际关系的障碍，而且对他们的身心都有很大的影响。另外，良好的性格素质也要掌握“度”，而且过分地表现或与周围的环境不符，也会造成不良结果。

（四）优化自己性格

性格是由个体与社会环境交互作用而产生的。性格的可塑性更强，可以说有好有坏。所以，大学生要主动地塑造自己的良好性格，以适应时代发展的需求。现代大学生的性格优化目标应该是：胸怀开阔、宽容、温柔、谦逊、热情、正直、坦率、诚恳、婉约、友善等。良好的性格是学生成功交往的基石，通过多种方式来优化自己的性格，比如广泛阅读、构建合适的人际关系、从小事做起。

（五）塑造健康人格，形成独特的个人魅力

健康人格是人格心理研究中的一个重要方面，其核心是以主、客观的认知水平，积极、稳定的情感，与社会取向的人生观和价值观相一致的心态，使其具有良好的自我调节能力，使个人的内在潜力得到最大程度的发挥，从而使个人的情感和行为在不同的行为中得到积极和适度的表现。简单地说，健康人格是一个人所有优秀的个性品质的集合，是一种人格魅力的来源。健康人格的基本特征可以归纳为以下四点。

（1）接受自己。具有良好个性的大学生，具有积极的开放性，能够正视自我、坦诚地接受自身的局限性，具有乐观的人生态度。

（2）关系融洽。个性健全的人通常思想更开放、理解、尊敬自己、尊敬他人；对待各种交往的人要有正确的态度，不要妄自尊大，不要妄自菲薄。他们的看法、行动和情感的回应都能与身边的人相协调，在人际关系中很有魅力。

（3）有自尊心。健康的人具有乐观积极的生活态度，有正确的人生观和价值观，对生活的事情有理智的分析能力，不会产生非理性的想法，而且有独立的个性和自信心，具有良好的自控能力，能够调整内外的关系，使自己的内在世界保持一种和谐的状态。

（4）充分利用自身潜力。大学生具有良好的个性，具有自我发展、自我塑造和自我提高的能力。有能力充分发挥自己的创造力和创造性的人生。这一创作为人生增添了乐趣，激发了兴趣，保持了动机，由此构成了一个良好的个性发展周期。要使自己的将来有所成就，要找到人生的真谛，要有人生的价值。

弗洛伊德曾说过，成熟的人要有创造力。创新的实质在于变化，创新就是要改进自己，要塑造自己，要实现自己的社会价值。树立获得成功的信心，设定合适的志向和持续改变自己的期望值，可以帮助提升个人的个性。健全的个性是一种内在的自我统治，了解自己，接纳自己，拓展自己，创造自己，才能让自己的个性绽放出独一无二的魅力。

第二节 人格发展

一、人格的发展

人格的发展

埃里克森发展了弗洛伊德的人格发展理论。埃里克森将人从婴儿到老年的人生路上的每个阶段节点遇到的问题比喻成八个岔路口，每个岔路口面临两个不同的发展方向。这些岔路口被他称作“危机”，解决这些危机的方式决定了人格发展的方向，并影响到人们解决今后遇到危机的方式。克服每个阶段的危机有两种方式：一种是适应，另一种是不适应。

（一）基本信任对不信任

从出生到1岁左右，新生儿没有任何行动能力，完全处于周围人的支配之下。婴儿是否得到了充满爱的照顾，他们的需要是否得到了满足，他们的啼哭是否得到了注意，这些都是他们人格发展中的转折点。得到了满足的婴儿会产生基本的信任感，对于这些孩子来说，世界是美好的。那些没有及时得到很好照顾的小孩，就会产生一种基本的不信任感。

（二）自主性对羞怯和怀疑

1岁以后，儿童想要知道是谁使他们和外界取得联系，外界的哪些东西是他们能控制的，外界的什么东西控制着他们。这个阶段，大多数儿童产生了自主感，他们觉得自己有能力，是独立的，也开始学会了走路，充满了自信，父母过度的保护会阻碍儿童自主性发展，如果他不能获得控制感，就会产生羞怯和怀疑。

（三）主动性对内疚

3岁以后，随着儿童开始与其他孩子交往，他们面临着进入社会生活的挑战。儿童必须学会怎样与他人一起玩，一起做事，怎样解决冲突。他们通过游戏和玩伴来参与社会活动，获得主动性，学会设定一个目标，并形成一种志向和目标感。没有形成主动性的儿童会产生内疚和屈从性，表现为缺乏目标和在社交场合表现被动。

（四）勤奋对自卑

进入小学阶段，大多数儿童认为自己没有什么做不了的。但他们在小学阶段就开始和其他孩子展开了竞争，并开始和同伴比较，体验到成功的儿童竞争意识增强，为他们成为积极的、有成就的社会成员铺平道路，而失败的体验会让儿童感到自卑和能力的低评价。

（五）同一性对角色混乱

进入青春期的孩子可能会经历人生中最困难的时期，他们要应付生活中的重要问题，从儿童期跨越而来的混乱使他们感到烦恼甚至痛苦，如果对“我是谁”的回答是成功的，那么他们能够理解自己是怎样的人，开始接受和欣赏自己。但是，很多青少年不能形成良好的同一性。

（六）亲密对孤独

青少年很快进入成年初期。这阶段的任务是寻求特殊的关系以发展亲密感和情感方面的成长。亲密感发展的结果一般是结婚，或对另一人做出爱的承诺。但这一阶段不能形成良好亲密感的人就会面临情感孤独。

（七）繁衍对停滞

进入成年中期，人们开始关心下一代。繁衍感即生育感，有生和育两层含义。父母通过孩子感受到生活的丰富，那些没有子女的成年人也能通过与年轻人一起互动感到生活的富足，这同样是有繁衍感的体现。而没有繁衍感的人会陷入停滞感中，表现为空虚和对人生目标的怀疑。

（八）自我完善对失望

大多数老年人能保持原来的状态，过去的岁月经历和走向死亡的必然性，使老年人能感受到一种完善感，以满足的心情回忆往事的人，会带着一种完善感走到人生的最后阶段。不能形成完善感的人会感到失望，他们觉得自己的生命太过于短暂，一生已经过去了，他们希望自己用完全不同的方式重新活一遍，这样的人常采用厌恶和蔑视他人来表达失望。

案例故事

王浩是一名大一的男生，他习惯了高中那种被老师监督的学习生活。到了大学，他发现一切都变了，一周只能见到老师一两次，自己由此完全失去了方向，好像一只断了线的风筝，飞不起来了。学校里的各种社团活动、知识讲座令他眼花缭乱，他不知所措，平时除了上课之外，其他时间都不知道该去做什么。课程很单调、乏味，导致他上课总是走神，自习课时常沉迷于空想，或者东翻西看，浪费时间；看书时，常做一些小动作，不能专心。

王浩慢慢厌倦了这种生活，常常感到很内疚，可是又不知道应该去干什么。他经常感到空虚、无聊，整天没精打采的，甚至把进入大学之前想的那些理想也忘了，仿佛走进了黑暗的胡同里，勉强制订出计划表，可是坚持不了几天就放弃了。

心理咨询老师指出，王浩学习兴趣不足，成绩不理想，就是由于懒惰的习惯在作怪，他需要花大量的时间执行学习任务，加强自我监控，找回时间价值感，他还需要在设置目标、区分事务优先等级、时间分配、时间反馈等方面加强训练。

第三节　大学生人格完善的途径和调适方法

大学生正处于“人格再造期”，要抓住这个有利时期，在正确的理论指导下，深入、全面地理解自我，了解社会，把握自我与社会适应要求的差距，不断改进自己的人格，使自己的人格适应社会要求。升华价值观是培养健全人格的基础和核心，改进思维方式是培养健全人格的必要途径，而积极行动并持之以恒才能真正收到实效。

一、增强意志力，磨炼人格

意志力是指一个人自觉地确定目的，并根据目的来支配、调节自己的行动，克服各种困难，从而实现目的的品质。罗伊斯说："从某种意义上说，意志力通常是指我们全部的精神生活，而正是这种精神生活在引导着我们行为的方方面面。"可以通过以下几个方面来提升意志力。

（一）冥想和足够的睡眠

大脑前额叶与意志力密切相关，同时，意志力就像水槽中的水，会越用越少，所以通过冥想（改善大脑前额叶）和睡眠（"给水槽注水"让意志力恢复）能提高意志力，但同时注意不要过度睡眠，这样反而不利于个体的正常生活学习。

（二）运动

心跳变异度也跟意志力有很大关系。往往心跳异度高的个体会被吸引去做其他事情，通过运动可以让个体迅速将心跳变异度拉回低水平，有利于锻炼个体的专注力。

（三）去道德化标签

当个体对一件事情带有正向行为预判后，往往会出现补偿行为。例如，最近小明在减肥，但恰巧小明此时考过了一门重要的考试，他往往会犒劳自己一顿大餐，这样他的减肥计划就会出现中断。把一件事情去道德化，就是做很普通、平凡的一件事，那么个体就不会出现失控行为。

（四）多结交良师益友

大脑中间有镜像神经元，也就是人们会不自主地模仿他人。所以，多结交良师益友，多去结交有共同奋斗目标的人会提高你的意志力。

（五）去压抑理论

当个体专注做一件事情的时候，就会出现某个松懈的想法，这个时候不要去压抑它，要让它在脑海中浮现出来，然后睁开眼睛，再去问问自己，是否还需要抛开正在专注的事情而去做这件松懈的事情。

（六）投资——卷入

卷入程度越高的人越是不希望状态被破坏。例如当个体在网上购买东西时，因为已经有了要购买物品的想法，所以也会控制不住地想去购买其他物品。所以要及时控制这种行为，坚持锻炼意志力，坚定自己的决心。

二、升华价值观

在心理咨询领域，对于价值观与心理健康的关系，国内目前有两种不同的观点：一派主张在心理咨询过程中要"保持价值观中立"，另一派则主张"价值观介入"。但无论如何，在大学生的心理健康教育过程中是需要价值观介入的，而且通过价值观的升华来培养大学生的健全人格还应是工作的重心。道理很简单，大学生的心理健康教育是人的全面发展教育的一部分，它与医学心理咨询的工作是有一定区别的。在当今多元价值观并存的社会中，大学生的价值观经常会出现摇摆不定、模糊不清的现象。所以，心理健康教育工作不能对价值观问题“袖手旁观”，关键是采用什么样的方式与方法来正确引导和升华大学生的价值观。

（一）了解升华价值观在培养健全人格中的意义

判断一个大学生人格是否正常，主要是看他是否已经成长为一个具有成熟的社会意识、社会观点、社会态度和道德立场的社会人，他的性格是否符合大多数人的行为模式。可以从以下四方面了解升华价值观在培养健全人格中的意义。

1. 价值观是健全人格的核心因素

人格的核心是性格，性格的核心是态度，态度的核心是价值观。因此，要不断提升价值观在培养健全人格中的作用。

2. 价值观的确立与稳定是人格健全的基本标志

判断一个人的人格是否健全，主要看他是否已经成长为一个具有成熟的社会意识、社会观点、社会态度和道德立场的社会人，即看他是不是已经有了明显而稳定的社会定向和道德定向，并依此去行动。只有当一个人形成和确立了稳定的价值观，并在此基础上确定了明确的社会和道德定向时，才能说他的人格是较为健全的。

3. 个体表现出来的稳定的行为模式是性格的最明显标志

价值观的确立与稳定的行为模式是人格健全的外部表现。个体的行为模式或生活方式最能体现他的人格特质。个人已确立和稳定了的价值观决定他做什么或不做什么、追求什么或不追求什么，因而直接支配和调节着他的行为模式。可以这样说，一个人有什么样的价值观，就会有什么样的行为模式。正是由于个体价值观的形成与确立，才能更好地调整自己的行为模式，使之更加完善和稳固。

4. 个体价值观的确立与稳定是人格成熟的重要标志

人格的发展在一个人的整个生命历程中都在进行，它是一个不断完善的过程。价值观不仅在人格的形成过程中有重要意义，而且在人格的继续发展和完善中也有重要作用。

（二）检查价值观在人格培养中的各项功能

检查价值观在人格培养中的各项功能

1. 检查个体价值观的定向功能

价值观规定了一个人的行为取向和追求目标，从而也决定了他的发展方向。人们总是追求符合自己价值观的东西，摒弃违背自己价值观的东西，也总是做自己认为有价值的事，不做自己认为无价值的事，因此检查自己的价值观是否符合社会的主流价值观就显得尤为重要。

2. 检查个体价值观的解释功能

价值观是对外部世界的一种内在解释系统。个体在认识、评价事物和关系时，不仅要从外界事物本身的属性出发，往往还要从自己的价值观出发，受其指导和调节。一个人的认识和思想也许不符合外界事物的规律，但却往往符合他的价值观。有时候，人还会仅仅从自己的价值观出发，有意无意地歪曲客观事实和外部规律。一个人对事物的认识和理解是否正确，与他的价值观是否正确有很大关系，所以检查自己价值观的解释功能是一项经常要做的事情。

3. 检查个体价值观的过滤功能

个体在现实生活中无时无刻不在面临着选择，以确定接受什么样的影响。在人的选择活动中，价值观起着重要的过滤作用。符合个体价值观的外部影响容易为他人接受，而违背其价值观的外部影响则较难被他人接受，甚至会遭到抵制和反抗。价值观就好像人的心理体系中的一个过滤器，周围现实生活的各种影响，都要经过它的筛选和过滤才能对人发生作用，它保证了人的选择性。所以检查自己价值观的过滤功能也是一项经常要做的事情。

4. 检查个体价值观的调节功能

无论什么人都会自觉、不自觉地以他的价值观来规范和约束自己的社会行为和活动方式。价值观作为人的本质的稳定的态度体系，并不一定都能为个人所意识到：有的人能够以一整套理论表明他的价值观，并自觉地依此去行动；但不少人并不能够向人们表明他的价值观，或者根本就不知道自己有什么样的价值观，但是他们却不自觉地按自己的价值观去行动，他们的行为实际上就说明了他们的价值观。因此，不管是有意识的，还是无意识的，人的行为和活动总是受其价值观调节的。所以检查自己价值观的调节功能是否处于觉醒状态、是否真正有效也是不可忽视的。

5. 检查个体价值观的操作功能

大学生的价值观要具体化。大学生还没有正式走入社会，也没有正式进入职场，所以价值观就有可能空洞或不切实际。要升华自己的价值观，就一定要明确社会要求大学生具备哪些方面的东西，自己将从事的职业有什么社会价值和个人价值。这就是价值观的具体化或操作功能。只有做到了价值观的具体化和可操作性，才能说真正实现了价值观的升华。

6. 检查和防范个体价值观的反向功能

人有什么样的价值观，他就会倾向于把自己塑造成什么样的人格。如果从极端个人主义出发，一味地强调个人的自由和利益，单纯从个人的利益、自由出发进行价值选择，就会发展出不健康的、软弱无力的、低劣的人格品质，甚至误入歧途。历史上和现实生活中，这样的例子并不少见。所以防范个体价值观的反向功能也是一项不得不经常要进行的艰巨任务。

三、改进思维方式

大学生的思维方式与其人格偏差是有紧密关联的，如偏执型人格退缩、人格膨胀；被动攻击型过度焦虑、“看破红尘”；依赖型和心境恶劣型以及以自我为中心等人格偏差，都与个体的思维方式有着紧密联系。改进思维方式和心理策略，有利于大学生健全人格的形成。

个性缺陷和个性偏差的纠正至今仍是一个世界性的问题，其基本问题在于，神经症是自觉的，有身体症状，患者有求医的需求；而个性失调或者人格偏执是没有身体症状的，不自觉的、没有深刻的认知是不能积极纠正的。一般而言，只要学会了心理健康知识，仔细地分析，就能达到自我认识的水平。从整体上分析自己的个性，可以知道个人的个性心理在哪些方面是好的，应当继续发展；哪些方面是不好的，要努力改善。从长期的心理健康教育实践来看，采用改善思想方法和心理策略，可以达到较好的治疗效果。那么，大学生怎样才能提高他们的思想和心理战略?

（一）正确认识自己

想要正确认识自己，首先思路得改。思路决定出路，大学生要勇于解剖自己。大多数人有一个非常坏的习惯，即自我感觉良好（或相反），不考虑如何改变自己。不断地“否定”（扬弃）自己才是自信的表现，是一种优秀的人格品格，也是健全人格的必备要素。每人都是平常而平凡的人。从日常生活中的大量观察可知，凡自认为不平凡的人就会有不正常的表现；相对而言，自卑的人也会不正常。自负与自卑形成了人格偏差两极的不同表现特征。每个人都有自己的长处，也有自己的短处，要善于发挥所长而补其所短。不因所长而自负，不因所短而自卑，就会充满自信，人格也就会较为正常。

（二）客观面对现实

现实社会异常复杂，真善美与假恶丑、公平公正与诸多不合理的现象同在。如果纯粹用理想的观点来看待社会现实，就会充满烦恼、沮丧和愤懑，就会怨天尤人，就会在日常生活中表现出许多偏差反应。对社会认识过度理想化或持敌对态度的人易产生人格偏差，因为这些人的思维方式与社会大多数人是不一样的。大学生仍处于理想化时期，面对社会百态，既要坚持正义，又要实事求是。持比较客观的态度，才会心理平衡，自然会人格正常。

（三）增强事业、心责任感

有抱负、有事业心的人，人格一般比较正常。因为这些人整天忙于学习和工作，没有时间去关注他人对自己的评价与态度，因而也就没有时间去“自寻烦恼”。而那些抱负水平低的人由于心理能量过剩，自然而然会关注很多无关信息，对他人关于自己的评价和态度异常敏感，久而久之就会对外部刺激做出过度反应，最终形成人格偏差。人生、事业与成就都必须经历一个较长的过程。正常人会把大部分精力投入这个过程之中，但有些人则不注重过程，只关注结果，还自以为“看破红尘”，既懒于奋进又愤愤不平。那些“看透社会”或“看破红尘”的人常与社会格格不入，甚者会出现人格偏差。大学生应把主要精力放在学习和对未来事业追求的过程之中，对每一小步前进都应感到由衷的喜悦，就会不断有成就感。努力奋进，顺其自然，人格自然会趋于健全。

（四）避免过分计较、过度分析

过分计较利害得失的人易导致人格偏差。此类人纯粹是以自我为中心的，因此大学生不可过于患得患失，要有拿得起放得下的宽阔胸襟和气魄，自然就会心态平和，人格正常。过度地进行自我心理分析的人也易导致心理不正常。普通人的专业心理知识非常有限，如果过度地进行自我心理分析，只会使自己钻牛角尖，往往空耗时间而于事无补。正确的方法是一旦认定方向、确定策略之后，就要付诸行动并持之以恒。总之，有抱负、有追求、热爱生活、热爱社会并且积极行动的人，其人格都比较正常。

四、培养良好习惯

改变行为模式，培养良好习惯是培养健全人格最为直接的路线。培养良好的行为习惯要注重以下两个方面。

（一）有剖析自己的勇气

许多大学生心理咨询案例表明，想要健全自己的人格，必须要有一个端正的态度，敢于分析自我，善于分析自我（在专家指导下）。敢于直面自我人格的真实面目，由于人格问题往往是“不自知”的，那就需要多观察多比较，多方面听取他人对自己的评价，逐渐加深对自我的认识，才能了解自己人格的“真面目”，为培育健全的人格创造前提条件。

（二）有社会适应的观念

大学生应通过多种渠道认识社会。社会是复杂而又多变，它的适应方法应该是多种多样的。适应方式的匮乏和单一的回应，“随遇而安”，自作主张，完全按照自己的想法行事，没有他人的合理意见，而且自我调整的能力也很弱，这些行为就是性格上的一个特征。一个社会，既有它的健康和理性，也有它的病态和不合理。社会本身是五彩缤纷的，它为个性的形成和发展提供一种可供选择的行为和生存模式。所以，我们可以说，一个人的性格是否健康，或者是否有性格缺陷，其实是一个人的发展选择。大学生的社会适应意识能促进其迅速形成良好的社会个性。

拓展阅读

有益的涉世忠告

怎样才能在事业起步时少走弯路，有一个良好的开端，进而走向事业的成功？下面是前辈总结的10条有益的建议，请仔细地阅读和掌握，然后认真地去做。比起课堂的知识，它们一点也不差！

（1）买一个能准时把你叫醒的闹钟。睡觉和不准时会在你的工作和职业生涯中造成阻碍，这一点在任何时候都是如此。不但要学习按时，还要学习提早。“闹钟”仅仅是一种简单的标识与暗示，真正的实用的时间就在每一个人的心里。

（2）如果你对目前的工作不满意，可以选择辞职，也可以选择保持沉默。初出茅庐，往往自命不凡，心高气傲，大事做不了，小事不愿做。记住，不做则已，要做就要做好。

（3）人总有孤独的时候。人要学会忍受孤独，只有这样方能长大。年轻人喜欢嬉戏打趣。一到新的环境，他们就会被各种人和事情弄得手足无措，有时候连聊天的地方都没有。在这个时候，不要急躁，要学会忍受孤独，学会独立思考，在思考中成长。不要因寂寞而失去自信，做无聊的、无用的事，把你的宝贵的时间都浪费掉。

（4）当你运气好时，就要做好倒霉的准备。一天，一只狐狸来到了一个葡萄园，葡萄园里结满了葡萄，馋得它直流口水，但是有一道篱笆把它拦住了。它下定决心，三天不吃不喝，瘦了一圈，这才在葡萄园里吃了一顿大餐。正当它准备离开葡萄园的时候，突然发现自己已经吃得太多了，再也爬不出篱笆了。相信任何人都不愿做这样的狐狸，所以退路也同样重要。有足够的准备，努力学习，日积月累，一切都会水到渠成。有些特点现在看起来一文不值，但是某一天却可能价值百倍。

（5）别像玻璃一样易碎。有些人总是把目光放在自己身上，因此长不高，看不远；总是喜欢抱怨，这样会让人厌烦。没有苦中苦，哪来甜中甜？不要像玻璃那样脆弱，要像水晶一样透明，像阳光般灿烂，像蜡梅般坚韧。既然享受着凉爽的微风，那就别抱怨微尘。

（6）管住自己的嘴巴。别谈论自己，更别议论他人。时常谈论自己常常会走向自大和虚伪，在虚荣中迷失自我。在闲聊中，经常会有一些琐碎的事情发生，在背后说人坏话，特别是说他人的缺点，会降低你的人格。

（7）机遇是不会“失掉”的，你失掉了，自会有他人得到。机遇只是与那些有充足的准备和有能力去创造机遇的人而言的。或许，在你懊悔、埋怨错失了一次良机的时候，机会就被他人得到了。没有机遇，要创造机遇；既然有了机遇，那就一定要把握好。

（8）如果电话一直不响，你应该打出去。大部分时间，电话都能让你获得意外的收益。经常沟通老朋友，结交新朋友。朋友越多，以后人生就越方便。交流中最重要的技巧就是积极。良好的声望往往有助于你的事业成功。

（9）绝对不能因为自己的年纪过大就随便结婚。要结婚，必须要有一个能和你心心相印、相依为命的人。不要因纵容或玩乐的心态而坠入爱河，也不要因为爱情而影响学习和工作，更不要因一桩草率而失败的婚姻而使人生受阻。

（10）写下你一生所要完成的事，将清单放在一个钱包中，并时常取出。生活要有一个目标，要有规划，要有提醒，要有紧迫感。把一个接一个的小目标串联在一起，就会成为你人生中最伟大的目标。生活富裕，环境改善，别忘记钱包中的人生清单。

心理测评

人格简易测验（自我实现心理倾向）

指导语：这项测验是琼斯和克兰戴尔编制的一项关于自我实现的简短测试。对下面的陈述，按以下标准选择与你最符合的分数：a = 不同意；b = 比较不同意；c = 比较同意；d = 同意。

（1）我不为自己的情绪特征感到丢脸。（　　）

（2）我觉得我必须做他人期望我做的事。（　　）

（3）我相信人的本质是善良的、可信的。（　　）

（4）我觉得可以对我爱的人发脾气。（　　）

（5）他人应该赞赏我做的事情。（　　）

（6）我不能接受自己的弱点。（　　）

（7）我能够赞许、喜欢他人。（　　）

（8）我害怕失败。（　　）

（9）我不愿意分析那些复杂问题并把它们简化。（　　）

（10）做一个你想做的人比做一个随大流的人更好。（　　）

（11）在生活中，我没有明确的要为之献身的目标。（　　）

（12）我由着性子表达我的情绪，不管后果如何。（　　）

（13）我没有帮助他人的责任。（　　）

（14）我总是害怕自己不够完美。（　　）

（15）我被他人爱是因为我对他人付出了爱。（　　）

计分时，对以下各题反向计分：（2）（5）（6）（8）（11）（13）（14）（a = 4，b = 3，c = 2，d = 1）。把 15 题的得分相加。再把你的得分和下面大学生的常模进行比较。

男生：平均分 45.02，标准差 4.95。女生：平均分 46.07，标准差 4.79。

分数越高，说明你越有人格魅力，在你人生的某个阶段，越有可能实现自我。

团体心理辅导

活动一：“我”的苹果

【活动目的】引导学生认识人与人之间的差异，接受自我、悦纳自我。

【活动时间】20 分钟。

【活动准备】苹果若干（与在场学生人数相等）。

【活动方法】

（1）要求每名学生依次上台，领取一个苹果（其间不允许任意挑选，只能听从教师随机发放）。

（2）等每名学生都领到苹果后，教师要求大家集体归位坐好。

（3）场内保持安静。教师进入引导："你们可能觉得自己只是和别人一样，领到了一个苹果。真的是这样吗？你的苹果有没有什么不同呢？现在，给大家 10 分钟的时间，请在这个时间里认真地观察，找到你的苹果与其他苹果不同的地方。记住，认真观察，保持安静。"

（4）10 分钟时间到，教师提示大家把自己的苹果重新放回台前摆好。

（5）教师有意把摆好位置的苹果次序打乱。

（6）请学生再次上台，重新找出自己最初领到的那个苹果。

（7）学生分享发言，你顺利找到自己的苹果了吗？你是怎么找到的？找到后感觉如何？整个活动过程中你开始的想法是什么？中间的感受是什么？最后的收获是什么？

【玩法提示】分享过程中，尽量选择领到不一样苹果的同学，聆听他们的感受。参与分享的学生间彼此差异越大，对其他在座参与者的启示就越大。

【教师点拨】所谓"人心不同，各有其面"，世界上是没有任何两个人，彼此之间有着一模一样的人格，同卵双生的亲兄弟姐妹也一样——即便他们有着一模一样的外貌，却不可能拥有完全一样的人格特点。就像此刻你手中捧着的苹果，刚刚拿到它的时候，有的人窃喜"我的比较大和漂亮"，可当你仔细观察，它可能在不起眼的位置有一个虫洞，如果不马上处理，虫子就要把里边美味的果肉啃噬殆尽；有的人刚刚拿到苹果时可能有小小的失落，认为"我的是很小、不怎么美丽的那个"，而这也没什么关系，当你认真观察，会发现自己的苹果异常芳香、甜美，回头再看外形，都变得生动活泼起来。有的苹果可能因某些显著的特点而比较好认，好比生活中那些有特长、天赋的人，往往显得更加出众；而有的苹果表面看起来不那么起眼，就像你我这样的普通大众。那也没有关系，相信细心的你一定能从中发现差异。勿论短长，都是它现在的样子让你独特起来，成为世上独一无二的苹果。一切，从接纳与更爱自己开始。

活动二：听你说我

【活动目的】剖析个人在人格上的优势和缺陷，帮助学生更加立体地认识自我、完善人格。

【活动时间】45 分钟。

【活动准备】下发纸、笔（场地、人数不限）。

【活动方法】

（1）将全体参与学生分为若干小组（以每组 5 ~7 人为宜）。

（2）引导学生填写如下问题的答案，要求每名学生均需完成。

①我认为自己人格最大的优点是什么？

②请就优点举一具体事例说明。

③这些优点给我带来的好处是什么？

④我认为自己人格最大的缺陷是什么？

⑤请就缺陷举一具体事例说明。

⑥这些缺陷给我带来的弊端是什么？

⑦如果用一句话概括自己的人格，我会怎样说？

⑧我对现在的自己满意吗？

⑨对于现状，我能做些什么？

（3）小组分享，每名学生发言后，组内其余学生依次发言，评价他们眼中的发言者。在自己眼中，他的优点是什么，缺点是什么？同学眼中的优缺点与自己之前列出的有什么不同？对自己有什么启发？

（4）全班分享。

【教师点拨】人格是立体的，有优势也有缺陷。不需要一味自惭形秽，也不能顾影自怜。梳理自己的长处和短处，可以帮助我们发挥优势，弥补不足，成为更好的自己。有的学生可能略有自卑，总是看不到自己的优点，在和组内同学分享时，他们的评价可以帮助你发现，原来自己被一直忽视、习以为常的地方竟是可以发挥的优势。有的同学则相反，他们可能因为比较优秀和成功而沾沾自喜、自视甚高，那同学的评价也可能给他们提供另外的自审视角。

活动三：价值拍卖

【活动目的】帮助学生澄清自己的价值观，引导学生树立正确的价值观。

【活动时间】50 分钟。

【活动准备】拍卖清单、不同面额的代币券。

【活动方法】

（1）教师引导。“大家是否在媒体上见过拍卖会？”“了解拍卖的大致流程吗？”“今天我们也要进行一场拍卖会。但所拍的东西不是实物，它可能是人生中的一段经历，或者是人的某种特质。”

（2）展示价值拍卖清单（表 3－2）。

表 3－2　价值拍卖清单

拍品	底价/元	拍品	底价/元
亲情	500	美貌	500
友情	500	智慧	500
爱情	500	自由	500
健康	500	良知	500
事业	500	快乐	500
财富	500	尊严	500
认同感	500	美食	500

（3）介绍拍卖原则。

①给每名学生下发 5000 元代币券，每张面值 100 元，每人 50 张。它象征你毕生的积累，大家彼此不能互相借钱，也不能互相倒卖拍品。请学生有效利用手中的钱，买到尽可能多的东西。

②每样拍品底价 500 元，拍卖过程中在此基础上加价，每次加价必须为 100 的整数倍，价高者得。

③当场拍品最高出价喊价 3 次无人加价时，宣布该拍品成交。

④若一次出最高价 5000 元的学生，宣布立即成交。如一拍品同时有多人同时出价 5000 元，则最先叫价者得。

⑤参与的学生均不得干扰他人出价。拍得商品一经成交，不得退换返回。

⑥拍品清单见表 3－2，具体拍卖顺序由教师决定。

（4）正式进入拍卖过程。

（5）分享。

①拍卖开始之时，你最想买到的 5 样东西是什么?

②如果只能选一样，你选什么？你准备花多少钱得到它?

③拍卖结束时，你买到了什么？为什么买它?

④除了它，你本来还想买什么？为什么最后没选它？你是否后悔买了之前的东西？为什么?

⑤你是否什么都没有买？为什么不买？现在后悔吗?

⑥如果再来一次，你怎么选？你愿意出多少钱?

⑦生活中，那些你最想得到的东西，是否有的用钱买不到？如果不行，你要怎么获得它?

【教师点拨】价值观是个体对人、对事、对物的意义和重要性的总评价和总看法，是人格倾向性的重要组成部分。价值观可能在很深的地方左右着我们：为什么我们处事会做出不同的选择；为什么我们的人生会达到不一样的高度和境界；为什么有人即使离世多年仍被人缅怀，而有人风光一度却鲜有好友至亲，为人不齿。这正是社会价值对个人价值所做出的衡量。处于青年初期的你，价值观还没有完全定型，可能你的很多价值观念还比较模糊，或是完全将外界价值内化，却忽略了与自身情况和特点的结合。通过这个价值拍卖活动，大家对自己的价值观一定有了更清晰的认识。了解自己的核心价值，树立和发展积极、正向的价值点，一定可以帮助你在人生的重要时刻做出最理性和正确的选择。

第四章
学海之舟——大学生学习心理

学习是个人生存和发展的基本手段。人既是自然人，又是社会人，人的本质在于人的社会性。大学生活主要是围绕学习而展开的，学习是一种复杂的心理过程，其需要各种智力因素和非智力因素的积极参与。大学生的心理健康状况和心理发展水平会对其学习过程和学习效果产生直接的影响。良好的学习心理是大学生心理健康教育的重要内容，它对于提高大学生的学习质量和学习效率具有重要意义。

课程导读

浙江大学"学霸"最美笔记：真正的牛人，都把事情做到了极致！

记笔记对于在校大学生来讲，在每天的学习生活中是最为普通的一个行为，也是大学生日常学习的基本功。笔记记录着满满当当的收获、阅读学习的体会、每一堂课的进步。2019 年 12 月 20 日，浙江大学发起了首届最美笔记的评选活动，在全校近千份的学习笔记当中筛选出了 50 份最美笔记进入网评阶段。

这些本科生学习笔记包括课堂笔记、实验报告、学习有关的纸质笔记和手写电子笔记等多种形式。进入终选阶段的笔记甚至可以媲美"艺术作品"，每名同学都有自己记录笔记的风格。有图文并茂、精工细作的中国建筑史课程笔记；有构造精准、标注清晰的基础医学导论笔记；有简洁工整、要点突出的物权法笔记；有字迹秀丽、中英对照的数据结构基础笔记；也有天马行空、充满创意的西方艺术历史与理论隽秀……这些笔记无一不体现了浙江大学学生爱学、善学、勤学的精神品质。浙江大学团委相关负责人介绍，通过首届最美笔记评选大赛，赛出的不仅是大学生的优良学风，更展现出当代青年孜孜以学的精神面貌。希望通过这样的活动让更多的同学认识学习，重视学习，提高学习效率，真正洞察"书山有路勤为径"的奥义。

"志不求易者成，事不避难者进。"爱学、勤学、善学是大学生应该具备的优秀品质，也是国家、社会对大学生的基本要求，让大学生在学、思、践、悟中坚定理想信念，在奋发有为中践行初心使命。

第一节 学习的意义

学习是人自身和环境相互作用、相互影响的过程，是人身心发展不可或缺的一条重要途径，是人们认识客观世界、改造客观世界的必要手段。什么是学习？学习对人的身心发展起什么作用？人的学习活动是如何产生的？了解这些，对人们认识、学习心理学知识十分重要。

一、学习的含义和特点

汉语中，“学习”一词最早可追溯至我国战国前期的儒家经典著作《论语》一书。《论语·学而》提到：“学而时习之，不亦说乎。”在我国古代，学和习是两个概念，是分开独立使用和理解的。所谓“学”，是指学习各种抽象的理论知识、先贤思想，比如四书五经、先贤语录和各种典籍，比较强调思维和思考能力；所谓“习”，更多的是指“练习”“实习”的意思，经常指习练某种技能、技艺，更加偏重动手能力。随着古人对“学”和“习”两种行为的认识和理解，人们发现思维能力和动手能力同等重要，“学习”一词逐渐在各种场合广泛使用。

（一）学习的含义

在现代心理学中，学习有广义和狭义之分。一般认为，广义的学习是指人和动物为了生存，更好地适应和改造环境，通过自身活动、不断重复练习从而获得固定个体行为模式的过程。按照俄国心理学家巴甫洛夫的观点，凡是能够建立条件反射的有机体，都存在学习的行为，这是动物和人类有机体生活中的普遍现象。学习除了能让我们获得生活经验，还担负了传承数千年来人类文明的任务，前人的智慧、文明和历史，过去的科学文化知识和对自然界的认识，也正是通过学习行为得以世代传承。狭义来讲，学习就是指学生的学习活动和过程，学生在教师的指导下，有目的、有计划、有组织地按照知识的难易程度、关联程度系统地进行某种知识或技能的学习，存在一定的学习内容、规律和学习方法。本章所指的学习，如无特别说明，一般指的是狭义范畴中青年学生的学习活动。

现阶段，国内外教育学家对学习的阐述有很多，要给学习下一个确切的定义是十分困难的。美国心理学家桑代克认为，人类的学习就是人类的本性和行为的改变；美国教育家约翰·杜威认为，学习是人们自身和他人经验验证、改造和改组的过程；南京师范大学吴永军教授认为，学习就是指学生在完成学习任务时经常的或偏爱的基本行为和认知取向，它是学习者连续一贯表现出来的学习策略和学习倾向的总和。

学习本身是一种活动性的存在，是人或动物为了自身生存，在生活过程中（教育过程中）经过不断重复思考和练习，以积累个体行为经验的过程。对大学生来讲，学习是在一定情境下掌握知识、学习技能，以及形成受知识、技能所影响的行为、情感、态度和价值观发生变化的过程。学习会导致人的价值观、行为态度发生改变，有些变化是可以被外界轻易观察到的，比如大学生进入大学后，言谈举止发生的明显变化；有些变化是潜移默化的，是内隐于心不易被察觉到的，需要借助间接的方式才可以了解，比如受大学校园环境、文化的影响，大学生自身价值观、世界观产生的变化等。需要指出的是，不能简单地将一个人产生的变化全部归为受学习活动的影响。比如，一个人的成长、衰老、疾病、疲劳等行为变化，往往是由其身体及生理因素导致的，不是由学习引起的。

（二）大学生学习的特点

人类的学习与动物的学习在学习方式、过程、媒介和主动意识性等方面有本质的区别，人的学习是在社会生活实践中通过思维活动产生和实现的，是完成从自然人到社会人转变的个体社会化的过程。大学生的学习是在教师的指导下开展的，一般包括知识和技能的掌握、智力与能力的培养、道德品质和行为习惯的养成等，其特点如下。

1. 掌握间接经验为主

人类的学习过程，是在实践中发展的，是感性认识向理性思考的飞跃，是改造主观世界和客观世界的过程。大学生的学习和科技工作者的研究学习是存在本质区别的。科技工作者主要探索的是未知世界的知识，更加侧重于知识的创新和对客观世界真理的发掘，大学生学习专业知识和技能不可能事事都从头开始，在学习的过程中虽然也会有发明、创造活动，但本质上还是以学习与掌握前人所积累的知识和经验为主的过程，通过对前人知识经验的吸收、消化、创新和提炼，间接地获得知识，从而认识客观世界。为了更快地掌握知识、积累经验，大学生的学习需要通过一定途径的实践来验证、观察、巩固和运用所学知识，这种实践学习与工人参加生产活动、科学家从事实验活动也有着本质的区别。因此，大学生的学习不是以知识的创新为主，而是以在尽可能短的时间内掌握某一领域、专业的相关知识、经验为主。

2. 在教师的指导下开展

学习是有一定科学规律可循的，在学生的学习过程中，教师的指导起到至关重要的作用。当今世界，教师在任何一个国家都是经过严格教育、训练的专职教育工作者，需要掌握教育学、心理学和相关专业知识，他们掌握了一定的教育方式和方法，按照特定的教育目的和要求，根据教学计划，系统性地组织开展教学活动。教师采用的方式方法、使用的教材，都是根据特定教育目标、学生特点，人为地、有计划地组织设计的，可以有效提升学生学习的效率和效果，避免学生在学习的曲折道路上进行反复、无意义的探索。一般而言，中小学和本、专科教育，教师的作用主要体现在对前人知识的传授、讲解上；硕士和博士研究生教育，教师的作用则体现在给予学生研究方向、方法的引导上。

3. 学习须有学习准备

学习在什么时间开始，学习哪些内容，使用哪种方法最为有效？这些都与学习的心理准备有关。

学习准备是一个比较宽泛的概念，一般是指学生在学习新的专业知识之前，其自身的身体、智力和生理发展水平，知识经验储备和心理发展水平对新专业知识的准备和适应。人们在幼儿阶段（3—6 岁）和学龄初期（7—8 岁），学习的主要内容是简单的知识、生活技能和容易掌握的行为规则、习惯，这时期学生个体的生理成熟水平对新学习起着重要的作用；青少年时期，随着学习内容的日益复杂、抽象，起决定作用的因素开始转变为学生知识经验储备、智力发展水平，以及学生对学习活动的认知、理解和需要，学习的动机、态度和行为习惯等。

学生的原有准备状态是学习新知识、开展新的教育教学活动的出发点。根据学生原有的准备状态开展教育和教学活动，在教育学上被称为“量力性原则”或“可接受性原则”，能否合理、正确地运用和贯彻这一原则，取决于教育工作者和教师的水平，这直接影响着教育教学活动的效果。学生的知识、经验准备属于显性因素，只要充分具备这种因素，就可以较为容易地通过中考、高考及对各类入学考试、面试等形式进行了解和确定；而学生的个性、认识发展准备属于隐性因素，教育工作者要对其进行测量是十分困难的。

二、学习与心理健康

学习与心理健康

“00 后”大学生作为校园里的“新新人类”，时尚、青春、个性是他们的代名词，思想开放独立、个性鲜明张扬、乐于表现自己、热爱人际交往、推崇民主平等、向往美好未来是当代大学生心理发展的基本特征。学习与心理健康的主要关系表现在学习对心理健康起促进作用，心理健康也会影响学习的效率和效果，二者相互促进、相互影响。

（一）学习对心理健康的促进作用

学习是从自然人到社会人转变的必经之路，每一个人的成长、成熟都离不开学习。大学生的第一任务是在教师的指导下尽快掌握前人几十年、几百年总结积累的经验和知识。学习可以促进大学生的心理健康和心理发展，主要表现如下。

1. 学习可以开发人的智力，提升潜能

虽然人的智力是与生俱来的，但潜能的开发离不开教育和学习，人的智力在学习中不断发展和提高。大学生的观察力、注意力、记忆力、抽象思维和想象能力只有在实际的学习应用中才能不断得到开发、利用和提高。一个人的智商再高，如果不学习，智力也得不到开发。一定的智力水平是心理健康的基础，智力的发展程度也反映了心理健康的水平。

2. 学习能带来满足和成就感

学生在高三经历了艰苦的学习过程，深知学习活动需要勤奋、努力和付出，总是可以在其中体会到快乐和满足。学习使个体充实发展，获得一定的成绩，得到教师和同学的认可，从而发现自我的价值和尊严。这种学习活动是非常愉悦的人生体验，也是一种高级的精神享受。

3. 学习促使心理健康水平不断提高

学习活动能主动纠正错误的认知观念，形成正确的世界观、人生观和价值观，培养健

全的人格，提高适应能力，也有助于学会人与人之间的交流、合作，建立和谐的人际关系。心理健康不是一蹴而就的，需要不断地学习和实践。

（二）心理健康对学习的影响

学习是一种非常复杂的心理现象，不仅与感知、注意、记忆、思维、想象等认知过程直接联系，还涉及人的学习动机、情绪、态度和意志等各种非智力因素。简单地将学习成绩与智力画等号是不妥的，智力好、智商高在很多情况下与学习成绩并不成正比；反之，也不能以学习的好坏来推测人智力、智商的高低。在众多非智力因素当中，心理健康状况对学习的影响是非常重要和显而易见的。

（三）心理因素对学习的影响

目前，我国学者一般将学生的学业表现归结为两个方面：一方面是家庭环境、社会环境等外部因素；另一方面是个人的智力因素、非智力因素（学习动机、个性和情绪等）等内部因素。其中，内部因素中的智力因素和非智力因素是决定学生学业表现的重要因素。由于外部因素有时是学习者无法改变与摆脱的，因此，这里主要探讨影响学习的内部因素。

1. 智力因素

智力因素对学习的影响可以用智商（IQ）来概括，IQ是指个体获取知识、掌握知识、理解概念、抽象思考和解决问题的能力，而这种能力通常是由与生俱来的遗传因素决定的，学业表现和智力成正比，也就是说，如果其他因素一定，那么智商（IQ）值越高，他们的学习表现就越好。然而，我们也必须认识到，智力因素对学习的影响并非点对点的单一对等，它的影响并非孤立地存在，而是与其他的因素一起作用。目前，最常用的智力测验方式是智力测验，它的测验也与测试者的情绪、性格、身体健康状况等非智力因素有关。

2. 非智力因素

非智力因素是指学生的学习动机、兴趣、个性、情感、个人意愿等。目前，关于人格、动机、情绪和自我概念的研究已经成为国内外学者关注的焦点。非智力因素对大学生学习的影响是较为复杂的，既有积极的影响，也有消极的影响。

在非智力因素中，动机对学习的影响最大。学习动机是促使学生进行学习的动力，具有导向和驱动力的功能，是整个学习过程的中心环节。学生的学习动机可以分为两类：一类是外部激励，一类是内部激励。积极的学习动机可以激发学生的学习兴趣，保持学习的积极性，在学习过程中显示出很强的韧劲和意志力，从而促进学业的发展。在个人的智能、人格水平都比较低的情况下，强化学习动机可以提高学生的学业成就。但是，不能无限制地增强学生的学习动力。著名的心理学家耶克斯-多德森指出，学习动机的强弱与学习成效可以用倒U形曲线来表示，适度的激励能促进学生的学习，但如果动机太弱或太强，则会影响学习的结果。在特定情况下，好的学习动机比智力因素更重要。

拓展阅读

“最近发展区”理论

维果茨基是苏联心理科学的奠基人，也是社会文化学说的开创者，对整个心理学领域都有很大的影响，被称为“心理学界的莫扎特”。20世纪30年代，他创立了一种新的教育发展观，即“最近发展区”。这个理论指出，一个人的发展分为两个层次：第一类是他的“已有的水平”，即他在自己的活动中能够解决的问题；第二类是指学生的发展程度，即通过教书而得到的潜能。

维果茨基的“最近发展区”主要指的是智力，事实上在每个人的精神发展中，都有一个“最近发展区”，孩子们有一些与生俱来的能力，比如感知、不随意注意、形象记忆等，这是一个人对自然的负面适应，被称为低层次的心理功能。在小孩和成人之间、在较成熟的同龄人交往中，这些基础的心理功能会发展成为高级复杂的认知能力，例如观察（有目标的感知）、随意注意、逻辑记忆等及抽象的思考，这就是高等的心理功能。

“最近发展区”理论为人们提供了一个了解人发展的方法：人的成长主要来自与更有经验的同龄人的社交活动。维果茨基说：“如果儿童在最近发展区接受新的学习，其发展会更有成果。在这个区内，如能得到成人帮助，儿童比较容易吸收单靠自己无法吸收的东西。”

第二节　学习的动机

案例故事

中文系的大学生琪琪来到图书馆学习，她翻开英语书，叹了口气，紧接着又打开水杯喝了口水，后又拿起手机刷微博，直到她想起该背单词的时候，时间已经过去1个小时了。她变得紧张起来，责怪自己拖延时间，然后硬着头皮开始背单词。

你是否像琪琪一样，也想知道为什么学习没效率？这背后的心理学原因是什么？如何才能避免这样的恶性循环呢？

一、动机与需要

影响人们坚持、放弃或拖延的背后的力量，就是动机，动机是一种激发、引导、维持并使行为指向特定目的的力量。

（一）动机水平有高低之分

不同人的动机水平有高低之分，同一个人的动机水平也有高低之分。例如，中文系的琪琪在中文学习中很愿意思考和阅读，甚至在戏剧社里也主动运用所学给台词添彩，而对看似简单的背英语单词则能拖则拖。其中蕴含什么样的规律呢？

耶克斯和多德森等心理学家研究发现，人类的动机水平与活动效率之间呈倒U形曲线关系，动机过高或过低都会使活动效率下降，中等水平的动机才最有利于解决问题。任务的难易程度不同，动机的最佳水平也会变化。对于一个简单的任务（如打字），需要一个较高的动机水平；对于较复杂的任务（如考大学），那么较低的动机水平更为有利。这也被称作耶克斯-多德森定律，如图4－1所示。

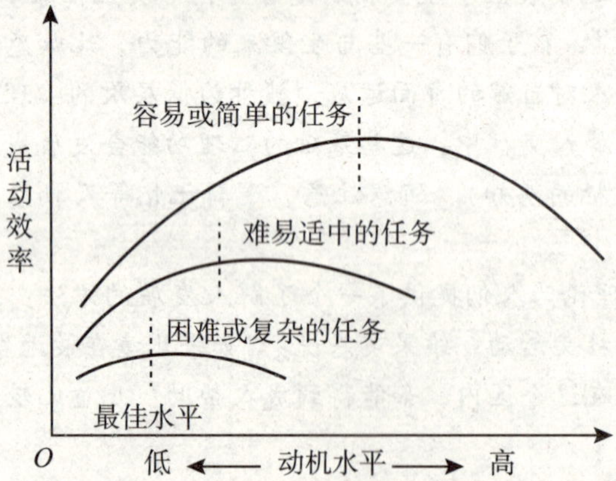

图4－1　耶克斯-多德森定律

在生活中，很多大学生并没有按照这个定律行事。对待背单词这件较简单的事情，很多大学生会一拖再拖，用较低的动机水平来应对；而面对应聘这样的复杂任务，却暗示自己一定要成功，结果焦虑不堪，难以发挥出应有的水准。这就是为什么有时候陪同面试的大学生获得了这份工作，而志在必得的大学生却与之失之交臂的原因。

耶克斯-多德森定律只告诉人们一个结论，可是为什么会这样呢？

（二）动机有内在、外在之分

大多数大学生学英语关注的是学习带来的外部结果，即外在动机，而琪琪喜欢中文则是由中文本身的意义和价值引起的内在动机。具有内在动机的人能够独立、自主并积极地参与，具有好奇心，喜欢挑战，能够坚持不懈地努力，忍受挫折与失败。具有外在动机的人只为了达到外在目的，一旦达到目的，动机水平就会下降，如果失败，则会一蹶不振。

发现学习的外在动机不是难事，而真正推动大学生持续投入地学习的本质恰恰是更为重要的内在动机。那么外在动机能转化为内在动机吗？恐怕不能。实际上，它们是两个独立的连续体，具有各自的高端和低端，但是外在动机会对内在动机产生影响。有这样一个故事可以反映这种影响。

一群孩子在一位老人家门前嬉闹，非常吵。几天过去，老人难以忍受。于是他出来给每个孩子25元，对他们说：“你们让这里变得热闹，我觉得自己也年轻了，我准备了这些钱表示感谢。”孩子们很高兴，第二天还来，一如既往地嬉闹。老人再次出来，给了每个孩子15元。他解释说，自己没有收入，只能少给一点。15元也还可以，孩子仍然兴高采烈地玩闹起来。第三天老人只肯给每个孩子5元。孩子们勃然大怒：“一天才5元，知不知道我们多辛苦!”他们向老人发誓，再也不陪他玩了。

老人阻止孩子嬉闹的方法很有效，他将孩子们的内在动机“为自己快乐而玩”变成了外在动机“为得到钱而玩”，他操纵了钱这个外部因素，也就操纵了孩子们的行为。外部力量的控制会降低个人的自信心和控制感，哪怕是奖励。生活中很多大学生为了奖励和惩罚而去学习、做事，失去了本来的好奇心和学习的快乐。当然，外在动机也并非没有积极的意义，结合耶克斯-多德森定律，个人在简单的事情上能保持高水平动机，多半是外在动机发挥的作用。

（三）对成就的追求有高低之分

成就动机，是指希望尽可能独立并成功地完成或掌握一些非常困难或极具挑战性事情的动力。其包含两大要素：追求成功和避免失败。在做事情的时候，人们既会受内心渴望的驱使，又会评估成功的可能性，同时考虑成功后获得的奖励（可能是实质的奖励，也可能是精神上的奖励）。成就动机高的人制定的目标会难度适中、比较实际，从而提高目标成功的概率。成就动机低的人制定的目标要么要求很低，要么几乎没有成功的可能。追求成功和避免失败的两两组合，就形成了成就动机的四种类型（见表4－1）。

表4－1　成就动机类型

类型	表现
高驱高避	设置目标过高，过度努力，害怕失败，焦虑恐惧 例如：《三傻大闹宝莱坞》里的拉朱，因为肩负改变家族命运的使命，进入最好的工程院校后很恐惧每一次失败，求助于神明保佑
高驱低避	自我效能感高，成功定向，失败了反而会想办法 例如：《当幸福来敲门》里的克里斯·加德纳，生计的困苦并没有打倒他，他继续追求自己的理想，努力发挥所长，最终获得成功
低驱高避	设置目标过低，极力避免失败 例如：佳琪的舍友华月，对诗歌文学很感兴趣，在课堂上总害怕发言出错，完全避免回答老师上课的提问
低驱低避	放弃努力，认定自己是个失败者 例如：《三傻大闹宝莱坞》里的乔伊，在被退学的时候，放弃了自己的生命，在墙上写下“I QUIT”的遗言

主动把自己感兴趣的东西和必须要学的专业相结合的大学生，更偏向于高驱低避型，在面对挫折时主动思考，设置合理的目标，成功的可能性就更大。其他三种类型则偏向于避免失败，或者害怕恐惧，或者失去继续努力的动力和信心。其实成就动机的大小，除了和每个人独特的成就需要相关，还和环境结果及对自己的自信程度相关。一个人在追求目标的过程中可能经历四种类型状态，最初可能努力实现目标，但是在实现的过程中遇到挫

折，特别是挫折连续发生时，就开始怀疑自己，修改自己的目标，避免失败，或者自我放弃。个人能否维持高驱低避型的状态，最重要的是保持对自己的信任和尊重，努力调整状态寻找新的目标机会。

二、学习的兴趣

兴趣对人们来说是最基本的动力，人们每天的行为都会受到兴趣的影响，兴趣中蕴含巨大的潜力。曾经有教师在课堂上对“你对什么感兴趣”做过很多次调查，大学生一般会回答“我喜欢听音乐”“我喜欢看电视”“我喜欢打羽毛球”“我喜欢旅游”“我喜欢打游戏”等，很少听到有大学生回答“我喜欢学习”“我喜欢我的专业”。很多大学生对每天接触的，日后很可能作为职业的专业学习没有表现出强烈的兴趣，甚至认为兴趣都是学习之外的爱好。

人们成长在“专注学习，少花时间在没用的东西上”的氛围里，很少有人真正享受学习新知识、掌握和创造新观点所带来的兴奋，对学习本来的兴趣，学习的内在动机被外在成绩削弱了，同时削弱的还有人们的爱好。有一些大学生只关注学习或者成绩，甚至放弃在业余爱好中发展兴趣的机会，他对兴趣的回答只能是：“我对什么都不感兴趣。”

不过所有的成功人士都认为，只有将兴趣变为做事业的激情，才能享受创造的快乐。例如，乔布斯因为对电子技术的狂热，才有了现在的苹果产品；在某个电视求职节目中，喜欢公交车的大学生刘辰的经历让很多人惊叹，刘辰坚持了自己的兴趣，把兴趣和职业规划相结合，既获得了职场的肯定，得到了旅游体验师的职位，又获得了心理的满足。

那么，大学生如何才能寻找到自己的兴趣所在呢？以下三点可供参考。

（一）兴趣需要实践

一个人只有真正尝试过才能了解自己的兴趣所在。没有人能够仅靠空想就找到让自己永葆热情的专业，就算有一些想法，也只能是叶公好龙。

（二）兴趣需要专注

在从事某项活动时，人们往往因为不够专注而体验失败。其实，尽可能参与其中并提高专注力，这样会获得较大的成就感，也容易发现自己的兴趣所在。

（三）兴趣需要重新发现

如果一个人对某门课程非常不感兴趣，那么可以把注意力放在能够激发自己兴趣的内容上。

三、学习的困惑与应对

学习的困惑与应对

学习是大学生活的重要组成部分，一般来说，大学生在学习上容易产生三个方面的困惑。

（一）焦虑与自责

和为了英语考试而焦虑地复习，却没有完成计划而自责的琪琪一样，大学生很容易在学习中产生焦虑和自责。特别是考试时的高度焦虑，经常会让大脑一片空白，表现得更糟糕。有些大学生想要消除焦虑，结果反而使自己更紧张、更疲惫。既然难以消除焦虑，那么焦虑的存在有没有意义呢？其实焦虑和自责是一种提醒，背后有个人对自己学习的良好期待和关心，这其实表达了一种良好的意图，完全没有焦虑的生活是乏味的，完全没有自责的人生是危险的，其实个人可以通过焦虑和自责让自己更努力。

（二）拖延或逃避

大学生在目标实施过程中会遇到不可避免的挫折，进而会对挫折愤怒，可能会出现第二个层面的问题——拖延或者逃避。

案例故事

王强虽然也爱打《魔兽世界》（一种网络游戏），但是却从不敢痴迷，因为他的一个大四的老乡华子让他感到无限惋惜。华子也是计算机专业的，大一的时候成绩不好，到了大二开始学习专业课，他感觉学习更难了。恰巧他从大二开始接触《魔兽世界》，一下子着了魔似的开始逃课打游戏。大三的时候，由于他成绩太差，学校发出了退学通知单。

华子对学习有自己的理解，他认为上课没有意义。仔细了解后发现，华子是因为不愿意面对学习成绩在班里垫底时不完美的自己，所以开始对学习产生愤怒而逃课打游戏。

有的人感到学习困难的时候便开始拖延，不到最后一刻决不着手学习，这样就可以有一个完美的借口——“没做好不要怪我，是因为时间不够”，这种行为看似潇洒，其实是对自己的折磨。个人逃避或拖延是在表达“我不想失败”，出现这种情况时，可以回到成就动机上，让自己从有成就感的小事情上一点点改变，寻求解决之道。

（三）习得性无助

如果面对学习的表现持续不佳，人们就非常容易变得失望和抑郁，出现第三个层面的问题，因习得性无助而自我放弃。

习得性无助是美国心理学家塞利格曼于 1967 年在研究动物时提出的。他用犬做了一项经典实验：把犬关在笼子里，只要蜂音器一响，就给以难受的电击，犬关在笼子里逃避不了电击。多次实验后，蜂音器一响，在给电击前，先把笼门打开，此时犬不但不逃而且不等电击出现就先倒在地上开始呻吟和颤抖。本来可以主动逃脱却绝望地等待痛苦的来临，这就是习得性无助。

一个人遭受的打击过多，出于自我保护，可能会觉得自己注定学不好，甚至是个没有希望的人。当一个人在某个方面出现习得性无助的时候，如果能壮士断腕，从其他方面重新找到自己的位置，或许能突出重围，重新树立自信；而一味地自我否定，可能会抑郁，甚至伤害自己。

大学生在努力学习和成就自我的路上，面对不同层级的学习困惑，如何才能提高自己抵御挫折的能力呢？首先，要知道自己真正想要什么，寻找真正感兴趣和重要的事情，这样在做事情的时候才能更专注；其次，把学习的目的调整成为个人成长而学习，把关注点放在掌握知识上，而不是证明自己上；最后，也是最重要的，就是放弃完美主义，允许失败，给自己更多的接纳和欣赏。

四、与“拖延症”做朋友

人类正是因为拥有理性，才和动物区分开来的，但实际上，人类存在很多非理性的行为，拖延就是典型的非理性行为，比如琪琪的行为就是很多大学生的真实写照。图4－2形象地描述了大学生在拖延过程中的心路历程：拿到任务并不是立即开始着手做，而是先做很多无关的事情，然后变得恐慌，接着是哭着在最后期限到来之前把事情做完，结束后捶胸顿足地警告自己下次不能再拖延了。

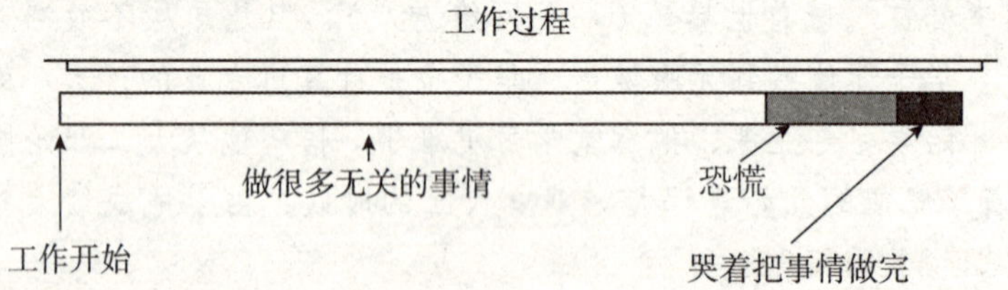

图4－2　拖延过程中行为及心态变化示意图

（一）拖延的概念

完成每一项作业和计划就像完成游戏中的进度条。设置合理的目标、及时开始、努力坚持都是在执行进度条，但是在执行的过程中，却存在各种诱惑，稍不注意就容易分心，从而拖慢进度。本来该是调节完成目标的放松行为，反而拖延完成任务。那么放松为什么有那么大的吸引力，人们为什么愿意为了眼前的小诱惑而放弃本来完美的计划和长远的收获呢？

1. 拖延的成因——被奖励承诺系统和多巴胺吸引

现代神经科学家在人的大脑中发现了奖励承诺系统，每当大脑的这个区域受到刺激的时候，就会释放多巴胺，促使人们产生期待：“再来一次！这会让你感觉良好！”多巴胺这种神经递质具有强大的魔力，很容易让人们沉迷于一些诱惑，欲罢不能。当人们知道用手机上网就可能收到新消息，看一个视频有可能会让自己捧腹大笑时，就会不停地点击，忘记自己原本要做的工作。

2. 拖延的控制方法——锻炼自控力

人们总希望通过一些方式来帮助自己抵御诱惑，如切断网络、卸载游戏、远离寝室等，这些都是自控力在发挥作用。自控力其实是一种帮助人们在面对诱惑时，稳定心态，三思而后行的能力。但自控力要抵御的不是外在的诱惑而是内心的冲突，这种冲突正是让一个人在完成计划过程中失控的关键。如何才能提高自己的自控力呢？

自控力其实更像是一种身体生理指标，而不是人格因素，而且几乎每个人都拥有自控力。心理学家在对孩子进行了棉花糖实验后发现，当四五岁的时候，人们就拥有延迟满足，以期获得更大的长期收获的能力。但是自控力对大脑来说是一项非常耗能的工作，当大脑感到能量不够时，总是倾向于在完全失去能量之前关掉自控力而保存实力。人们提高自控力的主要方式就是要训练自己相信“我还有实力”。长跑运动员都知道当第一次疲惫来临的时候并不是真的疲惫，而撑过这次疲劳之后还能获得新的进步。运动是锻炼自控力最好的方法，改善心情、缓解压力最有效的锻炼方式是每次 5 分钟，而不是每次几小时，任何能让人们离开椅子 5 分钟的活动都能提高人们的自控力储备。充足的睡眠也能起到类似的效果。执行进度条的极佳方式不是过完全远离诱惑的生活，而是努力保持身心愉快，加强运动。

（二）拖延背后的原因

拖延对很多人来说就是一场噩梦，让人们痛恨又无奈，品尝“明明给自己定好的计划总是不能完成”的苦涩滋味。然而人们为什么会拖延呢？原因主要有以下几个方面（见表 4-2）。

表 4-2　拖延背后的原因

拖延的原因	举例
觉得完成任务的过程没意思	我知道需要背单词，可我不想背
问题太难了	这道高数题太难了，我肯定不会做
害怕他人对自己做的工作给予消极的评价	害怕他人知道自己做不好
对完成后结果的恐惧，或者还有更多任务需要做	担心没做好，给自己添麻烦
避免被控制	这个老师太不通情理，坚决不按时交作业
追求最后期限来临前的兴奋和刺激	晚起床，最后一分钟赶上公交车
完美主义	不断修改自己的设计方案
压力过大	精力耗尽了，再也不想努力了
社交需要	同学都拖延，我不拖延没朋友

拖延作为一种习惯，改变起来并不容易，很多人把它当作影响自己追求心中梦想和目标的罪魁祸首，更容易让人们对自己做出消极的评价。真正改变拖延，首先要认真计算拖延成本，真正从心里认识到拖延的代价；然后就是行动，很多人认为行动前必须先改变态度，其实真正迈出改变的第一步不是改变态度，而是改变行动，做出行动的同时态度也就跟着改变了。

（三）结构化拖延法

斯坦福大学的哲学教授约翰·佩里根据自己多年来的拖延经历提出了“结构化拖延法”，他认为，“拖延者完全可以利用拖着不干正事的心态，完成很多有意思且有意义的事情，从拖延者直接变身高效能人士。”

（1）拖延不等于什么都不做。爱拖延的人极少什么都不做。可以想想自己在拖延一件事的时候是不是也完成了很多其他事情呢？如做做园艺、削削铅笔，或是画个重新整理文档的简图。

（2）把必须完成的那些任务梳理出一个结构图。把自己想要完成的事按重要性列个清单，在脑子里想想也行，或者专门写下来也可以。把最紧急、最重要的事排在最前面，其他需要做但不那么重要的事情位列其后。于是，完成后边这些任务，就变成避免去做你所列清单最上方的任务的一种手段。借助于这种排列得当的任务结构，拖延人士就变成了高效能人士。

结构化拖延法，看似是一种“阿Q精神”，却暗示着一种主动建构的价值观，帮助人们换个视角看当下的问题，同时也契合了有关拖延的最新研究：拖延不是时间不够用，而是因为焦虑导致大脑中解决问题的带宽不够，心力不足。或许大学生最该解决的不是拖延的行为，而是因拖延带来的沮丧和自我否定，解决了这些情绪因素，就为开始行动提供了带宽。

拓展阅读

克服拖延的方法

你有拖延过吗？你是否有过这样的情况：约会总是迟到，作业总是不能按时完成，计划要做的事情一推再推……那么该怎样克服拖延呢？下面的十个小技巧可供参考。

（1）将工作分成小块完成。一次只专注于一个小块，化繁为简，就会觉得容易很多，进而迅速完成它。

（2）为小块儿工作设定最后期限。如果只有一个远的时间点，你会很容易拖延。如果设定月计划、周计划，直到天计划，你会更有效率。

（3）消除干扰。关掉社交软件，关掉音乐软件，关掉手机……将一切会影响你工作效率的东西统统关掉、放一边，全心全力地去做事情。

（4）去掉拖延的诱因。把事情分类，优先做紧急、重要的事情。

（5）和鼓励你行动的人做朋友，跟能够激发你进取心的朋友多联系，这些人会影响你的行动。

（6）找一个同伴，和同伴互相监督对方计划和目标的执行情况，会让学习充满乐趣。比如一起考证，共同学习监督，共同进步。

（7）固定时间，养成习惯，比如每晚7—9点，雷打不动地坐在书桌前，开始学习，你会发现，你能提前完成很多任务。

（8）找出拖延背后的原因，最常见的原因是恐惧。你需要暂时搁置自己无谓的担心和所有负面的设想。

（9）想办法让任务变得有趣。在做的过程中找到自己的兴趣点。

（10）放手去做。畏首畏尾的拖延不可能让你取得很大的成功，最关键的是，去行动！有拖延的同学们，别忘了放手去做哦！

第三节　学习的策略

一、学习的风格

人们擅长学习的内容及适合的学习方法并不相同。从生理上看，有人喜欢在音乐背景下写作业，有人则喜欢在安静的环境下学习；有人上午的学习效率高，有人则需要夜深人静时才能集中精神；有人擅长左半脑的推理思考，有人擅长右半脑的直觉思考。学习者在完成学习任务时表现出一贯、典型、独具个人特色的学习策略和学习倾向就是学习风格。在不同学习风格的背后，起决定作用的是人的智能类型。哈佛大学教育学教授霍华德·加德纳从解决问题的方式不同方面提出了多元智能理论（见图4-3)，他把人的智能分为八种类型，分别是语言智能、自然智能、内省智能、人际智能、身体动觉智能、音乐智能、视觉空间智能和逻辑-数学智能。不同的智能类型匹配不同的学习方式，都可能达到相当的成就。没有人能够学会一切知识，更有效的成功之道是选择适宜自己的学习方式，在自己擅长和喜欢的智能领域学习研究。

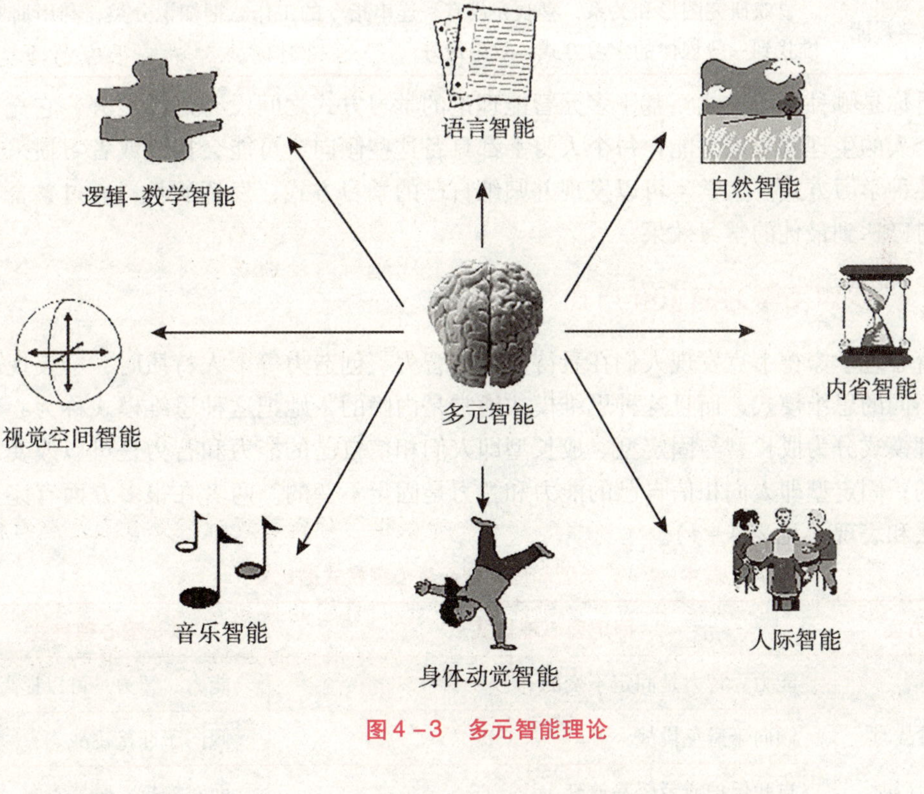

图4-3　多元智能理论

表4－3具体给出了多元智能类型的特点及学习方式建议。

表4－3　多元智能类型的特点及学习方式建议

多元智能类型	特点及学习方式建议
语言智能	有很好的听觉能力，喜欢阅读、写作，对名称、时间、地点的记忆好，喜欢讲故事。用听说的学习方式，效果最好
自然智能	对自然界和环境变化具有敏锐的观察力。通过自己直接观察和体验的学习方式，效果最好
内省智能	喜欢独处，能意识到自己的优缺点和各种感觉，有创造性思维，喜欢反思。独立的学习方式，效果好
人际智能	喜欢生活在人群中。叙述、分享和合作的学习方式，效果最好
身体动觉智能	对事件能够做出恰当的身体反应，善于利用身体语言来表达自己的思想和情感。适合身体操作、协调的学习方式
音乐智能	对声音很敏感，学习和读书的时候也喜欢听音乐，喜欢声调和节拍。通过优美的音乐旋律学习，效果最好
视觉空间智能	喜欢通过阅读、看录像和观察的方法学习，喜欢形象思考。阅读课堂讲义，特别是进行图表的学习方式，效果最好
逻辑-数学智能	喜欢研究图形和关系，喜欢完成有一连串指令的工作。把知识分类，利用抽象思维找到一般规律的学习方式，效果最好

看看你是哪种学习方式？基于多元智能理论的学习方式之间没有好坏之分，它充分考虑了每个人的生理和心理潜能，每个人身上都具备这些倾向，可能会喜欢或者习惯采用某种或某几种学习方式。大学生可以发现并归纳自己的学习方式，发挥所长，通过整合一些细节使自己达到最佳的学习效果。

二、改变对待学习的思维方式

教育心理学家德韦克发现人们在看待能力、智力、创造力等个人特质时，会表现出两种截然不同的思维模式，而且这种思维模式通常是内隐的，她把这种思维模式称为心理模式。心理模式分为成长型与固定型。成长型即人们相信自己的能力和智力是可以改变，能够成长的；固定型即人们相信自己的能力和智力是固定不变的。两者在很多方面有完全不同的想法和表现（见表4－4）。

表4－4　成长型和固定型两种心理模式的比较

比较方面	固定型心理模式	成长型心理模式
相信	能力、智力是固定不变的	能力、智力是可以提高的
遇到挑战时	倾向于避免挑战	倾向于迎接挑战
遇到阻碍时	自我保护或者轻易放弃	面对挫折，坚持不懈

表4-4　（续）

比较方面	固定型心理模式	成长型心理模式
对努力的看法	认为努力是不会有结果的，而且越努力，说明能力越差	认为熟能生巧
对批评的看法	尽力避免，忽视批评中有用的反馈	态度更中性，愿意从中学习
看到他人成功	觉得他人的成功是一种威胁	从中获得新知和灵感
结果	很早就停滞不前，无法取得原本有潜力的成就	他们能取得很高的成就

你的心理模式是哪种类型呢？其实，很多人从小就被训练成固定型的心理模式，比如常被灌输“你不够聪明”“智商是天生的”“你只能学文科”等想法，这些人长大后要么努力证明自己，要么为了避免失败而只做自己擅长的事情。具有成长型心理模式的人，则更愿意接受新的挑战，面对挫折更努力。

德韦克对一些初中生进行了一项长达两年的追踪，研究发现：在起始数学成绩相同的情况下，持成长型心理模式的学生只需要一个学期的时间，数学成绩就显著领先于持固定型心理模式的学生，他们在面对困难任务时，更多地表现出韧性，且两者之间的差距呈持续扩大的趋势。

尽管两种心理模式的差异是显著的，但是这种差异本身也不是一成不变的，让自己的心理模式发生改变的前提，就是挑战自己固定型思维模式，学习成长型思维模式。

拓展阅读

固定能力观该如何改变？

成长型思维来自心理学家德韦克的研究。这位心理学大师获得了全球奖金最高的教育奖项一等奖。她的著作《终身成长》详细地说明了这种思维模式，并提供了打造这种思维模式的方法。

那么如何获得成长型的思维呢？

其实很简单，只要你愿意去相信人的能力是可以通过努力改变的，可以实现。有时候觉得获得成长型的思维很难，是因为人们都是固定型思维模式的受益者。因为在某个时期，它帮助过你、保护过你。比如当人们认为音乐能力是天赋、是固定的，那么人们有一副好嗓子的时候，就会觉得自己与众不同，可以获得更多的价值观，甚至是安全感。那如何可以转换固定型思维方式而将其改变为成长型呢？

德伟克教授设计了大脑研讨会的项目，在初中展开了实验。她教会孩子们成长型思维模式，告诉他们如何将这种思维模式运用到学业中。她把数学成绩很差的学生分为了两组，都开设了八周的干预课程。

第一组采用了大脑研讨会的方法，她告诉学生大脑的运行法则。大脑和肌肉一样，可塑性是很强的。大脑中神经元之间负责传递信号的突触，会根据环境的刺激和学习经验不断地变化，每次获得新的信息的时候就会产生新的突触，而复习已有知识的时候，突触的连接会更加的巩固。当学习的时候，大脑会成长，会变得更强壮。对于第二组，她只是传授一些学习技巧。结果发现，第一组学生的数学成绩显著提高，教师的评价也更积极，而那些只学了学习技巧的学生则进步不大。因为他们的思维方式并没有改变，他们并没有主动地把这些技巧应用到自己的学习中。

如何才能获得成长型的思维呢？德伟克教授提出了四步法。

第一步，接受。

首先，要接纳并拥抱固有的思考方式。大多数人的思考方式并非只有一种思维，而是多种思维的混合体。每一个人都有一部分固定的思考方式，有的时候是固定的，有的时候是成长的。这是很正常的事情，但这并不意味着接受了它的存在，并不代表要让它经常出现，受到它的影响。

第二步，观察。

要看清楚是什么刺激了自己的固定思考方式。看看它会在何时出现，或许当它面临着一个重大的挑战时，它会突然现身并劝说你放弃。还要注意你自己在一个固定的思考方式中如何对待他人，以及你是否常常判断他人的天赋。你可以想象一下，你的固定思考方式是从什么时候开始的？

第三步，命名。

为固定的思考方式设定一个名字，并摸索出何时会发生及会如何影响思维。比如，德伟克教授曾说过一名金融经理的故事，金融经理将自己的固定思维方式叫作“度安”，并对它进行改变。

第四步，教育。

为固定的思考方式的人格起个名字，然后才能对它进行教育。具体来说，就是当发现固有思维方式的时候，一定要提高警惕。当它出现时，请控制它。

三、有效的学习策略

有效的学习策略

毫无疑问，方法和策略在学习中的地位很重要。学习策略是指学习者为了提高学习的效果和效率，有目的、有意识地制订有关学习过程的复杂方案。说到底，学习是让大脑学会知识和技能，怎么知道大脑学会了这些呢？就是再次见到能认识——再认；换个地方能应用——迁移。这些都与大脑的重要功能——记忆相关。大学生了解了记忆和学习的特点，采用适当的学习策略就能事半功倍。

（一）检索学习

所有信息进入大脑都需要先经过“筛选登记”，没有“登记”的信息很快被遗忘。很多人的首要学习方式就是反复阅读，反复的次数很多，甚至产生“我已经对这个知识很熟悉”的错觉，一到考试的时候却发现自己记得并不牢靠。有效的学习策略就是检索学习，也就是说，要努力从记忆中检索相关的知识和技能，进行自我测验，而不只是机械阅读记忆。

检验是帮助人们了解自己学习情况的有效手段。读书时，请时不时地停下来，合上书本问自己以下几个问题，以提高检索学习的效果。

（1）这段的核心概念是什么？

（2）哪些术语或者概念是我没有接触过的？

（3）我可以如何定义它们？

（4）这些概念和我以前的知识有什么联系吗？

（二）联系学习

在学习过程中尽可能提问，加深对所学内容意义的理解，主动与以前所学的知识相互联系都是不错的学习策略。托尼·巴赞创立的思维导图体现了长时记忆存储信息相互联系的特点，从一个思考中心出发，向外散发各种主题节点，充分利用不同的颜色、图像、记号等手段调动左右脑来加深记忆（见图4－4）。

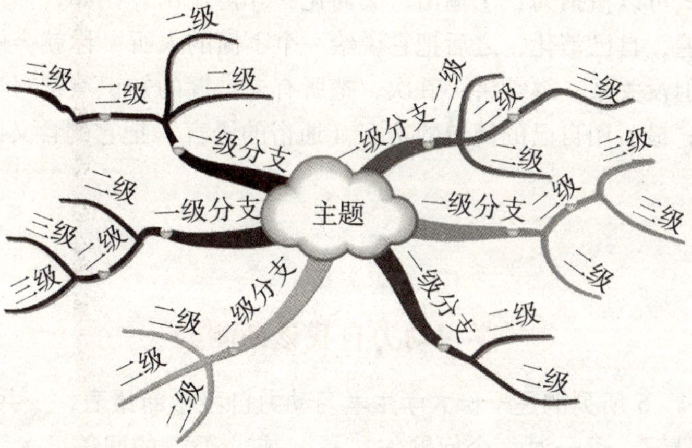

图4－4　思维导图举例

除此之外，长时记忆存储信息还有形象化的特点，对于某项技能或者梦想，视觉化是一个非常重要的学习策略，能够帮助人们克服困难和实现目标。具体来说，可以在大脑中尽可能详细地想象某个技能，这个想象在大脑中激活的神经通路和实际做的时候一样，多次想象练习后可以达到学习的目的，如飞行员、运动员进行的模拟训练。大脑其实不能分辨真假，在想象中获得成功并坚持不懈，它会让外部事实与想象一致。

（三）优秀学习习惯列表

优秀学习习惯的养成，需要刻意练习，不断反思，付出努力。大学生可以将自己原来的学习模式与下面的学习策略进行对照，找出自己的薄弱环节，进行调整。

（1）课前要阅读相关材料。

（2）在阅读材料的时候，给自己出模拟考试题，并尝试作答。

（3）在课上努力回答这些假设性问题，从而验证阅读内容的记忆效果。

（4）复习时找到那些记不清或者不知道的术语，重新学习。

（5）在阅读笔记中抄写重点术语和定义，确保自己能够理解。

（6）做模拟测试题，找出自己学习中漏掉的概念，重点学习。

(7) 用自己的方式(可以是思维导图)把课上的信息重新组成一份学习指南。

(8) 写出复杂或重要的概念,不时地进行自测。

(9) 在整个学习过程中,把复习和练习间隔开。

(10) 对于需要创造性学习的内容,不要设限。

(四) 费曼学习法

该理论是由理查德·菲利普斯·费曼提出的,他是诺贝尔物理学家。费曼说:"如果要传授给别人一个知识,就相当于开启了一系列的开关。他认为,你要是不能把事情的意思简单地告诉别人,那就说明你并没有完全理解这件事。"这其实是费曼学习法中的一种"以教代学"的方式,以教代学,是一种积极的、主动的学习方式,他因不能拒绝别人的帮助,需要去学会新的东西,最后成就自己。所谓输出倒逼输入,就是在你的输出中意识到自己的不足,然后主动学习,学会新的东西。主动的学习是高质量的学习。

这种学习方式可以概括为:①输出;②简化;③再输出。比如,你读一本书,首先把书里的东西看一遍,自己消化,之后把它说给一个不懂的人听,你就会停下来,有一些知识点还未掌握,但没关系,继续讲;其次,把所有未掌握的知识点都写下来;然后,重新阅读,重新理解;最后用自己的简单的文字(通俗的语言)把它的含义说出来,直到让人明白。

心理测评

学习动力自我诊断测验

指导语:表4-5所列的是一份大学生学习动力自我诊断量表,一共有20个问题。请根据自己的实际情况,逐一对每个问题作"是"或"否"的回答。为了保证测验的准确性,请认真作答。

表4-5 学习动力自我诊断测验表

序号	题目
(1)	如果别人不督促你,你极少主动去学习
(2)	你一读书就觉得疲劳与厌烦,只想睡觉
(3)	当你读书时,需要很长时间才能提起精神
(4)	除了教师指定的作业外,你不想再多读书
(5)	如有不懂的地方,你根本不想设法弄懂它
(6)	你常想自己不用花太多时间,成绩也会超过别人
(7)	你迫切希望自己在短时间内就能大幅度提高自己
(8)	你常为短时间内成绩没能提高而烦恼不已
(9)	为了及时完成某项作业,你宁愿废寝忘食、通宵达旦

表 4-5　学习动力自我诊断测验表（续）

序号	题目
(10)	为了及时完成作业，你放弃了许多你感兴趣的活动
(11)	你觉得读书没意思，想去找个工作做
(12)	你常认为课本上的基础知识没啥好学的，只有看高深的理论，读大部头作品才带劲
(13)	只在你喜欢的科目上狠下功夫，而对不喜欢的科目放任自流
(14)	你花在课外读物上的时间比花在教科书上的时间要多得多
(15)	你把自己的时间平均分配在各科上
(16)	你给自己定下的学习目标，多数因做不到而不得不放弃
(17)	你几乎毫不费劲就实现了你的学习目标
(18)	你总是同时为实现几个学习目标而忙得焦头烂额
(19)	为了对付每天的学习任务，你已经感到力不从心
(20)	为了实现一个大目标，你不再给自己制订循序渐进的小目标

上述20道题目可分成4组，它们分别测查你在四个方面的困扰程度：(1) ~ (5) 题测查你的学习动机是否太弱；(6) ~ (10) 题测查你的学习动机是否太强；(11) ~ (15) 题测查你在学习兴趣方面是否存在困扰；(16) ~ (20) 题测查你在学习目标上是否存在困扰。

假如你对某组（每组5题）中大多数题目持认同的态度，则一般说明你在相应的学习欲望上存在一些不够正确的认识，或存在一定程度的困扰。

从总体上讲，选“是”计1分，选“否”计0分，将各题得分相加，算出总分。

0~5分，说明学习动机上有少许问题，必要时可调整。

6~20分，说明学习动机上有严重的问题和困扰，需调整。

团体心理辅导

活动一：感同身受

【活动目的】对个人的学习问题进行归因，提供针对性建议。

【活动时间】40分钟。

【活动准备】纸、笔（场地、人数不限）。

【活动方法】

(1) 先由成员自动举手，讲述自己不爱学习的原因，在座其他学生听起立者的陈述，如果感觉自己与该学生有一样的原因，就和他站在一起，作为第一个分组。举手的学生任第一组组长。

(2) 从尚未分组的学生中，再寻找自动起立的成员，讲述自己不爱学习的原因，剩余未分组的学生听起立者的陈述，如果感觉自己与该学生有一样的原因，就和他站在一起，作为第二个分组。举手的学生任第二组组长。

(3) 依次类推，组成若干个学习问题小组。

(4) 重复如上分组过程后，可能会剩下各别成员。他们发现自己的问题很特别，与之前几个小组的问题都没有共同点。那么，可以把剩下的这些人也归为一个特别小组。让他们一起探讨，自己的原因为何与他人不同，他们彼此是否有什么类似之处。

(5) 限时 30 分钟做小组内讨论，主题为自身学习问题的成因和其他小组学习问题的解决方法。

(6) 各组长归纳总结本小组学习问题的成因。

(7) 小组另选一名学生，对其他小组的学习问题提出针对性的解决建议。

【教师点拨】集思广益，你的长处或许是我的问题，而我的一句话或许能让你的困扰迎刃而解。

活动二：我的学习我做主

【活动目的】分享有效的学习方法，掌握新的学习方法。

【活动时间】50 分钟。

【活动准备】纸、笔（场地、人数不限）。

【活动方法】

(1) 限时做个人思考，主题为自己平时最喜欢学习的科目。为什么喜欢学习这个科目？在这个擅长的科目上，你最有效的学习方法是什么？

(2) 小组讨论，确保每名学生都要发言。

(3) 组长归类记录，总结本组最典型有效的学习方法。

(4) 组间分享。

【教师点拨】树立解决问题的信念，坚信学习问题都是可以克服的。尝试使用同伴交流中得到的有效学习方法。

活动三：化繁为简

【活动目的】短时记忆有效转化为长时记忆的方法。

【活动时间】20 分钟。

【活动导入】学习生活中，有一些“学霸”学生投入学习中的时间看起来没有那么多，可是却能在考试中取得不错的成绩。尤其是对于一些必须由更多的硬性识记做基础的英语、政治类科目，一旦最后的结果是考前向你借笔记誊抄复印的同学比你的分数还高，确实是一件很让人懊丧的事情。那么，如何有效地提升自己的记忆效果呢？掌握一种好的记忆方法至关重要。

按照书本、笔记照本宣科地机械记忆效果往往不尽如人意，结果事倍功半。只有在理解基础上进行加工、总结、归纳后的记忆才能有效地把短时记忆转化为长时记忆。利用这种方法不但记忆得更牢固，可能识记的内容也更多。

下面，通过对心理学中的学习定义这一段文字材料的记忆，来演习这种记忆方法。

【活动方法】如上文所列，心理学中的学习定义为：学习是以大脑为生理基础的，由于经验而形成的心理表征或联结的长期变化。且这些变化可以经由新行为的出现，旧有行为强度、速度、频率和复杂性等方面的改变而进行监测和评估。

要对这段材料进行记忆，你会采用哪种记忆方法呢?

【教师点拨】

(1) 机械背诵，是最费时的记忆方法。

(2) 化繁为简，也就是说，先提取这段记忆材料的关键信息，再在记忆关键“骨骼”信息的基础上补充“血肉”内容，是更加高效、效果更巩固的记忆方法。以这里列举的心理学中的学习定义为例，“大脑基础、既往经验、联结变化、行为评估”这些词语是整段概念的关键词。记忆关键词，并用你自己习惯的方式联结成最适合你记忆和表述的语言即可。

(3) 切记，先化繁为简，再由少到多，是有效提升记忆效果的法门。

第五章 掌控情绪——大学生情绪管理

情绪仿佛是条蜿蜒起伏的河流，贯穿生命。大学生正处于青年期，情绪波动较大，情感体验复杂而丰富。因此，体察自己的情绪，了解什么是健康和积极的情绪，知道不良情绪的影响，学会通过合理宣泄、调整认知等方法掌控情绪，对学习、生活将大有裨益。

课程导读

大二学生晓薇的心情日记

在深冬的早晨，我刚从温暖的被窝里起来，手立刻变冷了。这么冷的天气，真想待在床上，但是想想期末考试一周后就要到了，很焦虑。经过长时间的思想斗争，我很不情愿地强迫自己起床。走出宿舍楼时，我发现天空乌云密布，北风呼啸，忍不住发抖。

路过学院的公告栏，我惊讶地看到马倩被评为“××优秀会员”。她和我是亲密的朋友，有着共同的兴趣，无话不说。按道理，我应该为她获得如此高的荣誉感到高兴，并首先打电话祝贺她。不知道为什么，我站在那里，感到有点失落，甚至有点嫉妒。

在图书馆，我发现复习的人越来越多了。环顾四周，我突然发现自己喜欢的赵欣也在图书馆，我的心开始怦怦跳得厉害，好想上去和他打个招呼，又怕他发现我的异样，还是按捺住了内心的激动，选择在一个角落看起书来。

复习渐入佳境，电话铃声突然响起，我慌忙跑到外面接了电话。是团委老师打来的，说是为迎接评估，需要赶做一个海报。我心里不禁烦躁起来，都什么时候了，还要做海报？电话那边老师一直在说不好意思、打扰复习之类的话，虽然有十万个不愿意，我还是忍住了，答应尽快赶好，心情低落至极点。

忙碌了一天回到寝室，接到新生班班长的一个电话，他说有事找我，让我到操场上去一趟。虽然很累了，但是作为学姐，我还是答应了他的要求。到了操场，发现没人，正要离开，只听到“祝你生日快乐”的歌声飘来，循声望去，只见全体新生班的学弟学妹们捧着插满蜡烛的生日蛋糕向我走来。我愣住了，感动的眼泪情不自禁流了下来。那一刻，我觉得自己是天底下最幸福的人了！

生活中总会有各种情绪伴在大学生的左右，他们有时焦虑不安，有时开心和喜悦，有时孤独和恐惧，有时悲伤难过，有时气愤，有时憎恶，有时又羡慕甚至嫉妒……就像晓薇的一天，情绪像空气一样围绕着她，成为她行动、思考的心理束缚。认识情绪、了解情绪、合理地调节和管理自己的情绪对一个人有重要的作用。

第一节　情绪概述

情绪是以个体主观愿望和内在需要为中介的一种心理活动。当客观事物符合主观愿望和心理预期时，人们就会产生愉悦感，这个时候的情绪是积极的、肯定的；当主观愿望和客观事物产生矛盾冲突时，人们就会产生消极、否定的情绪；当失去心理上认为非常重要的人和物时，人们就会产生伤心、难过的情绪；当自己的行为受到挫折和被否定时，人们就会产生愤怒的情绪；因为自己的无心之失造成他人、社会或者国家的重大损失时，人们又会感到内疚和自责……

一、情绪的分类

情绪的分类

根据不同的标准，可以将情绪分为不同的类型。由于目前并没有完全标准统一的情绪分类方法，所以下面主要对几种常见的情绪分类方法进行简要阐述。

（一）根据情绪的形式对情绪进行分类

根据情绪的形式，可以将其分为以下四种类型。

1. 喜

喜即喜悦，是个体在需要得到满足或者目的成功达到之后所获得的情感体验。这种体验能够使人感到轻松、快乐。通常来说，喜悦有满意、愉快、欢乐、狂喜等程度上的差别。

2. 怒

怒即愤怒，是个体在需要得不到满足或者目的无法达到后所获得的情感体验。这种体验会使人产生紧张、压抑等感觉。通常来说，怒有不满、生气、愤怒、暴怒等程度上的差别。

3. 哀

哀即悲哀，是个体失去所喜爱的东西或者希望破灭之后所获得的一种情感体验。这种体验能够使人产生失落、痛苦、无奈等感觉。通常来说，哀有遗憾、失望、难过、悲伤、哀痛等程度上的差别。

4. 惧

惧即恐惧，是个体遇到危险或者意识到存在一些潜在的威胁时所获得的情感体验。这种体验会使人产生紧张、心悸，甚至使人本能地产生想逃离的心理。通常来说，惧有害怕、惊恐、恐怖等程度上的差别。

（二）根据情绪的状态对情绪进行分类

根据情绪的状态，可以将其分为以下三种类型。

1. 激情

激情是一种短暂的、强烈的、暴发性的情绪状态。通常情况下，激情由强烈的外界刺激所引起，且这种刺激一般对个人有重大意义，如事业成功后的狂喜等。

拓展阅读

激情是一种强烈的、爆发性的情绪状态

某校大一新生许仲文在开学典礼上听到某名成功的大四学长的寄语后，激动不已。小许说："我认为我应该从现在开始好好规划我的人生，规划大学四年。我的目标是考中国人民大学的研究生。"做出这个决定后，用许仲文自己的话说，整个人就像吃了菠菜的大力水手，每天都充满激情，学习很有动力。

激情是一种短暂的、强烈的、爆发性的情绪状态，它的发生往往具有明显的原因和方向性。例如，刚刚坠入爱河的男人和女人、已经确定了自己奋斗目标的学生，以及处于极度愤怒中的父母都可以体验到这种状态。

激情有积极和消极之分。总体来说处于激情状态时，个体的注意力比较集中，认识和活动的范围会缩小。积极激情所激发的能量有确定的去向并持续发展，可以提高人的认识和活动的效能，成功动员个体积极投入行动。在消极激情下，个体往往意识不到自己正在做什么，因此也很难评估自己的行为及其意义，常常做出比较冲动的行为。因此，大学生需要积极主动地克服不良的激情状态，设法转移消极的注意力，降低消极激情的爆发程度。

2. 心境

心境是一种轻微、平和而持久的情绪状态，它具有弥散性，会影响人的整个精神活动。当一个人拥有良好的心境时，可以体会到"万事称心如意、神清气爽"之感；反之，如果拥有不佳的心境，就会感觉一切都不顺利。

3. 应激

应激是指由出乎意料的紧急事件所引起的极度紧张的情绪状态。应激既具有积极作用，也具有消极作用。从积极作用方面来说，应激使人具有特殊的防卫机能，调动潜力，增强反应力；从消极作用方面来说，应激可能使人的意识范围缩小，认识机能下降，动作紊乱，强烈而持续的应激状态，不仅会干扰人的学习和工作，甚至可能影响人的身心健康。

（三）根据情绪的社会内容对情绪进行分类

根据情绪的社会内容，可以将其分为以下三种类型。

1. 理智感

理智感是人类在对智力活动进行评估时所获得的一种情感体验，它和人类的求知欲、好奇心、探求和追求真理的需求相联系，并反映了人类对于自身智力活动的过程和结果的态度。理智感是人类认知与实践活动的产物，反过来讲，理智感又是人类认知与实践活动的动力。任何的学习活动，科学的发明，艺术的创造，都离不开理智感。

2. 道德感

道德感是指个体通过对社会各种现象的感知和评价而形成的情绪体验。个人在与他人的交往中，获得了一定的社会道德规范，并将其转变为自身的道德需要；个体会按照自己所掌握的道德标准去评价他人，如果个体认为所评价的事物可以满足自己的道德需要，那么就会有肯定性的情感；反之，如果认为不能，就会有否定性的情感。道德感是一种特殊的社会情感系统，它对人们的行为起着重要的指导作用。

应该说，道德感是具有社会历史意义的，不同的国家，不同的时代，不同的人，对道德标准的理解也不一样，所以，他们的道德需要也不一样，最终道德感也不同。

3. 美感

美感是指人们以自身的审美标准来评估各种社会现象和它们在艺术上的表现而引起的情绪体验。这种情绪体验有如下特征。

（1）个体性。在日常生活中，个体对不同事物、人的审美标准各不相同，有些人认为某物或人很美，有些人也许会认为它不美。诚然，人类有着共同的美感，美好的鲜花、风景、音乐、建筑，在所有人眼中都是美的代名词。

（2）直觉性。直觉性是内容美与形式美的统一，当一个个体与事物直接接触时，就会立刻形成。所以，物体外在的形式对美感的塑造起着很大的作用。然而，要注意的是，尽管对象的外在形式对美感起着不可忽略的作用，但事物的内容同样对美感有着重大的影响，并且这种影响起着决定性的作用。

（3）社会历史性和阶级性。不同时期、不同民族、不同阶级的审美标准不同，因此，美感也就不同。比如，在我国明清时期，追崇的是以瘦弱为美，林黛玉就是那个时代典型的“美人”；而在现代，人们认为健康、大方、自然、协调是美，因此，人们对美女的看法与明清时期有很大的不同。

二、情绪的维度

情绪的维度主要有：情绪的复杂度、情绪的强度、情绪的紧张度、情绪的快感度等。

（一）情绪的复杂度

情绪是由各种体验组成的，它有一定的复杂性，比如爱有时候包含欢乐、温柔等，而恨包含厌恶、恐惧、愤怒等。

（二）情绪的强度

情绪体验可以在强度上有由弱到强的不同等级的变化。情绪的强度越大，整个自我被情绪卷入的程度也越深。例如，喜有满意、愉快、欢乐、狂喜等强度上的差别；怒有不满、生气、愤怒、暴怒等强度上的差别；哀有遗憾、失望、难过、悲伤、哀痛等强度上的差别；惧有害怕、惊恐、恐怖等强度上的差别。

（三）情绪的紧张度

情绪在紧张度方面也存在着较大的变化，紧张的情绪体验通常与人们所进行的一些活动相关，所进行的活动对于个体来说越重要，那么个体所体验的紧张度就越明显，当个体所进行的活动已经结束时，个体就会体验到由紧张到放松的感觉。

（四）情绪的快感度

情绪的快感度是指个体的情绪体验在快乐与不快乐的程度上的差异。欢喜、快乐、满意等具有明显的快乐的感受；悲伤、悔恨等具有明显的不快乐的感受。但需要指出的是，也有一些情感体验个体所获得的快感度是比较模糊的。例如，惊奇、怜悯等既不是快乐的感受，也不是不快乐的感受。

三、情绪的来源

从生物学的角度来说，个体从听觉、味觉、触觉等感受器接受信息，通过丘脑进入杏仁核产生情绪，或者从杏仁核传出进入下丘脑经脑干中央灰质产生情绪。大脑示意图如图5－1所示。

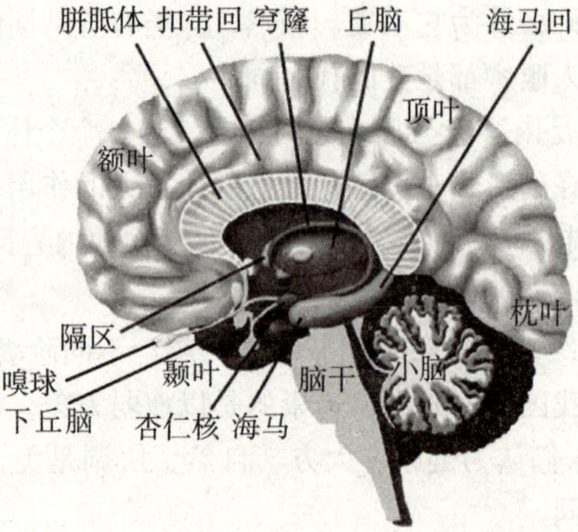

图5－1　大脑示意图

（一）网状脑

网状脑又称“原始脑”。原始脑距今已有2亿～3亿年的历史，负责个体生存、生理安全需求和身体知觉。所有动物都有原始脑，它主要控制心跳、呼吸、血压和新陈代谢；它与心相连，靠身体感觉，无法用意识控制。如果觉得不安全，原始脑就会出现三种反应，即战斗、逃跑或僵住，遵循“趋利避害”原则。

（二）情绪脑

情绪脑又称“哺乳脑”。情绪脑与原始脑共同工作了5000万年，它是在家庭生存的需求状态下形成的。它关系着社交、互惠和育儿等，渴望被尊重、被爱、被接纳、被信任，遵循“快乐至上”原则。

（三）大脑皮层

大脑皮层又称“视觉脑”。视觉脑工作时间不过300万年，它控制着认识功能，包括语言理解、学习和记忆、推理和计划等。视觉脑喜欢颜色和图片，能够看到事物的多维度，只有在放松的状态下才运转。左脑控制身体的右侧，负责人的线性逻辑、理性思考和语言能力；右脑控制身体的左侧，决定了人的空间感、抽象思维、音乐感和艺术性。视觉脑遵循“理性”原则。

四、情绪与健康的关系

情绪过程和心理、生理都密切相关，情绪作为一种广泛性的心理生理现象，对人们的健康有着重要的影响。

（一）情绪与身体健康

我国古代就有杯弓蛇影的故事。一个人在朋友家喝酒，喝酒的过程中发现自己的酒杯中有一条蛇的影子，他回家之后，总是心烦意乱，紧张不安，认为自己喝掉了杯中的蛇，从此食欲不振，身体不舒服，之后没几天就病倒了。他的朋友来探望他，问明了生病的原因，就邀请他再去家里喝酒。这次喝酒期间，朋友将挂在墙上的弓取了下来，他发现杯子中的蛇不见了，就解除了心中疑虑，身体很快就康复了。

中医认为，喜伤心，怒伤肝，悲伤肺，思伤脾，惊恐伤肾，情绪会回馈给身体。很多负面的、消极的情绪也和癌症有密切的关系。

心理学家也通过很多动物实验来研究情绪与健康之间的关系。有一个实验是将两只小猴子放在一个大铁笼子里，一只可以自由活动，另一只则被铁链子拴在笼子里。笼子的一边有一根绝缘棒，每隔一段时间实验者就会电击这个铁笼子，电击的强度不会对小猴子的身体健康造成伤害，行动自由的小猴子可以通过抓着绝缘棒避免电击，而那只被铁链子拴住的猴子不能躲避电击。这样，每隔半分钟电击一次，那只行动自由的小猴子总想着去抓绝缘棒，而那只不能行动的小猴子听之任之，过了一段时间发现，行动自由的小猴子得了溃疡病，而那只不能行动的小猴子却安然无恙。行动自由的小猴子总是处于焦虑状态，时刻需要考虑躲避电击，反而产生了生理上的疾病；而那只对电击不能做出行动反应的小猴子不用体会这种持续的紧张情绪，身体健康不会受到损害。

消极情绪会破坏身体健康，极度愤怒或者恐惧可能会引发死亡。人在情绪不好的时候，体内就会分泌毒性激素，这种激素会对人体产生不利的影响。

（二）情绪与疼痛

情绪除了和身体健康有关以外，和人们对疼痛的感受也密切相关。很多医学工作者和心理学家已经关注到了这个现象，当情绪放松的时候，人对疼痛的敏感度会降低，当情绪紧张、非常担心的时候，人会无形中放大自己的疼痛感受。

在医院，有些人因为疾病需要进行手术治疗，术后很多人都会感到刀口的疼痛难以忍受，有一个病人在术后就不停地催促家属去寻找主治医生，让医生给他增加止痛药的用量。为了利于伤口恢复，医生通常不会过量使用止疼药，但是病人难以忍受术后痛苦，最后医生给了这个病人两片维生素 C，然后告诉他，口服半小时后就会止疼，并且止疼效果非常好。病人服用该药物之后描述，疼痛感真的神奇地消失了，这就是安慰剂效应。这个病人坚信所服药物的止疼效果，生理上的疼痛感觉真的就在减轻。你有过类似的经历吗？

还有一个案例，病人在手术过程中是半麻醉状态，也就是虽然感觉不到手术刀切割身体的疼痛，但他的意识是清醒的。如果病人将所有的注意力集中在手术的部位，即使麻药量充足，他也会感觉疼痛；但是当医生或者护士通过聊天将他的注意力和情绪转变成对其他事情的关心，甚至想要开怀大笑的时候，他可能就不会注意到做手术的部位是否疼痛了。

情绪会影响疼痛感觉，疼痛同样也会影响情绪。德国化学家奥斯特·瓦尔德曾经因为牙疼而心烦意乱，正牙疼时，他看见了一个青年的来信，里面有青年自己的一篇研究论文，他看了两眼，觉得写的都是奇谈怪论，顺手扔进了垃圾桶。但是当他牙疼消失了之后，他又想起来那个青年的来信，便将信从垃圾桶里翻了出来，认真阅读，然后他将论文推荐给了一份科学杂志，并认真写了推荐信。后来，这篇论文发表后，轰动了整个学术界，这篇论文的作者也因此获得了诺贝尔奖。奥斯特·瓦尔德在疼痛难忍的时候心烦意乱，不容易平心静气地评判这封来信的内容，但是当他的牙疼消失，情绪处于平静状态时，他就发现了这篇论文的学术价值。这便体现了情绪与疼痛的关系。

五、情绪与情感的关系

情绪和情感都与人的主观愿望表达和需要有关，有着同样的生理基础、主观体验成分、生理唤醒和行为反应。但是情绪和情感也有所不同，情绪和人的生理性需要联系更紧密，而情感则是和人的社会性需要相联系的主观体验，是人类特有的心理现象之一。

人类的高级的社会性情感有道德感、理智感和美感。

情绪主要是个体需要与情境相互作用，也是脑的神经机制活动的过程，具有短暂性、情景性和激动性的特点；情感则是稳定的、深刻的，具有社会意义的感情，作为一种体验和感受，具有持久性、深刻性和稳定性。稳定的情感是在情绪的基础上产生的，但是又通过情绪来表达；情绪也离不开情感，情绪的变化能反映情感深度，情绪中通常也蕴含着情感。

第二节　大学生的情绪特点及困扰

大学生处在人生的特殊成长期，在生理发育趋向成熟的同时，知识经验和思维水平不断提高，心理状态也发生急剧的变化。这种变化尤其反映在情绪上，并显著地影响着他们的行为。大学生特有的年龄阶段和心理特点使得他们的情绪表现出自己的特色。

一、大学生的情绪特征

（一）稳定性与波动性并存

大学生受过较好的教育，具有较高的文化修养，具备反省自身弱点的能力和控制自己情绪变化的能力，能够对自己的情绪和行为进行较为客观的认识和评价，主动寻找引起情绪波动的原因，并不断地调节自己的情绪状态，避免情绪波动造成的不利影响。比起中学阶段，情绪日趋稳定。

然而，与成年人相比，大学生情绪的波动仍很明显，容易从一个极端跳到另一个极端，这与其心理发展不成熟有密切关系。一方面，大学生的生理变化和社会需要都处在高峰阶段；另一方面，由于他们对自己需求的合理性、社会的复杂性缺乏正确的认识，容易由主客观的矛盾冲突导致心理不平衡，面对复杂的社会现象也易产生困惑和迷茫，对于价值的判断、情感的取舍、前途的选择，心里会有许多矛盾，使他们的情绪摇摆不定，跌宕起伏，时而满怀豪情、热情激荡，时而郁郁寡欢、悲观消沉，表现出极大的波动性。

（二）丰富性与阶段性并存

大学生活内容丰富多彩，校园活动五彩缤纷，选择多种多样，使得大学生的情绪活动对象扩大，出现许多前所未有的情绪体验，因此，大学生的情绪体验表现出极大的丰富性。但同时，各种各样的社团活动，复杂的人际关系，让人欢喜让人忧的情感纠葛，理想与现实、学校与社会明显的差异性，都让大学生在眼花缭乱之余充满各种复杂的情绪体验。

大学生的学习年限通常为三年或四年，加上学校教育中明显的年级教育特色，使他们的情绪呈现出明显的阶段性。如大一的学生由于刚刚从中学步入大学，面对完全陌生的大学生活和精彩纷呈的大学校园，他们的情绪呈现出明显的热情和憧憬、兴奋和期待。到了大二或大三，一部分学生刚入校时的热情消失，纷纷从各种社团活动中退出，又由于没有找到自己的目标，情绪表现出明显的平淡和消沉；另一部分学生则少了大一学生的青涩，通过大一的摸索寻找到自己的归属和位置，情绪表现出明显的稳定和充实性。到了大三或大四，学生面临着毕业和就业，这本身就是个重大的转变，很多学生的情绪表现出明显的波动，既有充满希望和大干一场的豪情，又对即将面临的挑战和竞争怀有担心和不自信。

（三）外显性与内隐性并存

大学生对外界刺激反应敏感而快速，喜怒常溢于言表，具有外显的特点。一般情况下，大学生由情绪引起的内心变化与外部表现是一致的，但由于其自尊心增强和独立性的发展，他们会运用心理防御机制来保护自己的内心，表现在特定场合下或者特殊问题上，大学生情绪的外在表现和内心体验并不总是一致的，有时甚至完全相反，他们会掩饰、隐藏或抑制自己的真实情感。他们外显的语言可能与内心的想法不一致，语言上说自己自信和高傲，实际上是内心自卑作祟的表现，或者由于害怕自己失败才做出这种行为保护自尊心。在一些场合下，他们会用虚假性的表现来掩饰内心的感受，比如自己并不认可对方，但为了维持关系而做出缓和，当然这些表现并不是说明大学生虚伪，某种程度的掩饰恰恰是适应的表现，是社会心理和行为的适应。实际上，大学生情绪的外显性与内隐性是对立统一的，两者在一定的条件下可以相互转化。

二、情绪对大学生的影响

情绪对大学生的影响

俗话说：笑一笑，十年少。保持美好的心情可能比十服良药更能解除生理上的疲惫和痛楚。这些非常形象地说明了情绪对人身心健康的积极影响。

（一）情绪的积极影响

大学生处于身体生长发育的最后阶段，情绪的变化对生理功能将产生直接的影响。当大学生的情绪处于良好状态时，人体免疫功能活跃旺盛，身体内部各器官的功能十分协调，可以减少患病的机会，有益于身心健康；积极、乐观、轻松、愉快的心境有助于开阔思路、开发潜能、集中注意力、增强创造性，从而提高学习和工作的效率；健康、良好的情绪，积极、稳定、适度的情绪反应，在人群中更受欢迎，更容易获得他人赞赏、拉近心理距离，有利于形成大学生之间良好的交往环境，使他们彼此理解，相互宽容、包涵，产生思想共鸣，建立真正的友谊。

（二）情绪的消极影响

大学生的情绪是有波动性的，在情感上处于负面状态时，会产生不安、愤怒、恐惧、痛苦等心理状态。此时，人体各个脏器的机能都会出现紊乱，使消化系统、循环系统、内分泌系统、神经系统等功能失常，从而导致身心健康受损，甚至出现一些严重的病症。现代医学研究认为，许多疾病的产生并非因为生理上的器质性病变，而是因为精神上的忧郁和情绪的异常。根据我国医学领域对大学生的病情调查结果，许多大学生常见的病症都与不良的情绪有关。此外，情绪对大学生的精神卫生状况具有显著的影响，积极情感越多，幸福感越强，而心理健康程度越高。

如果平时的生活中有太多的负面情绪，会导致焦虑、抑郁、人际敏感等。如果没有及时地疏导和调整，就会导致情感失调，从而引起冲突、产生矛盾、产生紧张情绪，影响人们的精神健康，影响社会交往、工作和学习。

（三）情绪智力

情绪智力（EQ）水平的高低，直接关系到个人对自身情感的认知、表达、调控及对他人情感的感知和掌握。许多研究结果表明，一个人在学校里取得好的学习成绩并不意味着他的事业就一定会获得成功，也不能保证他会担任组织领袖，或者是登上专业领域的顶峰。尽管我们不否认学生的学习能力在校园中的重要性，但是，在当今的社会，学习能力并非一个人获得成功的必要条件，更不是唯一条件。也就是说，在当今世界，情商和智商一样重要。但是在当今社会，知识的爆炸式发展和复杂的人际关系，使 EQ 变得越来越重要。

总而言之，高情商的人都知道，世界是真实、复杂、有趣的。人生道路中的成功，实际上取决于你对情感的掌控，以及你对将来的种种选择。外界的一切美好和复杂，都要靠自己的情商来理解，要用高情商来看待所有的不公平和美好。如何在理性和感性中找到一个平衡点是一个很有意义的问题，不然的话，只会让人变得只有智慧而心灵贫乏。目前，情商教育已经被纳入国外的正规教育系统，美国的一些学校也开设了情商课程，把它和传统的语言和数学课程并列。许多例子显示，高情商者在生活的各个方面都有更大的优势。不管在工作、学习、恋爱、人际关系方面，有良好的情感处理技巧的人往往对自己的生活更有信心，能保持积极的人生态度；相反，那些情绪管理失控的人，他们要花费加倍的精力来对抗自己的内心，这会使他们的清晰思考力和实际理解力受到损害。

三、大学生常见的不良情绪

（一）抑郁

抑郁是由于感到无力应对外界压力而产生的一种由情绪低落、冷漠、悲观、失望等构成的复合性情绪，具体表现为郁郁寡欢、心境悲观、自责愧疚、丧失学习和工作的兴趣动力、故意回避交往、对生活缺乏信心，常伴有失眠、食欲不振、疲劳、头痛等不良反应，是大学生常见的情绪困扰之一。在遇到挫折时产生抑郁是正常的情绪反应，但是若抑郁情绪长期得不到调节，就会发展成抑郁障碍。

大学是人生发展中比较重要的阶段，大学生从入学到毕业会经历适应大学生活、人际关系、学业、爱情、择业等方面的挑战。由于大学生的心智发展不成熟，情绪波动大、不稳定，在遇到这些问题时，如果对一些挫折不能及时处理和消化，极易导致抑郁情绪。导致抑郁情绪的原因是多方面的，有学生自身的原因，如性格内向、敏感多疑、感情脆弱等；也有外部环境的原因，如失恋、考试不及格、家庭出现变故等负性事件。

案例故事

同时，我们也要对情绪的表现有深层次的理解，当我们评估自己的情绪时，要看情绪的频率和时长，比如当负面情绪突然发生，持续的时间也很短，后面朋友过来聊聊天，低落的情绪很快就消失了，那么这是属于正常的情绪起伏状况，是机体的正常反应。当然我们也要时刻警惕自己的负面情绪，如果持续时间很久，那就要引起重视，当然你可以选择自己解决，也可以选择求助于同学，朋友，老师。

拓展阅读

在心理学课上，老师要求每名学生写下过去一周的日常情绪状态，然后进行小组交流和讨论。在讨论结束时，王胜利谈了他的感受："我这一周心情非常不好，很郁闷。只是今天，我觉得很放松。"当老师问为什么时，他幽默地说："我感觉很放松，是因为我听到小组里很多同学和我一样郁闷……"他的话顿时引起了全班同学的哄笑和打趣。

郁闷是一种愁闷的精神状态，表现为情绪反应的强度不足，如缺乏激情、忧心、叹息、话语减少、食欲不振及其他生理和心理反应。忧郁在大学生中更常见。导致大学生忧郁的主要原因有三个。首先，他们感到孤立无助，因为他们与父母、同学或老师没有建立起和谐的关系。其次，自己的努力没有得到预期的回报，从而导致失望和困惑。最后，遭受意外伤害（身体和心理），如几经挫折、屡遭劫难等，而使感受性增强，形成忧郁的情绪。

有些大学生因为无法面对学业中的压力，或是对所学的专业不满意，而陷入忧郁的情绪状态，表现为对学习失去兴趣，无法体验到快乐，行为活动水平下降，回避与人交往等；严重者，还伴有抑郁、失眠，甚至有自杀倾向。

特别需要指出的是，忧郁情绪与抑郁症既有联系，又有质的区别。前者属于一种不良情绪困扰，需要的是心理上的调整；后者则属于精神疾病，需要及时到医院就诊。

（二）自卑

自卑是一种消极的情感体验，指向个体对自我的认识，表现为对自己的能力和品质评价过低、轻视或看不起自己。

自卑通常由某一方面的原因造成，但很容易发展为对其他方面也失去信心，变得敏感、缺乏安全感，为掩饰自己的短处，回避交往、封闭自己，不愿参加集体活动，常怀疑自己，不敢在人前发表自己的意见，忍让退缩。当一个人形成自卑心理后，往往本来经过努力可以达到的目标，也会认为"我不行"而放弃。当然，有些自卑的大学生会通过表现出争强好胜、清高自傲或过度自信等来掩饰。

自我评价过低是自卑的实质。例如，有的人对自我形象、能力不认同；有的学生进入大学后，优越感降低甚至消失，认为自己没有受到他人尊重，从而产生自卑感；部分学生觉得自己家庭经济条件实在太差而感到自卑。由于个体气质性格的影响，性格内向者大多对事物的感受性强，对事物带来的消极后果也有放大趋向，而且不容易将消极体验及时宣泄和排解，因而产生自卑的可能性也相应增大。

案例故事

某大学学生小华自述："从很小的时候起，我就发现自己打骨子里就有一种自卑感。总觉得自己不如人，做事畏畏缩缩，说话躲躲闪闪，我特别害怕别人的取笑，取笑对于我来说就是嘲笑、挖苦、贬低、伤害，有时别人根本不是取笑，我也认为是取笑。虽然我各方面条件都不差，可心里总觉得比别人低一等。我内心软弱，总怕别人看到自己的缺点，从小就封闭自己，不与人交往。我总觉得别人不对劲，不可理喻，其实我知道不对劲和不可理喻的正是我自己。"

（三）焦虑

焦虑是个体对可能造成心理冲突或挫折的某种事物、情境进行反应的一种不安情绪。一般程度的焦虑情绪，大多会导致痛苦、担心、嫉妒、报复等体验和行为，有时还会使人对自己产生怀疑；严重的焦虑情绪则表现为非常激动、非常痛苦，喊叫、做噩梦、食欲缺乏、呼吸困难、容易疲劳等；最严重时，还会产生心跳加速、血压升高、呕吐、冒冷汗、肌肉硬化等反应。

焦虑虽缺乏具体的对象，但仍有动机性后果。适度的焦虑有利于人自我能力的发挥，只有当焦虑十分严重，影响学习和生活时，才成为情绪困扰，带来身心方面的不良影响。大学生中普遍地存在着各种各样的焦虑，具体来说主要有以下几种。

1. 适应焦虑

适应焦虑在一些低年级大学生和毕业生中比较常见，主要是因为生活环境和学习方式的转变，担心或者难以很快顺利适应新的环境而引发各种焦虑反应。

2. 就业焦虑

很多大学生担心自己不能顺利毕业，将来不能找到满意的工作，或担心在机会来临时不知道应该做出怎样的选择，犹豫不决，从而产生忧虑、紧张的心理状态。

3. 经济焦虑

一些经济条件不好的大学生为自己的学费、生活费担心，整天愁眉不展。还有些大学生在交友、恋爱方面感受到较大的经济压力，这些焦虑常常没有太明显的指向，但是会影响人的心境，给生活、学习带来负面影响，如不及时觉察并积极调整，严重时就可能导致身心危害。

案例故事

某校一名男生因为家庭发生重大变故，一下子由原来的养尊处优变成缴学费都出现困难，再加上自己竞聘学生干部未能成功，恋爱受挫，开学又补考，短时间内连续的生活挫折使他非常痛苦，情绪失控，有一天晚上大哭大喊并突然昏厥。

（四）恐惧

一般人对有威胁的事物或遇到危险的情况都会产生恐惧心理，这是一种很正常的反应，这在很大程度上使人们避免受到伤害。但是，如果对常人一般不怕的、没有威胁的事物也感到恐惧，或者恐惧的强度和持续时间远远超出正常的反应范围，自己难以克服，不该怕却控制不住自己的害怕反应，这就是一种病理性恐惧状态了。恐惧与个体的心理因素有很大的关系，如某人遇到交通事故后对汽车产生恐惧；有人有过创伤性体验，又遇到类似的事件时，也会唤起恐惧反应。大学生中比较常见的恐惧是社交恐惧。

案例故事

恐惧是一种企图摆脱危险的逃避情绪

大学生陈镜清在课堂上回答老师提问时，由于一时紧张出现口误，全班都笑了，他也受到了老师的批评。从那以后，每次上这名老师的课，他都感到极度紧张和焦虑，结果发展成恐惧。由于这个原因，他每节课都坐在最后一排，但他仍然害怕老师看他，逐渐变得不敢进教室，最后发展成恐惧所有上课老师的目光。

（五）愤怒

愤怒是人的基本情绪反应，是一种暂时的情绪状态。愤怒产生的原因包括人们感到自尊心受挫、人格受侮辱、人身安全受威胁、遇事处理不公、个人目的受阻等。愤怒情绪本身不是问题，但如果发泄不当则容易出问题，如大学生中常因为一些小事而冷战、互相大骂甚至动手伤人。

案例故事

某高等院校一名男生，长得高大帅气，但性格特别冲动，不会控制自己的情绪，与同学发生口角和纠纷的事情时有发生。有一次，与同系另一专业的学生因不小心相撞而导致发生口角后，竟然拔刀将那名学生刺成重伤，自己也不得不为冲动的行为承担法律后果。

每个人都会有愤怒的时候，愤怒时，人们需要用理智疏导情绪，做到冷静自问，换位思考，学会适当表达情绪，抱着一种真诚、负责的态度，不要采取暴力方式和过激行为。处理事情要对事不对人，针对当前情境，不要涉及过去事件。更重要的是，应善于化解愤怒情绪，宽容大度。

拓展阅读

当代年轻人表达情绪的方式，你中了几条?

(1) 换头像，改签名。

潜台词：改头换面，重新来过。

(2) 在微博的小号里吐槽发泄，冷静下来后再删掉。

潜台词：烦恼从自己的天空飘过，情绪不留痕迹。

(3) 收拾房间，把看着不顺眼的东西都扔掉。

潜台词：生活需要断舍离，生活需要仪式感，丢掉不用的东西就是在丢掉那些坏心情。

(4) 朋友圈改成三天可见。

潜台词：别理我，烦着呢!

(5) 在网络上看自己喜欢的节目。

潜台词：我记性不好，转移一下注意力，有些事就忘掉了。

(6) 在朋友圈发一堆没有任何文字的标点符号。

潜台词：此处无声胜有声，不懂的人不需要懂，懂的人自然会懂。

(7) 心情不好时，就随机上一辆公交车，坐在最后面靠窗的座位发呆，任自己随车飘摇。

潜台词：有时候，真的想放逐一下自己。

(8) 不高兴时吃吃吃，高兴时更要吃吃吃。

潜台词：胃不空了，内心就不空虚了；胃填满了，整个世界就更美好了。

(9) 买买买。

潜台词：我买东西，不是要证明我多有钱，而是要证明，不管是多贵的东西，我都配得上拥有。

(10) 把门关起来睡觉，睡足了心情就好了。

潜台词：人就像电脑一样，没有什么小毛病是一次重启解决不了的，如果不行，那就多重启几次。

(11) 戴上耳机，无限循环一首自己最喜欢的歌。

潜台词：有些心情，只有歌知道。

(12) 去健身房里拼命健身。

潜台词：健身的人都知道，运动过后排出体外的不只是汗水，还有各种各样的坏心情。

(13) 不管是闺蜜、好友还是家人，找他们去倾诉。

潜台词：看见即疗愈，有些坏心情一旦说出来，就不复存在了。

(14) 做冥想或正念。

潜台词：没有什么比放松自己的呼吸和观察当下的一切又不作任何判断更能让人平静的了。

(15) 去户外，坐在草地上看夕阳。

潜台词：一个人的黄昏，细细回味心中的旧事，舒缓压抑已久的心情。

(16) 在朋友圈发一张自拍照，什么也不说。

潜台词：虽然不抱希望，但还是期待有人留言问一句："感觉你有点不开心，怎么了?"

(17) 去大街上随便走走。

潜台词：淹没在人潮人海中，可以假装自己不那么孤独。

(18) 把自己锁在房间里大哭一场。

潜台词：哭完以后又是一条好汉。

(19) 看自己最想看的一部电影，弹幕全开的那种。

潜台词：电影的剧情里有你所有的情绪，弹幕的话语里有你所有的心声。

(20) 在微博或朋友圈里发一段激励自己的话。

潜台词：没有人给自己加油，自己也要给自己打气。

(21) 写日记。

潜台词：心烦意乱的时候，把自己的心情写下来，不仅是一种宣泄，更是一种梳理。

(22) 一个人静静地发呆。

潜台词：不想麻烦他人，也不想被打扰，一个人安安静静地消化就好。

(23) 删自己的朋友圈。

潜台词：放下过去，以后重新做自己。

(24) 去跑步。

潜台词：只要你跑得够快，烦恼就追不上你。

第三节　情绪的管理与调节

一、大学生情绪健康的标准

情绪健康是人格健全、心理健康的必要条件。一般情况下，情绪健康并不是你的情绪在任何时候都保持古井无波的状态，而是目的恰当，反应适度，并能够及时调整情绪状态，没有过度幼稚或冲动的特征，符合当前社会规范标准。

心理学家瑞尼斯提出了情绪健康的七条标准：①能够掌握应对挫折的技巧；②能够重

新认知和解释情绪和自我的关系，不会一直处于自我防御状态；③能够尽量避免挫折，成功转换目标；④预判某些可能引发挫折的情境，并能寻找替代情境，以获取情绪的满足；⑤能找出缓解痛苦或不愉快的方法；⑥能够认清各种不成熟的防御机制和成熟的防御机制的不同功能，尽量避免错误的思维和行为习惯，以免过度防卫，引发情绪困扰；⑦能够主动寻求专业性的援助。

（一）情绪反应与情境相一致

情绪的产生是由外界或自身的刺激产生的，情绪的性质应该和所处的情境和自身状况相一致，如果总是出现莫名其妙的悲伤、痛苦，感觉自己和周围的环境格格不入，在欢快的环境氛围中，总是自怨自艾、唉声叹气，很有可能是你的情绪出现了不健康的状况。情绪的产生要和周围的情境相一致，也要和自身的身体、心理状况相一致。例如，春节很快就要到了，大家都在欢天喜地过新年，此时的心情应该是欢快的、幸福的，但是那些因为各种原因不能回家与亲人团聚的人，可能会感觉到失落、痛苦、难过、孤单……这个时候，不能认为那些在春节的时候痛苦的人情绪不健康，因为春节的情境是团圆，而对于那些不能回家过年的人来说，春节意味着不能团聚，他们因为不能团聚而痛苦、难过，这属于正常、健康的情绪反应。

（二）情绪目的明确，表达恰当

个体能通过言语、表情和行为准确地表达自己的情绪，能够以符合思维规律和现实情境的方式宣泄情绪。

例如人们跟亲密的人争论一些事情的时候，其内心很渴望对方能理解自己，但现实是每次争论都会引发争吵，甚至谁都不愿理谁，无法完整表达大家内心的真实想法。所以，正确地表达情绪情感也是健康情绪的标准之一。

（三）情绪稳定

虽然情绪会随着生活中不同事件的发生而不停波动，但从总体趋势来看，大学生的情绪应该是稳定的，少有极度的开心，也少有极度的悲伤或愤怒；如果出现了极端情绪，这种情绪也能够随着事件的发展、时间的推移逐渐回归到平静的状态。如果极端情绪一直存在，机体就要维持应激状态，这种长期的应激和防御会给身体机能造成损害，同时影响心理健康。

情绪不稳定的大学生还可能因为不能很好地管理和控制自己的情绪而影响人际关系。有的大学生会因为一点小事和自己的同学、朋友发脾气，发完脾气之后再道歉："唉，你一定要原谅我，我这个人就是这样，直脾气，你不要往心里去，我发完火也就没事了。"也许，他们自认为你已经在为自己的情绪过度反应而道歉，就是对自己的情绪负责，但是实际上，已经破坏了彼此的关系。没有人愿意做一个天生的"出气筒"。

（四）相信不良情绪可以调节

不良情绪是可以被调节的。情绪波动会随情境转变而变化，情绪的认知理论已经解释了在情绪产生的过程中，认知评判所发挥的重要作用。所以，当深陷不良情绪的时候，通过积极调节就能够转变情绪状态。这就需要大学生做到以下两点。

1. 认知方面

从认知层面而言，可以通过主观能动性来完成不良情绪的转换。有了这个观念，对于不良情绪的调节和控制才有了基础保证。很多大学生会陷入消极情绪，虽然感到非常痛苦却不想改变的原因是忽略了人的主观能动性，认为自己现在身处痛苦的环境当中，没有人能够拯救。尤其当他们向亲友求助，得到的答案并不像他们想象的那么效果明显，甚至还会出现反效果的时候，他们可能就会放弃自我调整的机会。例如，一个有抑郁情绪的大学生跟自己的家人说，自己可能抑郁了。家里人不仅不能给他支持和帮助，反而回应："都上大学了，你能有什么事？现在一点负担也没有，家里供你吃，供你穿，让你安心上大学，你却说你抑郁了。你有什么压力，什么事想不开？"当面对家人这样的质问，抑郁的同学可能除了悲伤无力，更增添了一份无助。真正地调节情绪，并不是责问家人和朋友，而是求助于自己。自己才是情绪的主人。

2. 行动层面

觉察是改变的开始，但行动也是改变的重要环节。当一个人发现自己深陷不良情绪的时候，及时觉察自己的情绪状态，认真辨别那些假象的、不合常理的信念和推断，然后积极改善认知情况，行动方面也要积极跟进，选择适合自己的方式调节情绪，宣泄不良情绪。可以选择的改变情绪的方式很多，但是要记住，以理性、合适的方式宣泄，才能利己又不伤害他人。

（五）心情适度愉悦

每天的心境决定了这一天的生活状态、学习效率甚至很多跟情绪看起来毫无关联的方面。心境具有弥漫性，就像是生活的幕布，当心境是愉悦的，那么学习效率就会受到积极情绪的增力作用，就能够感受到生活的美好，感知自我存在的力量。但是，如果处于消极的、悲观的、绝望的心境中，可能就失去了学习的热情，对自己的方方面面都失去信心，从而影响自己的发展。心情愉悦能够让机体处于健康的生活状态。积极的情绪不仅能够使心情轻松愉悦，还能促进注意力集中，激发人的活力和创造力，改善人际关系，促进大学生的全面发展。

健康的情绪包括情绪反应与情境相一致、反应恰当、情绪稳定、相信不良情绪可以调节、心情适度愉悦。健康情绪对身体健康、学习效率、人际交往和心理健康都会产生重大的作用。因此，大学生要注重情绪反应的性质、强度和调节，保持情绪的愉悦和稳定。

二、情绪管理的原则与方法

（一）情绪管理的原则

1. 学会面对，不逃避

当自己出现情绪的波动，产生负面情绪，要尝试面对，而非逃避。逃避或压抑情绪看起来似乎不用面对情绪带来的问题，享受着暂时的安宁，实际上产生情绪的原因没有消除，问题没有得以解决，逃避带来的结果可能是更严重的情绪问题。

遗忘，有人会采取这种更为坚决的方式处理情绪问题。那些痛苦的回忆因为太难以承受，所以就选择遗忘，这个选择其实不是人的有意识的选择，而是潜意识为了保护内心世界的秩序，主动将痛苦的回忆压制到了潜意识领域。但是这种方式依然是在逃避，风平浪静的生活经不起相似情境的激发，一旦出现了某个和回忆中相呼应的线索，所有痛苦的回忆都会汹涌而来。

只有正视情绪，并且认真分析情绪产生的原因，寻找情绪平复的方法，积极做出个人努力，才有可能真正地成为情绪的主人，做到收放自如，提升自己的情感成熟度。

2. 不责备

当无法阻挡负面情绪的到来时，很多人都将责任推到他人身上，“都怪他，害得我……”这样的想法不仅不利于情绪问题的处理，还会导致人际关系出现危机。所以当遭遇不良情绪的袭扰且必须面对时，要全面客观地分析问题，包括主观因素和客观因素，自我的成分和他人的成分，甚至还有外在的和人为无法控制的因素等，不能将原因简单归结为他人的过错，因为这样不仅不会解决现存的问题，还会导致新的痛苦和愤怒产生。

3. 不委曲求全

每个人都希望自己关心和爱的人能够开心和快乐，所以宁愿自己受委屈，也要满足他人的情绪感受。在与亲密的人相处时，很多人都委曲求全，“我为了和宿舍同学和睦相处，不愿意指出她们的缺点，不过我一点也不开心，很多看不惯的事情只能忍着，我讨厌别人用我的东西，某某就老用我的东西，我内心很反感，觉得特难受，但是也不好意思说！”“女朋友真的一点都不关心我，她总是沉浸在自己的世界里，我都病了，在医院输液，她还在嫌弃我没有陪她去逛街，我生病都没人陪着，她还冲我发脾气，真的心累啊！”“想要和朋友们保持一致，但是最近感觉他们好像都不爱学习，他们还经常说那些刻苦学习的同学是榆木脑袋，用尽了大学该玩的时间，简直不懂得享受人生，我想好好学习，每天去图书馆自习或者读书，但是真心怕他们也会瞧不起我，好矛盾，感觉自己的人生停滞不前了！”

每个人的目标不同，期望不同，心理位置不同，所以在同样的情境中会产生不同的情绪感受、行为反应。要以恰当的方式表达自己的情绪，同时不必在情绪方面强制自己委曲求全。

（二）情绪管理的方法

1. 认知行为疗法

认知行为疗法是情绪管理的代表性方法之一，其中合理情绪疗法在世界各地的心理咨询与治疗工作中经常用于不良情绪改善。大学生应当掌握合理情绪疗法的基础概念，在自己的学习和生活中也可以尝试分析和调节自己的情绪。

合理情绪疗法是美国心理学家阿尔伯特·艾利斯提出的，也叫作情绪 ABC 理论。该理论的核心观念是使用理性思维方式和观念代替不合理的思维方式，最终改善由于非理性信念带来的情绪问题。艾利斯认为，人在出生的时候就开始有心理倾向，这种倾向是坚信自己的向往和追求都能满足，期望自己的愿望都能实现，这是因为人在最初有记忆的时候，生活完全不能自理，但是婴儿通过哭泣就可以得到妈妈及时、正确的回应，这种与妈妈之间形成的亲密联系，让婴儿产生了一种感觉——全能感，觉得自己是无所不能的，自己的愿望都能够被满足。随着年龄增长，实际上所有愿望都被满足的想法一直存在，想要事事强于他人，认为幸福、快乐、聪明、美丽、健康一定会追随自己，就会形成一种不合理的信念。依然持有全能感的孩子长大了，遭遇了挫折和苦难之后，发现这些逆境自己根本无法接受，不相信它们真的存在。而他们又无法调整这些想法，只能钻牛角尖，形成心理负担。

合理情绪疗法认为，情绪不一定是由诱发事件 A 直接引发，而是经过了个体对这一事件的解释和评价 B，解释和评价的根源就是信念，最终产生了事情的情绪和行为反应结果 C。情绪 ABC 理论强调了信念 B 的作用，诱发事件 A 虽然能够引发情绪反应 C，却是间接原因，直接原因则是信念 B。

不合理的信念 B 导致了不良的情绪反应 C，那么个体就该努力地认识自己的不合理信念，然后使用新的、合理的信念 D 取代它，形成一个合理信念驳斥和对抗不合理信念，从而改变不合理的信念。如果驳斥成功了，就能产生有效的效果 E，个体的认知、情绪和行为反应都会发生改变。

拓展阅读

常见的不合理信念

（1）人应该得到所有人的喜爱和赞许。

（2）一个人就应该在各方面都能力十足。

（3）犯了错误，就一切都完了，应该受到惩罚。

（4）任何事情都要按自己的意愿发展，否则就太糟了。

（5）情绪是由外部事件决定的，自己无法控制。

（6）总是担心灾祸降临。

（7）逃避困难和责任比正视它们要容易得多。

（8）人要依靠他人，尤其要依靠强者。

（9）过去事件的影响是无法消除的。

（10）任何问题都应有一个圆满的正确答案。

（11）一个人应该对他人的问题关注和负责。

2. 放松训练法

放松训练是有机体从紧张到放松的一种练习过程。放松可以让肌肉从紧张状态进入松弛状态，还可以消除心理紧张，其原理是通过肌肉的主动放松来增强人对情绪的控制能力，充分利用肌肉系统的生理反应反馈给神经系统，进行从生理到心理的放松。放松训练方法包括呼吸放松法、肌肉放松法、想象放松法。

呼吸本身具有自己的节律，当人们心态平静、专心于外部事物的时候，很少注意到呼吸的存在，但是每个人每时每刻都在呼吸，通过呼吸放松可以让处于紧张、焦虑状态的人逐步将注意力从引发紧张的情境中转移到呼吸上，通过主动控制呼吸频次、呼吸深度缓解情绪带来的紧张状态。

肌肉放松训练也是常用的一种放松方法，可以选择自上而下或者自下而上的方式进行肌肉放松。通过肌肉放松，身体进入松弛状态，心理上的紧张感体验也会随生理上的变化而变化。

想象放松和肌肉放松的步骤类似，可以采用平缓的引导语，引导自己或他人通过想象自己的状态或者形象来完成放松。通常可以想象自己的身体变成一团白云、一根燃烧的蜡烛，通过营造心理意象的方式达到放松目的。

3. 适当的运动

运动能够让人的心情发生比较明显的转变。篮球的发明就和人类的攻击性有很大的关系。运动可以让人们在合理的范围内表达自己的攻击性，以文明的方式解决人与人之间的冲突，能够有效缓解直接的暴力行为。剧烈的运动可以消耗大量体力，强烈的情绪体验都会伴随高度的生理唤醒，当剧烈运动之后，身体的唤醒水平会逐渐降低，副交感神经系统会让身体逐渐恢复平静状态，而情绪的能量和可能产生的破坏性行为也会随之宣泄。温和的、持久性的运动，如散步或者跑步，可以帮助人们认真思考，将注意力从外界拉回自身，冷静地进行自我分析，这个过程有助于认知调整，情绪也会在认知调整完成之后发生转变。

三、如何保持良好的情绪

如何保持良好的情绪

如何保持良好的情绪？如何控制自己的情绪？似乎没有一个确切的答案，但是确实能够通过一些方法保持良好的情绪。大学生需要在日常生活中时常练习保持良好的情绪，享受大学生活，为了自己的理想努力奋斗。

（一）善于觉察

情绪的改善与管理，需要反复强调的是觉察，觉察自己的情绪，觉察他人的情绪，在觉察的过程中学习到很多有价值的东西。自我情绪状态的觉察能够帮助人们认真识别不同情绪的作用和功能，分析情绪产生的原因，及时控制不良情绪和消极情绪，稳定积极情绪，保持稳定而适度愉悦的心境。真正爆发愤怒等消极情绪的时候，也能够迅速平静下来，不会因为情绪冲动而鲁莽行事。对他人情绪的觉察能够促进人际交往，掌握人际互动中的主动权，避免出现过度以自我为中心、忽略他人的情绪状况。

（二）接纳自我

接纳自己的情绪特点。有的大学生认为自己的情绪确实存在问题，或者觉得控制不了自己的情绪，一旦冲动起来，就头脑发热，不管不顾；冷静的时候自我否定，冲动的时候如脱缰的野马，而事后又后悔无比。对于自己的情绪，既要认真觉察，也要勇于接纳，只有接纳了现在的、有缺点的、情绪化的“我”，才能冷静地分析“我”的这些情绪特点是如何形成的，哪些可以短期内改变，哪些需要做出长期努力，哪些是先天特点，哪些是后天学习得来的，哪些信念是非理性的、不合理的。接纳自我，接受这个不完美的自己。

接纳自我还体现在自我是一个立体的、丰满的形象，不要片面地概括自己的形象，或者出现以偏概全的想法和绝对化思维，即要么是个完美的“我”，要么是个糟糕透顶的

"我"，这种绝对化思维和以偏概全的想法都是不合理的，都会影响到情绪的正常发展。承认自己有很多特点，有优点，有缺点，还有很多无法评述好坏的特点，正是这些特点组成了一个完整而独具特色的"我"，这样才能在情绪发展方面认可自己的独特性，不盲目攀比，不盲目自卑，自信地面对大学阶段情绪发展过程中可能遇到的各种问题。

（三）善于交往

好的朋友就像是一面镜子，能照出自己的优点和缺点。当自己的情绪管理遇到困难、情绪处理不得要领的时候，不妨寻求朋友的帮助，他们的情绪管理方法、他们的为人处世方式，或许都可以为自己带来启发，而他们的帮助可能也是自己继续探索、继续前行的动力。

除了朋友，还可以从与父母、教师和周围的同学的交往中汲取生活的智慧。情绪管理不是一朝一夕能够练就的功夫，需要和他人交往，从他人那里学习这些宝贵的生活经验，"三人行，必有我师焉"，善于交往，情绪管理的好方法也能从身边的"老师"那里得到。

（四）寻求心理援助

寻求专业的心理援助。有的大学生深受情绪问题的困扰，似乎又不足为外人道，所以只能自己忍受，长时间如此，不仅影响生活和学习，还影响到了人际交往和未来发展。想要改善情绪，调整情绪，却又无法自行解决问题时，不妨主动寻求心理咨询师的援助，主动面对情绪背后的能量流动或者心理创伤，梳理应对情绪问题的非理性信念，寻找情绪产生和波动的内在原因，帮助自己重新掌握情绪的控制权。

（五）设定合理期望

学会设定合理的期望。在生活中努力去实现自己的目标和期望，不要盲目认为自己高人一等，时时处处都要争强好胜，因为这些主观上的目标和现实的差距越大，心理感受到的挫败感就越严重，也更容易引发各类消极情绪。正确看待自己的情绪特点，积极去改善你认为影响自己生活和学习的情绪特点，但是改善的进度要符合自己的心理状态，不必强制自己心里全部都是积极情绪，消灭掉所有消极情绪，这也根本无法实现。也不必羡慕他人情绪稳定性很强，而自己却情绪波动很大，每个人都有自己的情绪特点，只要善于认识和运用情绪即可。想哭的时候大声哭，想笑的时候大声笑，情绪也是沟通内心与外界的重要纽带，保持这条通道的顺畅，也是维系身心健康的保证。

设定合理的目标，通过自己的努力能够达到，但也不是毫不费力就可以达到，这样你才能全力奔跑，并且在成功后享受胜利的果实。每一个目标达成后的喜悦和满足感又会强化前进的动力，就可以继续设定合理的目标，继续前行。不要好高骛远，也不要不思进取，要选择适合自己的速度向前发展。

情绪如同大海，时而波涛汹涌，时而平如明镜，要努力做情绪的主人，觉察情绪、认识情绪、接纳情绪、管理和使用情绪，为自己的人生画卷调制五彩缤纷的颜色。

心理测评

一、焦虑自评量表（SAS）

指导语：请仔细阅读下面 20 道题（表 5-1），并根据你最近一周的实际感觉，选择最适合你的答案（1. 没有或很少时间；2. 小部分时间；3. 相当多时间；4. 绝大部分或全部时间）。

表 5－1　焦虑自评量表

题目	1	2	3	4
（1）我觉得比平常容易紧张和着急				
（2）我无缘无故地感到害怕				
（3）我容易心里烦乱或觉得惊恐				
（4）我觉得我可能将要发疯				
（5）我觉得一切都好，也不会发生什么不幸				
（6）我手脚发抖打战				
（7）我因为头痛、颈痛和背痛而苦恼				
（8）我觉得容易衰弱和疲乏				
（9）我觉得心平气和，并且容易安静坐着				
（10）我觉得心跳得很快				
（11）我因为一阵阵头晕而苦恼				
（12）我有过晕倒，或觉得要晕倒似的				
（13）我吸气呼气都感到很容易				
（14）我的手脚感觉麻木和刺痛				
（15）我因为胃痛和消化不良而苦恼				
（16）我常常要小便				
（17）我的手脚常常是干燥温暖的				
（18）我脸红发热				
（19）我容易入睡，并且一夜睡得很好				
（20）我做噩梦				

项目（5）（9）（13）（17）（19）为反向评分，按 4～1 分计分，其他题目按照正向 1～4 分计分。所有题目相加得到粗分，粗分乘以 1.25 后取整数部分，就得到标准分。

分数越高，焦虑程度越高，标准分 50 分以下为正常；50～59 分为轻度焦虑；60～69 分为中度焦虑；70 分以上为重度焦虑。

注意：测试结果仅仅代表目前的状态，是一种情绪的暂时表现，是每个人在生活中都可能会出现的情况，并非焦虑症或抑郁症的诊断结果。

二、抑郁自评量表（SDS）

指导语：请仔细阅读下面20道题目（表5-2），并根据你最近一周的实际感觉，选择最适合你的答案（1. 没有或很少时间；2. 小部分时间；3. 相当多时间；4. 绝大部分或全部时间）。

表5-2 抑郁自评量表

题目	1	2	3	4
（1）我觉得闷闷不乐，情绪低沉				
（2）我觉得一天之中早晨最好				
（3）我一阵阵哭出来或觉得想哭				
（4）我晚上睡眠不好				
（5）我吃得跟平常一样多				
（6）我与异性密切接触时和以往一样感到愉快				
（7）我发觉我的体重在下降				
（8）我有便秘的苦恼				
（9）我心跳比平时快				
（10）我无缘无故地感到疲乏				
（11）我的头脑跟平常一样清楚				
（12）我觉得经常做的事情并没有困难				
（13）我觉得不安，难以平静下来				
（14）我对将来抱有希望				
（15）我比平常容易生气激动				
（16）我觉得做出决定是容易的				
（17）我觉得自己是个有用的人，有人需要我				
（18）我的生活很有意义				
（19）我认为如果我死了别人会生活得好些				
（20）对于平常感兴趣的事我仍然感兴趣				

题目（2）（5）（6）（11）（12）（14）（16）（17）（18）（20）为反向评分，按4~1分计分，其他题目按照正向1~4分计分。所有题目相加得到粗分，粗分乘以1.25后取整数部分，就得到标准分。

标准分53分以下为正常；53~59分为轻度抑郁；60~69分为中度抑郁；70分以上为重度抑郁。

注意：测试结果仅仅代表目前的状态，是一种情绪的暂时表现，是每个人在生活中都可能会出现的情况，并非焦虑症或抑郁症的诊断结果。

团体心理辅导

活动一：我演你猜

【活动目的】认识情绪表现形式，正确表达并识别情绪。

【活动时间】20 分钟。

【活动准备】情绪卡片、纸、笔。

【活动方法】

（1）按参加人数分成 5 ~7 人的若干小组。选定 1 人为活动记分员。

（2）每组下发一套基本情绪卡片。包括开心、生气、伤心、害怕、厌恶、惊讶、期待 7 种基本情绪。

（3）小组成员依次抽签，每个成员至少表演卡片中的 3 种情绪，其他小组成员将猜到的情绪写在纸上，其间不得讨论。

（4）表演成功（以多数组员猜到正确答案为准），则表演者得 1 分，表演失败不得分。

（5）当轮作为观察者的组员，成功猜出答案得 1 分，猜测错误不得分。

（6）直至所有组员都完成 3 轮表演，则活动结束。统计最后分数。

【教师点拨】

（1）美国著名的情绪心理学家罗伯特·普鲁奇克将人的基本情绪分为两两对立的 8 种：快乐与悲伤、愤怒与恐惧、信任与厌恶、期待与惊讶。

（2）通过活动体悟情绪的表现形式：你是通过什么渠道表达自己抽到的卡片中的情绪状态的？你是通过什么途径猜测组员的情绪的？

（3）情绪的主要外部表现形式：面部表情、肢体、动作，其中最主要的线索是面部表情。

（4）肢体和动作是两种不同的意义。比如“紧张”时肢体是本能回缩的，“愉悦”时肢体是舒展的。而动作是运动中的肢体表达。

（5）你是善于表达情绪和善于观察的人吗？总结一下，在你猜测出错的一轮或几轮，你的问题主要出现在哪方面？

活动二：心情涂鸦

【活动目的】识别并剖析自己的主导情绪色彩。

【活动时间】30 分钟。

【活动准备】彩色笔、图画纸。

【活动方法】

（1）给每名学生下发图画纸一张、彩色笔一套。

（2）回想最近一周内，你生活中最主要的心境体验是怎样的？请围绕这种心境体验画一张图画。图画内容不限。

（3）组内成员分为数个二人小组，最后如果出现单数，可以组成三人小组。小组成员交流、分享看到对方画作后的内心感受：“你认为图画上表达的是一种怎样的心情？”

（4）图画作者在小组成员分享后，围绕自己的画作进行描述：“图画的主题是什么？”“图画里画的是一种怎样的场景？”“图画描述的是怎样的心情？”……

（5）小组内每位成员都分享感受，并描述自己画作后结束。

【教师点拨】

（1）从发生的强度、速度和持续时间的角度进行分类，可以将情绪分为：心境、激情和应激。心境是一种微弱、持久且具有弥散性的情绪体验状态，是持续时间最长的情绪类型。

（2）在一定时段内，每个人都有自己的主导心境。主导心境会影响人们在此时段内的思维、决策、行动力、执行力与小情境下的实时情绪反应。

（3）思考：情绪有没有好坏的区别？

情绪是对于客观事物和经历事实的真实态度体验，它没有好坏之分，可是却有积极和消极的区别。一般而言，积极的情绪状态更利于身心健康，而消极的情绪状态反之。

（4）你现在的主导心境是怎样的？你对这种状况满意吗？如果想要改变，你会从哪方面入手？

尝试进行自我调整，保持积极乐观的心境。

活动三：情绪填埋场

【活动目的】交流并掌握合理宣泄、处理负面情绪的方法。

【活动时间】30 分钟。

【活动准备】纸、笔，剪刀，每组 1 个纸篓。

【活动方法】

（1）给每名学生下发纸、笔。

（2）填写答案：你最近最大的烦恼是什么？让你心情最糟的事是什么？

（3）纸条不记名。写好后小组成员围成一圈，将纸条丢到团体中央位置。

（4）组员依次捡起中央的纸条，填写你对纸条中问题的想法、感受和你认为最好的解决方式（抽到自己的纸条不作答，直接向下传递）。

（5）直至全部纸条在组内全部同学间传递、填答完毕。

（6）每名学生回收自己的纸条，用剪刀从中间剪开，留下组员们写在问题后边的解决方法，将自己开始书写的问题和烦恼部分用笔涂黑、撕碎、用剪刀剪碎或团成一团，最后丢进纸篓。

【教师点拨】

（1）头脑风暴，组员间集思广益、群策群力，给他人的问题寻找解决途径的同时，拓宽自己的思路。

（2）将写有烦恼的纸条丢进垃圾桶，象征与负面情绪告别。

第六章 用心沟通——大学生人际交往

每个人都不是独立存在的，都存在于错综复杂的人际关系网络之中，有血缘关系的父母，住在对面的邻居，一起上学的同学，还有志同道合的朋友……

一位哲人说过："人生的美好是人情的美好，人生的丰富是人际关系的丰富。"跨入大学校园，需要的不仅是成才——学业有成，还有成人——学会与人交往。良好的人际关系是一个人生存和发展的必要条件，在生活节奏不断加快、竞争日趋激烈的当今社会更是如此。

课程导读

19 岁的牛某是一名大学新生。经过十年寒窗苦读，她终于考上了自己理想的大学。当收到大学录取通知书时，她几乎喜极而泣。然而，进入大学后，她的生活变得一团糟。宿舍里的 6 名同学中，有 5 名来自上海。她觉得她们是来自另一个世界的人，说着她听不懂的上海话，知识渊博，活跃而兴奋，玩着不同的游戏。在她们面前，她觉得自己像个 10 岁以下的孩子。在课堂上，她总是喜欢坐在安静的角落里。当很多人在一起时，她从不和别人说话，也没人关心她。当她去食堂吃饭时，排队的人太多了，她只好看到什么买什么，连价钱和菜名都搞不清楚，所以吃的东西常常是又贵又难吃，这些情况使她生活在痛苦之中。

本案例属于典型的"大学新生适应不良"问题。造成适应不良的原因主要有社会环境和家庭环境两个方面：前者体现于学校教育，突出表现为"以分数论英雄""两耳不闻窗外事，一心只读圣贤书"，认为学习成绩好就行，父母的教育思想和言行也是以此为标准的；后者体现在为了让孩子专心学习，父母代劳了许多本该由孩子自己承担的责任，在看似爱护实则剥夺了孩子成长权利的过程中，孩子被养成了温室里的花朵，既自负又脆弱，抗挫折能力极差，一旦遇到困难就会自暴自弃、自我否定，从而使身心均遭遇困扰。本案例的当事人牛某遇到了全方位的应激，表现在学习、生活、人际关系、原有性格弱点等方面，致使她陷入深深的情绪困扰中，迷失了自我。

第一节 人际关系概述

一、人际交往的概念和重要性

（一）人际交往的概念

交往表示人们的相互关系和彼此往来。这是一个多侧面、多层次的概念。从动态上讲，交往过程可以分为三个层面。

首先是物质层面的交往，体现在金钱、物资、劳动力等方面的交换，反映了人际、群际间的一定经济利益关系。人一出生，就得解决基本的衣食住行等生活问题，要想创造物质财富，就得同他人进行经济交换，形成一种普遍的经济联系。物质交往是一切交往的根本，没有人能超越某种经济关系而超然存在。但是，我们不能以经济原则来解释所有的交往，因为交往并不限于物质的范围，也不仅限于在经济的领域展开。

其次是知识和信息的交往。它是通过语言和非语言的媒介进行的人际知识信息的共享，是人们思想观念的沟通过程，也是口头和非口头的交际过程。这一信息的交流和物质产品的交换是有很大区别的。英国作家萧伯纳曾在这两方面做了一个很好的比喻，他说："如果你有一个苹果，我也有一个，彼此交换，两个人都还是只有一个苹果。不过，假如你有一种想法，我有一种想法，那就在互相碰撞交流之后，我们都有了两种思想。甚至，在两个想法的冲突中，还会有另外一种想法。"可见，在交往的过程中，信息不仅可以被传递，而且可以不断地形成，逐渐明确，不断地产生和发展。

最后是心灵的对话，人格的碰撞过程。在交往全面而深刻的发展中，人类的交流不仅仅是物质形态东西的交换，也不仅仅是信息的交流和事务的处理，更是在有意无意地表达着自己的生活态度和追求，表达着对这个世界的精神和人生的意义的关注，表达着他们的人格倾向和心灵风貌。人的肉体总有一天会在无法抵抗的自然法则中消失、破坏，但心灵里的某种精神也许会永远存在。从这个意义上说，人是一种精神的存在，一个人对另一个人的影响并非只通过言语，还要通过精神来实现。交往的真正意义、价值在于寻找真挚的友情与合作，是通过在思想的"欢宴"和精神"会餐"中，来扩大自己的眼界，汲取养分，进而改变自己的生活。

以上三个层次的交往并非完全分离，而是互相渗透。交往的过程是一个人的社会关系和人际关系的双重结构。人际心理与情感的关系是人的生理性、物质性、文化与政治的关系。但是，应该指出并强调，我们所说的"人际交往"与"普通的社交"是不同的；它不仅是知识与信息的交流，也与物质物品的交换不同，而是一种全方位的心灵对话过程，它的重点是尊重个性，理解差异，寻求沟通和协调。

（二）人际交往的重要性

在人的发展中，人际关系是无法被取代的。许多心理学的研究和人们的日常生活实践表明，正常的人际交往和良好的人际关系是个性正常发展、心理健康和快乐生活的重要保证。

1. 人际交往与个性发展

心理学研究结果显示，儿童与其照顾者之间的积极互动，能够形成一种稳定的、亲密的关系，能满足儿童对爱和归属的需求，这是儿童心理和生理健康发展的必要条件。缺乏与成人、同伴的正常交往和亲密的关系，不但在人格发展上会有问题，甚至在智力发展上也会有很大的障碍。

2. 人际交往和心理健康

从20世纪到21世纪，人类生活的环境日趋复杂，生态问题日趋严峻，高科技劳动力市场的竞争日趋激烈；人与人之间的关系越来越复杂，使人的心理压力越来越大，心理问题也越来越多。许多心理问题、心理危机都与缺乏正常的人际交往和良好的人际关系有关，而那些处于缺乏友好合作、融洽气氛的人，往往会感到压抑、情绪低落。心理学家从多个方面进行了大量的调查，结果都表明，健康的心理状态与良好的人际关系密切相关，其心理健康程度越高，与人交往得越积极，越能达到社会预期，越能与人产生更深的心理关系。没有什么比剥夺一个人的交往需求更能损害他的身体和精神健康。根据知觉的剥夺试验，一个人在失去了对外界所有感知的情况下，只能坚持两到三天，这个时候，他的身体和精神都受到了很大的损害。所以，在历史上，流放被认为是对人的一种严重的刑罚。

3. 人际交往与快乐

在日常生活中，人们常常会觉得人的快乐建立在金钱、名誉和地位之上，而在现实生活中，一切都不如健康的交流和良好的人际关系重要。在人的生命中，心理交往与人际关系的地位是不能被金钱、名誉和地位所替代的。

心理学家在调查中发现了一个有趣的现象：从20世纪30年代开始，人们的收入就一直在增长，而那些对生活感到快乐的人的比例却没有任何增长，而是保持在原来的水准。1977年，心理学家林格进行了一项广泛的调查，在被问及“你的人生有意义的东西”时，大多数人都会说，亲密的关系是第一位的。从他们的答案来看，人际关系比成功、名誉、地位更重要，甚至超过了西方国家最重视的宗教。

二、大学生人际交往的特点

大学生人际交往的特点

（一）交往群体心理基础相近与个性心理的差异

大学生的人际交往对象是以大学生群体自身为主体的，也就是同学之间的交往。大部分大学生的心理基础比较相近，有很多共同之处，这与年龄相近、学历相近、生活和学习环境类似的基本条件有关。但若对大学生个性进行细致的剖析，则会发现其个体性格、气质、认知能力、道德素质、接受新事物的能力、接触范围都有着不同，导致其在人际交往中存在显著差异。由于学习基础不同、学习方法科学水平不同、学习态度不同，学习状态和效果差异较大，从而影响到部分大学生的人际交往热情。

（二）人际交往需求的迫切性与交往行为的被动性

大学生是比较特殊的一类社会群体，他们年青有活力，具有积极的思维和较好的认知能力，而且自主意识强，精力充沛。因为大部分的大学生已经远离了家庭的生活圈子，所以一般都有更急切的人际交往欲望，希望能结识更多的人，结识更多的新朋友。而在现实生活中，很多大学生表现得比较消极、被动，这是因为他们缺乏社会实践，缺乏对社会的认识，缺乏人际交往的知识。目前，我国高校的独生子女数量日益增多，其中一些人的个性古怪、自以为是、难以交际。而一些偏远地区的大学生由于学校和家庭环境的巨大差异而不能很好地融入社会，这也是造成他们在社会交往中不适应的消极因素。

（三）交往对象的局限性与交往范围的狭窄性

一方面，大学生与同班同学、室友、同乡的人打交道，在交往对象方面存在着很大的局限。另一方面，在四年大学学习与生活过程中，大部分大学生的社交活动都被限制在了校园里，他们只在择业时更多地与社会上的雇主联系。尽管学校常常强调学生要参加社会实践，但实际上，参加社会实践活动、与社会各个层面进行交流的却只占很小一部分，因此，他们的交际领域呈现出一种狭窄的特征。

（四）交往内容的情感性和当代交往动机的功利性

大学生的交往对象以同学为主，其交往内容包括学习、思想生活、各种集体活动、休闲活动等，其中最主要的就是增进感情、友情。当代社会的人际交往动机具有高度的功利性，这与大学生的交往动机形成了鲜明的对比。但是，在大学生融入社会的过程中，这种功利性的交往动机对其产生的影响也会越来越大。

（五）大学生与异性交往愿望的强烈性和交往的拘谨性

大学生正值青春期，特别是性心理逐渐走向成熟的时期。他们对与异性交往的心理兴趣和愿望越来越强烈。但是，在现实生活以及男女生的实际交往中，一些大学生表现得非常拘束，不能落落大方，害怕被人说三道四，从而限制了男女之间的正常交往。

案例故事

把自己当成自己

年轻人问："我怎样才能成为一个快乐的人，又能让别人快乐？"

智者说："我给你四句话。第一句话是：把自己当成别人。也就是说，当你感到痛苦和悲伤时，把自己当成别人，这样痛苦自然会减轻。当你欣喜若狂的时候，把自己当成别人看待，那些欣喜会变得平和。第二句话是：像对待自己一样对待别人，这样你才能真正同情别人的不幸，理解别人的需要，并在别人需要帮助时给予适当的帮助。第三句话是：把别人当成别人，充分尊重每个人的独立性，在任何情况下都不能侵犯他人的核心领地。第四句话是：把自己当成自己。"年轻人追问："如何理解把自己当成自己，如何将四句话统一起来？"智者说："用一生的时间，用心去理解。"

三、大学生人际交往的原因

（一）生活环境发生变化、生活独立、家庭亲情的减弱

大学生进入大学后，大部分都离开了原来的生活环境，由家庭生活向独立的集体生活

转变。长期的远离家庭生活，让他们对家庭亲情的投入有了很大的削弱，虽然现代通信技术的发展，让很多大学生能够经常通过手机和自己的家人保持联系，但是这和他们朝夕相处的共同生活有着很大差别，而且大多数大学生都不能和自己的家庭保持经常性联系，时间一长，就会产生一种感情交流上的隔阂。而大学生在人际交往中所激发的情感，可以填补因家庭关系的削弱而造成的情感真空。这也是促使大学生人际交往产生的一个主要因素。

（二）个体逐步成熟与社会化

在大学阶段，学生个体生理、心理、思想逐步走向成熟，而将来的事业又要求大学生逐步实现社会化，这些都与人际交往密不可分；而且需要在人际交往过程中相互学习，借此了解社会，熟悉社会，融入社会。这种人际交往需求比填补感情真空的需求更重要，对大学生的顺利成长、成长为社会所需的全面发展的合格人才具有重要意义。

（三）大学毕业生自主择业

在由计划经济向市场经济转型的过程中，高校毕业生的就业制度也发生了根本改变，由原来的政府指派变为现在的双向选择和大学生的自主择业。在加强对学生的知识、能力的学习和培养的同时，也要让他们自主地选择工作，并把自己推销出去。大学生是否能够获得一份满意的工作，与其自身的人际交往能力有着密切的联系，因此，与以往相比，大学生更加注重在社交活动中锻炼自己。

第二节　提高人际交往能力

一、大学生人际交往的原则

大学生人际交往的原则

（一）平等原则

在人际交往中总要有一定的付出或投入，交往的两个方面的需要和这种需要的满足程度必须是平等的，平等是建立人际关系的前提。人际交往作为人们之间的心理沟通，是主动的、相互的、有来有往的。人都有获得爱和尊敬的需要，都希望得到别人的平等对待，人的这种需要就是平等的需要。

（二）尊重原则

人际关系的基础是人与人之间的相互重视、相互支持、相互尊重，对于真心接纳自己的人，也更愿意接纳对方，愿意同他们交往并建立和维持关系。由此可见，“敬人者，人必敬之”，给他人以充分的尊重，才会赢得他人的尊重。因此，大学生在人际交往中应坚持平等原则，尊重他人、理解他人、关心他人，建立起有利于成长和进步的人际关系。

（三）信用原则

信用即指一个人诚实、不欺骗、遵守诺言，从而赢得他人的信任。人离不开交往，交往离不开信用。要做到说话算数，不轻许诺言。与人交往时要热情友好，以诚相待，不卑不亢，以博取他人的信任，产生使他人乐于与自己交往的魅力。

（四）互利原则

互利指交往双方的互惠互利，人际交往是一种双向行为，故有“来而不往非礼也”之说。只有单方获益的人际交往是不长久的，所谓双方收益不仅是指物质上的，还有精神上的，因此双方都要讲付出和奉献。

（五）真诚原则

真诚待人是人际交往中最有价值、最重要的原则，指的是交往过程中真诚待人、实事求是，不虚情假意。

（六）宽容原则

宽容是指人际交往中的心理相容，即人与人之间的融洽关系，它包括与人相处时的容纳、包涵、宽容及忍让。在生活中，由于每个人的性格、生活习惯、生活方式、价值观、人生观不同，在人际交往中难免会产生各种误解和矛盾，这就要求人们在交往中遵循宽容的原则。

二、提高人际吸引力

（一）增强人格品质的吸引力

人格品质是影响吸引力的最稳定因素，也是个体吸引力重要的因素之一。著名学者安德森研究了影响人际关系的人格品质，受喜欢程度较高的人格品质分别是真诚、诚实、理解、忠诚、真实、可信，他认为，真诚受人欢迎，不真诚则令人厌恶。

（二）增强仪表的吸引力

容貌、体态、服饰、举止、风度等外在因素在人际交往中的作用很大。“爱美之心，人皆有之”，仪表给人的第一印象常给人以类型化的倾向。人们喜欢美好的东西，这是一种自然倾向。尤其是在交往的初期，好的外貌容易给人一种良好的第一印象。人们往往会以貌取人，所以有人说，美貌是一张特殊的通行证，美是一种诱惑、一种吸引。一个人若想提高人际吸引力，则应进行合适的“印象修饰”。从自己的服饰、举止、面部表情、精神状态等方面做出适合于自身角色和特定情境需要的修饰行为，产生令他人愿意接近、接受的吸引力。

（三）增强能力和才华的吸引力

才华主要是指一个人的智慧、能力、学识等，是智商和情商的综合能力。一个人的学识高低，常表现在他的言谈举止上及在处理难题方面是否有能力、是否可信等。

1977 年，索洛门和沙克斯做了一项研究，他们给被实验者描述一个人好的外貌和才智。结果表明，才智在吸引力上更重要。一个有高尚品德和才智的人，往往被认为外貌也是有吸引力的。可见吸引力不是取决于单一的因素，而是取决于多种因素。维系人与人之间的长久吸引，主要靠内在美，即人格魅力。如果一个人有一张美丽的面孔，再加上善良和智慧，那么他（她）将永远拥有魅力；反之，如果一个人有一张美丽的面孔，但是却有一颗狠毒的心，最后连他（她）的面孔也将被人所厌恶。正因为如此，拥有更多的内在条件（如学识、才干、品德等），才能够得到他人的喜欢和赞同。

拓展阅读

人际交往中互相吸引的要素

1. 相似性

一般情况下，人们总是倾向于与自己有相似之处的人交往，交往双方的相似之处越多，彼此之间的吸引力越强。相似性既包括年龄、性别、学历、兴趣、能力、信仰、态度、价值观等方面的相似，也包括家庭背景、经济条件、个人经历等方面的相似。

2. 互补性

互补是指人的外在的差异可以通过双方内在需要互相满足来弥补的现象，也就是说，一方没有的特点，恰好对方有而且是自己所需要的。如一个内向的人和一个外向人可能会成为好朋友，脾气暴躁的人和脾气温和的人能够很好地交往，具有领导欲望的人能和顺从听话的人和谐相处。

3. 接近性

这里的接近既包括空间距离的接近，也包括时间上的接近。一般来说，时间、空间距离越近，交往的机会、次数就越多，越容易了解和熟悉，从而形成良好的关系。如平时所说的“近水楼台先得月”“远亲不如近邻”。

4. 仪表风度

一个人的外貌、衣着、体形体态、言谈举止等因素影响着个人的人际吸引力，得体的仪容仪表使人更有魅力。如求职面试时，外在形象很重要。

5. 能力才华

如果一个人没有美丽的容颜，但能力突出，有一技之长，或者才华出众，也会增加人际吸引力。如在演艺圈，有很多演技精湛的演员长相并不出众，可这依然不能阻挡观众对他们的喜欢。

6. 个性品质

优秀的个性品质是最具有吸引力的因素，而且这种吸引力比较持久、稳定。真诚、乐观、自信、开朗、诚信、大方、宽容、乐于助人的人，比虚伪、自私自利、不尊重人、报复心强、嫉妒、苛刻的人更受欢迎、更具有魅力。

三、把握人际交往的技巧

人际交往大体上分为语言交往和非语言交往两类。语言交往通常以达意的功能为主，非语言交往则一般以传情的功能为主。

（一）掌握语言交往技巧

“良言一句三冬暖，恶语伤人六月寒”。这句话让我们了解到语言在交往过程中有着多么重要的地位，如果能掌握好语言交往的技巧，就可以提升相互之间的感情。

1. 称呼得体

适当的称呼，可以让人在精神上得到满足，让对方觉得亲切。在交往时，应依据对方的年龄、身份、职业等具体情况和交往场合，以及两人之间关系的亲疏远近，决定好对方的称呼。对长辈要尊重，对同辈要亲切友好，对关系密切的人可以直接叫名字，而对陌生人要用尊称。

2. 说话要注意礼貌

使用正确的语言，清晰地表达。要避免争论，年轻的大学生经常会因为不服输而在争论中面红耳赤，甚至会演变为直接的人身攻击或敌意，这会对人际关系产生显而易见的不良影响。若语言的艺术运用得当，则可以吸引对方，激发对话的热情和兴趣，使谈话的内容和形式都能满足对方的心理需求，这样就对人际交往有利。

3. 适时适度地赞美对方

人人都想得到他人的赞扬。恰当的赞美可以让人开心，但要恰到好处，不能谄媚，也不能夸大。诚实是赞美的先决条件，如对于一个胖胖的女人，你不能说她很瘦，一阵风就能把她吹倒。这种赞美会使人感到厌恶，认为你不是真心的。赞美越具体越好，赞美越详细越好。当你的室友穿上了一件很漂亮的衣服，你要及时地赞美。如果你的同学在竞赛中赢得了荣誉，你就应该由衷地称赞和鼓励。有时候，间接的赞美可以产生出乎意料的结果。

（二）掌握非语言交往技巧

非语言交往是指交往双方通过服饰、目光、表情、身体的动作姿态、人际空间距离和交往频率等进行交往的技巧。在人际交往中，虽然非语言行为通常只是语言行为的辅助和强化手段，但它有的时候可以代替语言传情达意，还可以微妙地传递语言难以表达的弦外之音，产生此时无声胜有声的效果。

1. 把握好距离

人都有保护个人空间的需要，人际距离其实也是人与人之间的心理距离。心理学根据不同的交往对象和情境，划分了四种交往距离，即公众距离、社交距离、个人距离、亲密距离。公众距离大于 360 厘米，这个空间内，人际的双向交往大大减少，一般都是单向的交往，如演讲报告、明星演唱会等。社交距离是 120 厘米到 360 厘米，保持这一距离的人们，谈话的内容一般都是正式公开的。个人距离是 45 厘米到 120 厘米，这个区域有较大的开放性，一般朋友和熟人可以自由地进入这个空间。最后就是亲密距离，45 厘米以内的距离，这个距离内的人都是家庭成员、亲密朋友等关系最密切的人，但是如果没达到这种亲密程度就进入这个区域，就容易引起对方的反感。所以大学生在交往的过程中，一定要把握好交往距离的尺度。

2. 体势

包括体态动作和肢体的姿势。在人际交往中，人的举手投足、回眸顾盼都能传达特定的态度和含义。身体微微倾向对方，表示热情和感兴趣；微微欠身，表示谦恭有礼；身体后仰，显得轻视和傲慢；身体侧转或者背向对方，表示厌恶反感，不屑一顾。不同的手势也具有各种含义，摆手表示拒绝或者否定，双手外摊表示无可奈何，搔头皮表示困惑，搓手或者拽衣领表示紧张，拍脑袋表示自责或者醒悟，竖起大拇指表示夸奖，伸出小拇指表示轻蔑。值得注意的是，同样的体势，不同的人使用，给人的感觉不一样，例如：领导、长辈对下级、晚辈拉拉手、拍拍肩，表示赞许和鼓励；但是下级、晚辈对上级、长辈做这样的动作则会被人认为不尊重。

3. 交往频率

交往频率是指在特定的时间里人与人之间的接触、见面、来往的次数。掌握交往频率，可以维护自己的形象，发展友谊。

四、人际关系的优化

（一）宿舍人际关系的优化

大学宿舍人际关系是社会人际关系的缩影，是大学生思想、行为及情感的晴雨表。能否处理好宿舍人际关系是衡量大学生人际交往能力大小、心理素质高低及为人处世是否得体的一杆标尺。除去睡眠时间，大学生每天待在宿舍的时间有 5 小时左右，与室友间的接触与交往的时间比较长。因此，与室友的关系融洽与否，能够决定一天的大多数时间里心情是否愉快。那么如何处理好宿舍人际关系呢？

1. 共同遵守宿舍规定

如统一作息时间、协作搞好宿舍卫生、合理使用宿舍公共资源、积极参加宿舍集体活动等。

2. 注重交往细节

“细节决定成败”，注重生活上的细节，才能与人更好地和谐相处。如不搞小团体、不逞口舌之快、不触犯室友隐私、不拒绝小惠而报之以感谢、他人有难要帮、自己有事要积极求助、积极参加宿舍的集体活动、不斤斤计较、容忍别人的斤斤计较等。

3. 学会化解冲突

室友之间对抗、不理解、怀疑、敌意、拒绝、破坏等冲突虽然隐藏在宿舍内部，相对不公开，但对身心健康影响很大。遇到冲突时，可采取幽默法、回避法、合作法、求和法等方式化解。

（二）班级人际关系的优化

班级人际关系是指班级中同学之间在相互交往过程中形成的比较稳定的心理关系。班级人际关系如何，不仅影响班集体的形成和发展，也影响大学生个体社会化和个性的发展。如何学会与班级中不同类型的同学相处，大家不妨尝试以下方法。

1. 换个角度，改变心态

大学班集体，少则几十人，多则上百人，由于个性、生活习惯、家庭背景等的差异，难免会产生各种摩擦或冲突。有时只要换个角度，发现事物的积极面，感受就完全不同。

2. 对症下药，缓解人际冲突

冲突产生后，不妨多问自己几个问题：同班同学我们了解多少？他们的无心之错，我们宽容了多少？我们发现了多少优点？陌生感，我们化解了多少？对同学了解得越多，冲突会越少。对待班上的同学，如果多一分理解、多一分关心、多一分欣赏、多一分宽容，那么彼此之间的信任感、和谐感和幸福感才会不断增多。

3. 发挥班干部表率作用，提高班级凝聚力

班干部是连接老师和同学的纽带，一个好的班集体很大程度上取决于班干部是否称职，能否带动班级成员，形成班级凝聚力。班干部应做好表率、以身作则，主动关心、了解同学，虚心接受同学的建议。同时，在为班级同学和老师的服务中，班干部要不断提高自身的能力。

案例故事

故事一：大三女生李小宛自入学以来一直担任班干部。她像大姐姐一样，每当同学有心事时，她都会尽力为他人化解，这使她的人际关系很好。在同学眼里，她是一个体贴又受欢迎的人，但私下里她经常忍不住哭，说她心里很郁闷，总是假装微笑来缓解别人的烦恼，实际上很苦。她家的经济状况很差，主要靠她在学校的勤工助学和在校外打工来赚取生活费。全家的希望都寄托在她身上，致使她压力很大。但她很坚强，从不向他人提起这件事。她觉得自己缺乏可信赖的知心朋友，所以她不愿意向熟悉的人谈论自己的困难，更愿意去咨询室倾诉自己的心事。

故事二：刘丽萍，大四女生，平时学习成绩很好，同学都认可她的聪明。表面上她和许多同学关系不错，甚至可以和男生打打闹闹，许多男生也愿意陪她玩，很关心她，她也愿意为他们出主意，可私下里她总是感到空虚落寞。虽然她因为失恋一直都很痛苦，但她没有把自己的痛苦告诉他们，她相信也没有人可以帮助她，她表面上的嘻嘻哈哈掩盖的是内心真正的孤独，他们并不是她真正值得信任和交心的朋友。

上述案例故事中，这类大学生通常与他人有正常的交流和良好的人际关系，却缺少能互诉衷肠、真诚相待、默契合作、患难与共的知心朋友，为此会感到孤独和无助。这类学生在大学生中不算少，尤其是大一新生。过去，由于交际范围较窄，人际交往的对象主要是同学、朋友、父母、亲戚和老师，有人关心自己学习和成长的方方面面。然而，在大学里，来自各地的学生素昧平生，并组成了新的班级，师生关系不像中学那样密切。加之中学时大多数人依赖性较强，有父母的照顾和学习的压力，对友谊的渴望不那么强烈。进入大学后，新的伙伴、新的环境要求大学生独立地与各种陌生人交往，但由于缺乏交往技巧或自身性格等原因，难以建立友好、深入、持久的人际关系，心理体验上表现为缺少知心

朋友，不愿与人主动交流。有的大学生主动适应，寻求改善，渐渐适应了大学的人际关系，有一些大学生则可能在整个大学期间都没有找到知心朋友，密切交往的依然是中学时代的同学。

（三）异性人际关系的优化

由于性生理的成熟、性意识的觉醒和性心理的逐步发展，大学生对异性逐渐产生了兴趣，对异性之间的交往感到既好奇也困惑。相比于中学生，大学生异性之间的交往更自然、更大方。大学生也更加重视异性交往，具体表现在：大学生更在意异性同学的评价，更注意在异性同学面前的言谈举止，与异性交往时心思更细腻等。有研究结果显示，绝大多数大学生渴望与异性交往，而且异性友谊对自尊心的影响程度更大，带来的烦恼更多，因此优化与异性的交往是十分必要的。

（1）既要反对男女之间“授受不亲”的传统观念，又要注意“男女有别”的客观事实。彼此做到“不失足于人，不失色于人，不失心于人”，这样男女同学的真诚友谊才有保障。

（2）要把握好友谊与爱情的度。在友情和爱情之间并没有不可逾越的鸿沟，超过一定的限度，可能无法分清友谊和爱情。如果在异性交往中，有意或者无意地联想到彼此之间可否发展成恋人关系，就会增添彼此的心理负担，使正常的异性交往变得各怀心事，别别扭扭。

（3）相处中的男女同学要自尊、自立、自制、自重。不少大学生之所以深陷失恋的痛苦中无法自拔，是因为他们把爱情的失去等同于自我价值的失去，从而使情绪或行为失控。

（四）师生人际关系的优化

除了同学之间的关系外，师生关系也是构成大学生人际关系的重要方面。同中小学相比，大学师生之间的交往程度要小得多，而且具有自发性、偶然性，且多局限于知识学习方面。因而不少大学生在对教师的关系上表现得拘谨和胆怯，对建立和谐良好的师生关系显得无所适从。融洽师生关系可从以下几个方面做起。

1. 师生之间相互尊重

尊重是一种爱，一种信任。师生之间要主动尊重彼此的人格，尊重彼此的劳动成果。只有教师与学生都为对方付出真挚的、深厚的爱，师生之间才能建立起高度的人格信任，促进良好师生关系的形成。

2. 师生之间相互理解

这是教师与学生有效交往的前提，更是当代师生沟通的关键。因此，理解学生，是教师的首要任务；理解教师，是学生优化师生人际关系的基础。

3. 师生之间平等交往

平等交往主要是人格上的平等。教师与学生虽然角色不同，但是人格是平等的。只有师生都具备这种平等心态，师生才可能真正沟通。学生和教师都要正确理解平等，正确对待平等，建立平等的师生关系。

4. 师生之间拓宽交流渠道

活动和交往更有利于良好师生关系的建立。课堂教学是师生交往的主要途径。此外，日常生活中的交往也是建立良好师生关系不可或缺的一条渠道。

第三节　常见交往障碍及矫治方法

一、大学生人际交往中常见的问题

案例故事

小杰是一名大二男生，求助时他的内心非常痛苦，因为他不能和其他同学说话。一旦想要和别人说话的时候，就会感觉自己全身紧张；遇到异性同学迎面走来的时候，会手足无措，不知道该怎么办；情况严重的时候，上课甚至不能看女老师讲课。他觉得自己的生活都要被社交焦虑毁掉了。本来上大学时还想要好好发展，结果现在连基本的学习都无法保障了，更别提要参加什么集体活动。一次班会前，辅导员为了加强大家的交流，设置了一个自我介绍的环节，小杰直接跟辅导员请假，说自己肚子疼，逃跑了……他不敢在众人面前讲话，觉得别人都会笑话他……

当众讲话感到紧张是大学生经常体验到的一种情绪紧张状态。心理学家将此类在公众面前演讲时产生的过度焦虑状态叫作公共演讲焦虑。大学时期大学生已经对自我有了较为全面的评价，但容易产生过度的自我关注，造成一种错觉，认为所有人都在关注自己的一举一动，过分高估了他人对自己的关注程度，形成心理压力，造成在人际交往前预设很多负面的情境与情绪状态，影响正常的人际交往。

大学生思想活跃，兴趣广泛，人际交往的愿望强烈。他们渴望认识新朋友，渴望让更多的人了解自己。但在具体的人际交往中，大学生常常遇到各种挫折困扰。因此，必须重视大学生交往的心理，加强疏导。

（一）自卑引起的胆怯

在人际交往的实践活动中，人都存在不同程度的恐惧心理，只是每个人的反应程度不同。有一部分大学生在这方面反应特别强烈，在与人交往时明显表现紧张、两眼不敢正视他人，有时语无伦次、词不达意，尤其在很多人的场合或者在集体活动中更加感到恐惧，严重者可导致社交恐惧症。

（二）自我中心

人际交往中，有些大学生以自我为中心，他们总是以自己的需要和利益为出发点，只关心自己的利益和得失，而忽略了他人的感受和利益。凡事仅从自己的角度出发，盲目地坚持自己的意见和态度，所以这些人很少交朋友，事实上，人们做任何事情都希望自己的利益最大化，人际交往也是如此。没有人总是愿意无偿地给予他人，也没有人总是愿意接受他人的帮助，稳定的关系必须是平等互惠的关系。

（三）理想化

理想化的本质是晕轮效应，它又称成见效应、光圈效应等，指人们在交往认知中，对方的某个特别突出的特点、品质就会掩盖人们对对方的其他品质和特点的正确了解。这种错觉现象，心理学称之为晕轮效应。美国心理学家 H. 凯利及 S. E. 阿希等人在印象形成实验中证实了这一效应的存在。

晕轮效应除了与人们掌握对方的信息太少有关外，主要还是个人主观推断的泛化、扩张和定势的结果。它往往容易形成人的成见或偏见，产生不良的后果。

二、大学生人际交往产生问题的原因

大学生人际交往产生问题的原因

（一）心理原因

大学生处于特定的生理发展期，自制能力较弱，遇事容易冲动，有些大学生认为自己做事爽快，实则也是冲动的表现。此外，爱面子也经常导致大学生之间的冲突。有很多人际冲突都是因为一些没有原则问题的小事，往往是一次无意的碰撞、不经意的言语伤害等，本来只要打个招呼、说声道歉也就没事了，但双方都“赌气”，出言不逊，结果争吵起来。更有甚者，一方不让，另一方挥拳相向，导致头破血流，事后懊悔不迭。从心理学角度讲，这是双方都在用不适当的方法维护自尊，即典型的面子心理。仿佛谁先道歉就伤了面子，谁在威胁面前低了头谁就懦弱，于是矛盾层层升级，甚至以悲剧告终。

（二）社会原因

在不同生活背景下成长起来的大学生，其思维方式和潜意识都会有很大差异。随着高校招生规模不断扩大，越来越多普通家庭学子得以进入高校学习，而贫困大学生的人际交往问题也变得不容忽视。贫困大学生有着和普通大学生一样的交往需要，但是由于贫困的影响，许多学生不能正确处理个人与同学的关系，在人群中感到不自在。而家庭条件相对较好的大学生却经常有意无意地表现出自身的优越性。这种优越性会刺伤贫困大学生脆弱的自尊心，继而产生隔阂。

另外，由于家庭环境差异而产生的认识上的不同，也是造成人际关系冲突的一个主要原因。贫困大学生与家庭富裕的大学生之间的矛盾，绝不仅仅是高档用品上的差异，而是根植在头脑之中的贫富差异，以及在长期的不同生活环境下产生的对事情的观点上的差异。

（三）利益原因

在大学里，存在着各种形式的竞争，如奖学金的评定、学生干部的竞选、先进人物的推荐及各种评优，这些都可能给大学生的人际关系带来微妙的变化，甚至引发冲突。

（四）个性原因

每个大学生都在追求或培养着自己的个性。这样给大学生的人际关系无形中增添了许多危险的因素。有很多人际冲突就是因为一方或双方个性太强、不肯让步而造成的。良好的人际关系是大学生心理健康的重要保证，具有良好的人际交往能力也是一个人适应社会、走向成功的重要条件。因此，当代大学生应该有意识地培养自己的人际交往能力，掌握人际交往的技巧，懂得人际交往的基本原则，遵循人际交往的规律。

三、大学生人际交往不良心理的调适

不良的人际交往心理不仅影响大学生的学习和生活质量，而且影响大学生的身心健康。因此，了解大学生人际交往中存在的不良心理，提出有针对性的调适方法，有助于改善大学生的人际交往状况，提高大学生的心理健康水平。

（一）自卑心理的调适

在心理学上，自卑属于性格上的一个缺点。自卑是一种因个人自认为不如他人而产生的轻视自己的不良心理，表现为忧郁、悲观、孤僻。很多大学生都习惯于拿自己的短处和他人的长处比较，过低评价自己，常有自己不如他人等消极暗示，对自己信心不足，盲目依赖他人、取悦他人，不敢涉足新的交往领域，在交往中总是表现出羞怯、忧伤、退缩，而不敢交往、缺少交往则会使自己陷入更深的自卑中。自卑心理可以从以下四方面进行调适。

1. 正确认识自身的不足

要认识到只有通过自己的努力和奋斗，不断增长知识，全面提高自身的素质，才有可能改变自己的不足，提高自己的影响力和吸引力，减轻自卑的影响。

2. 要进行积极的自我暗示、自我鼓励

尤其处于不利地位时，要给自己加油打气，竭尽全力争取成功。

3. 正确认识自我，提高自我评价

要善于发现自己的长处，肯定自己的成绩，改善自我形象，积极参加社交。

4. 积极与人交往

自卑的人往往容易把自己孤立起来，并形成恶性循环，越害怕交往，就越自卑。自卑的人要看到自己在人际交往中也有许多积极因素，因为自卑的人大多谦虚，善于体谅人。所以尽量积极地与人交往，并通过成功的交往开阔自己的胸怀，克服自卑心理。

（二）自负心理的调适

自负是骄傲自大、自以为是，过于相信自己而不信他人，只关心自己的需求而不去考虑他人的感受。外在的自负源于内在的自卑，因此自负心理导致部分学生在自我封闭的狭小空间里逞能。自负心理主要从以下四个方面进行调适。

1. 接受批评

接受批评是根治自负的最佳办法。自负者致命的弱点就是不愿意改变自己的态度或者接受他人的观点。它不是让自负者完全服从他人，只是要求他们能够接受他人正确的观点。

2. 要学会与人平等相处

自负者通常以自己为中心，无论在观念还是行动上都要求他人服从自己。平等相处就是要求自负者以一个普通成员的身份与他人平等交往。

3. 提高自我认识

要全面地认识自我，既要看到自己的优点和长处，又要看到自己的缺点和不足，不可“一叶障目，不见泰山”。不能总拿自己的长处去比他人的不足，认为他人一无是处。

4. 要以发展的眼光看待自己

辉煌的过去只代表过去的成功，它并不代表现在，也不预示着将来，要以发展的眼光看待自己。

（三）孤独心理的调适

孤独心理表现为不愿与他人交往，喜欢独来独往，不合群。由于不善于主动与他人交往而感到孤立，自我心理压力大，生活态度不乐观。孤独一般表现为把自己的真实的思想、情感、欲望掩盖起来，对他人心怀戒备，自我防御心极强，由于难以沟通，使人感到与之交往不是很累就是无效。孤独心理主要从以下四个方面进行调适。

1. 把自己融入集体之中

任何一个大学生都处在一定的环境中，拒绝把自己融入集体之中去，会更加孤独。所以，要学会把自己融入集体之中。

2. 积极参与社交活动

要敢于冲破自我封闭的枷锁，越过心灵的障碍，通过广泛的交流寻觅知音。当真正感到与同学心理相容并为人所接受时，就会享受到正常的人际交往的快乐与幸福。

3. 克服不良的人格因素

高傲、冷僻、尖酸、刻薄等不良人格往往会使他人与自己疏远，应该加以克服和矫正。

4. 培养慎独的功夫

失意与独处是人生不可避免的，应培养自己慎独的能力，以期在独处时不至于会有太多的孤独、寂寞之苦。

（四）猜疑心理的调适

猜疑心理就是在对人对事没有进行客观的了解之前，主观地进行假设与推测，是一个非理智的判断过程。猜疑心理在人际交往中表现为对他人不够信任，与人交往时过分小心谨慎，待人不够诚恳，往往误解他人的好意。猜疑心理主要从以下四个方面进行调适。

1. 学会正确的人际认知方法

对他人和客观事物的认知要力求客观、全面、公正。只有对他人认知正确、全面、深刻，才会避免猜疑。

2. 加强沟通，多做调查研究

出现了疑点，不要马上乱猜测、乱对号，否则就会产生记恨和报复心理。要主动与自己所怀疑的对象多接触、多交流，敞开心胸交流，这样往往会得到意想不到的信息。

3. 学会“冷处理”

对于那些一时得不到证实的事情，最好的办法就是先放一放，相信总有水落石出的时候。急于求成、胡乱猜测，弊多利少，远不及耐心考察的“冷处理”方法好。

4. 学会识别信息

猜疑心理可能源于自身，也可能是听流言蜚语而产生的。因此，在人际交往中，要善于对信息和信息源进行认真的鉴别，冷静筛选，去伪存真，不可偏信。善于鉴别信息真伪，是大学生修身处世、避免在人际交往中走入误区的重要武器。

（五）妒忌心理的调适

妒忌是担心他人超过自己引起的抵触情绪体验，是心胸狭窄、自私自利的心理表现。妒忌者比任何不幸的人都要痛苦，他人的幸福和自己的不幸将使自己痛苦万分。妒忌是一种十分有害的不良心理，对这种不良心理的调适主要从以下三个方面入手。

1. 纠正自己认知的偏差

妒忌者在他人成功时，总以为他人的成功是对自己的威胁，是对自己利益的侵占。妒忌者应该学习他人的长处来克服自己的短处，而不是以己之短比人之长。

2. 要自我升华

应该把不服气的心理引导到积极的方面，化妒忌为积极进取的力量，赶上甚至超过对方。要学会悦纳他人，学会赞美他人的成功和优点，在真诚的祝愿中学会“我好你也好”的交往态度。

3. 要积极进行注意转移

积极参加有益的活动，使自己的生活充实起来，也许就没有时间去妒忌他人。应该有意识地进行注意力的转移，看看自己的优点，这样便会使原先失衡的心理获得新的平衡，妒忌心理也就不会产生了。

心理测评

大学生人际关系综合诊断量表

指导语：本量表共28个问题（表6－1），每个问题作“是”（打√）或“否”（打×）回答。请你认真完成，然后参看后面的记分方法，对测验结果作出解释。

表6－1 大学生人际关系综合诊断量表

题目	是（打√）/计分	否（打×）/计分
(1) 关于自己的烦恼有苦难言		

表 6－1 大学生人际关系综合诊断量表

题目	是（打√）/计分	否（打×）/计分
(2) 和陌生人见面时感觉不自然		
(3) 过分羡慕和妒忌他人		
(4) 与异性交往太少		
(5) 对连续不断的会谈感到困难		
(6) 在社交场合感到紧张		
(7) 时常伤害他人		
(8) 与异性来往感觉不自然		
(9) 与一大群朋友在一起，常感到孤寂或失落		
(10) 极易受窘		
(11) 与他人不能和睦相处		
(12) 不知道与异性相处如何适可而止		
(13) 当不熟悉的人对自己倾诉他的生平遭遇以求同情时，自己常感到不自在		
(14) 担心他人对自己有坏印象		
(15) 总是尽力使他人欣赏自己		
(16) 暗自思慕异性		
(17) 时常避免表达自己的感受		
(18) 对自己的仪表（容貌）缺乏信心		
(19) 讨厌某人或被某人所讨厌		
(20) 瞧不起异性		
(21) 不能专注地倾听		
(22) 自己的烦恼无人可倾诉		
(23) 受他人排斥与冷漠		
(24) 被异性瞧不起		
(25) 不能广泛地听取各种意见、看法		
(26) 自己常因受伤害而暗自伤心		
(27) 常被他人谈论、愚弄		
(28) 与异性交往不知如何更好地相处		

计分标准

打“√”的计1分，打“×”的计0分，统计总分。

如果总分在0~8分，说明受测者善于交谈，性格开朗，主动，关心他人，对周围朋友很好，愿意与朋友在一起，彼此相处得不错。

如果总分在9~14分，说明受测者与朋友相处有一定的困扰，人缘一般，与朋友的关系时好时坏，经常处于起伏变动之中。

如果总分在15~28分，说明受测者在与朋友相处时存在严重困扰。若分数超过20分，则表明人际关系行为困扰程度很严重，而且在心理上出现较为明显的障碍，受测者可能不善于交谈，也可能是个性格孤僻的人，不开朗，或者有明显的自高自大、讨人嫌的行为。

注意：还需要进一步分析，可分四部分统计（见表6-2）。

表6-2 计分表

A	题目	1	5	9	13	17	21	25	小计：
B	题目	2	6	10	14	18	22	26	小计：
C	题目	3	7	11	15	19	23	27	小计：
D	题目	4	8	12	16	20	24	28	小计：

下面根据各个分栏上的得分，具体说明受测者与朋友相处的困扰行为及其纠正方法。

（1）记分表A栏上的小计分数，显示出受测者在交谈方面的行为困扰程度。

如果得分在6分以上，说明受测者不善于交谈，只有在极需要的情况下才同他人交谈，总难于表达自己的感受，无论是愉快还是烦恼，受测者不是个很好的倾听者，往往无法专心听他人说话或只对单独的话题感兴趣。

如果得分在3~5分，说明受测者的交谈能力一般，能够诉说自己的感受，但不能讲得条理清晰。如果受测者与对方不太熟悉，开始时往往表现得比较拘谨与沉默，不太愿意与对方交谈。但这种状况一般不会持续太久。经过一段时间的接触，受测者可能会主动与人谈话，这方面的困扰也就会随之减轻或消除。

如果得分在0~2分，说明受测者有较高的交谈能力和技巧，善于利用恰当的说话方式来交流思想感情，因而在与他人建立友情方面往往更容易获得成功。

（2）记分表B栏上的小计分数，显示出受测者在交际与交友方面的行为困扰程度。

如果得分在6分以上，说明受测者在社交活动与交友方面存在严重的行为困扰。例如，在正常集体活动与社交场合，比大多数同伴更为拘谨；在有陌生人或老师在场时，往往感到更加紧张；往往过多考虑自己的形象而使自己处于越来越被动和孤立的境地。

如果得分在3~5分，说明受测者在社交与交友方面存在一定的困扰。受测者不喜欢一个人待着，需要和朋友在一起，但却不善于创造条件并积极主动地寻找知心朋友。

如果得分在0~2分，说明受测者对人较为真诚和热情，不存在人际交往困扰。

（3）记分表C栏上的小计分数，显示出受测者在待人接物方面的困扰程度。

如果得分在6分以上，说明受测者缺乏待人接物的机智与技巧。在实际的人际交往中，受测者也许有意无意地伤害过他人，或者过分羡慕他人，以致在内心嫉妒他人。因此，可能受到他人的冷漠、排斥，甚至愚弄。

如果得分在3~5分，说明受测者是个多侧面的人，也许是一个较圆滑的人。对待不同的人，受测者有不同的态度，而不同的人对受测者也有不同的评价。受测者讨厌某人或者被某人讨厌，但却非常喜欢一个人或者被另一个人喜欢。受测者的朋友关系某些方面是和谐的、良好的，某些方面确实是紧张的、恶劣的。因此，受测者的情绪很不稳定，内心极不平衡，常常处于矛盾状态中。

如果得分在0~2分，说明受测者较尊重他人，敢于承担责任，对环境的适应性强。受测者常常以自己的真诚、宽容、责任心强等个性特点，获得众人的好感与赞同。

（4）记分表D栏上的小计分数，显示出受测者同异性朋友交往的困扰程度。

如果得分在5分以上，说明受测者在与异性交往的过程中存在较为严重的困扰。也许受测者对异性存有过分的思慕，或者对异性持有偏见。这两种态度都有片面之处。也许是不知如何把握好与异性同学交往的分寸而陷入困扰之中。

如果得分在3~4分，说明受测者与异性同学交往的行为困扰程度一般。有时受测者可能觉得与异性同学交往是一件愉快的事，有时又可能觉得这种交往似乎是一种负担，不知道如何与异性交往最适宜。

如果得分在0~2分，说明受测者知道如何正确处理与异性朋友之间的关系。受测者对异性同学持公正的态度，能大方自然地与他们交往，并且在与异性朋友交往中，得到了许多从同性朋友那里得不到的东西。受测者可能是一个比较受欢迎的人。无论是同性朋友还是异性朋友，多数人都比较喜欢和赞赏受测者。

团体心理辅导

活动一：轻解千千结

【活动流程】

（1）十人一组，手牵手围成圆圈，并牢记左右手握着的组员。

（2）当音乐响起时，请大家在圆圈范围内跟自己同组的组员握手，握的人越多越好。当音乐停止时，请原地保持停止不动。

（3）原地握住你游戏初始状态握着你左右手的组员。想办法打开由牵手组成的杂乱的“千千结”。所有的组员按要求做一次或两次“微笑”训练。

【心灵分享】

（1）人际交往中有哪些“结”？

（2）我们可以怎样解开这些“结”呢？

活动二：你是我的眼

【活动目的】通过游戏，让学生体验助人与受助的感受，增加对他人的信任与接纳，同时培养乐于助人和接受帮助的意识。

【准备道具】眼罩、障碍物（书本）。

【活动步骤】

（1）以两人一组参加，其中一人蒙住眼睛，原地转 5 圈；另一人可以看得见，但不能讲话。

（2）两人从讲台走到阶梯教室后面再返回讲台，其间不能碰到障碍物。若碰到，则需停留 10 秒，才能继续前进。

【心灵分享】

（1）玩好这个游戏，最重要的是什么？

（2）过程中，对方的哪一个动作最让你感动？

第七章
解密爱情——大学生恋爱心理

爱，是人类最美的语言；爱情，是人类最美丽的情感。提起爱情，想必很多人都充满了美好的憧憬和渴望，因为爱情是人际吸引最强烈的形式，是一种有着积极因素的高级情感，是一种令人神往的心理体验。正处在青春年华的大学时期恰好是初次了解爱情的阶段，恋爱不再是过去遮遮掩掩的“地下工作”，而是轰轰烈烈的青春体验，在大学中经历爱情也是成长的一部分。

课程导读

用理智控制情绪

刘同学，男，20 岁，从四川山区考入上海的一所大学。开学后不久，他朴实的装束、憨厚的气质和不爱说话的性格给老师和同学们留下了深刻的印象。因为他不想参加活动，整天沉浸在阅读中，同学们给他起了个绰号叫“书呆子”。虽然这个绰号有些傻气，但也包含了一定程度的肯定，他非常开心。

一个偶然的机会，他遇见了一个女孩。她热情、开朗、健谈。她像花一样甜美的笑脸给他留下了深刻的印象。那天晚上，他失眠了。他想向她表白，但缺乏勇气。从那以后，他变了，变得整天心不在焉，对学习没有热情。他经常在人群中寻找女孩的影子，想看她一眼，对她说一句话。有一天，他看见她和一个男生在一起有说有笑的，心里不知是什么滋味。他想把她忘掉，却总是失败。每次在路上遇到她，总要不由自主地多看她一眼，他觉得自己真是没用。似乎唯一的办法就是离开她，离开学校，可他又忘不了父母的嘱托，他该怎么办?

在老师的多次热情帮助下，刘同学懂得了大学生应该用理性来驾驭情感。他摆正了情感与学习的位置，终于恢复了以前的钻研精神，学习成绩优秀，被选举为班级的学习委员，同时成为全年级唯一的特等奖学金获得者。同学们纷纷向他投来羡慕的目光，老师也称赞他是一个很有发展前途的好苗子。

进入青春期的大学生，随着生理和心理的发展成熟，自然产生了对爱的向往和关注。爱情是人类特有的感情，摆正爱情在人生中的位置，树立正确的恋爱观，是大学生健康成长的必然要求。

第一节　“爱”的真谛

爱情是古往今来经久不衰的主题，也是人生幸福的一大追求，更是美好婚姻的基石。大学时代是人生美好的时光，如果在大学时代与爱情相逢，那就应该用心呵护，倍加珍惜。处理好恋爱中的各种关系，是对爱情的祝福，也是对自己的祝福，更是对未来的祝福。人们渴望爱情，可爱情到底是什么呢？

一、爱情的定义和基本特征

（一）爱情的定义

有些心理学家把爱情看作人际交往内容的一部分，他们从不同的角度来定义爱情。人本主义心理学家罗杰斯认为，“爱是深深的理解和接受。”马斯洛认为，“爱的需要涉及给予和接受爱，我们必须懂得爱，必须能教会爱、创造爱、预测爱。”弗洛姆强调爱情是一个人对另一个人的外貌和能力的积极表达，爱情使一个人开始了对另一个人的关注。因此，心理学家将爱情定义为“心理成熟到一定程度的人，对异性产生的具有浪漫色彩的高级情感。”

马克思指出，爱情是基于一定的客观物质条件和共同的生活理想，在各自心中形成的真挚的爱慕，并渴望对方成为终身伴侣的一种最强烈、最专一的感情。我国伦理学家罗国杰提出，爱情是指在一定社会经济文化状态下，异性之间以共同的生活理想为基础，以平等互爱和自愿承担责任和义务为前提，以渴求结为终身伴侣为目的，而按照一定的道德标准自主结成的一种具有排他性和持久性的特殊社会关系。

综上所述，爱情是人际吸引最强烈的形式，是身心成熟到一定程度的个体对另一个体产生的有浪漫色彩的高级情感。爱情是指男女之间基于一定客观物质条件和共同人生理想，在各自内心中形成的对对方的真挚仰慕，渴望对方成为自己人生伴侣的最强烈的情感体验，是人类特有的一种高尚精神享受。

爱情有着丰富的内容，它通常是由四个要素构成的。

（1）性欲。这是爱情的生理基础和自然前提。爱情产生的自然前提和生理基础是随着性意识的成熟而萌发的对异性的欲望与需求，人类有赖于这种生理本能繁衍后代，使种族得以延续。

（2）情感。这是爱情的中心环节。相互真诚的眷恋与炽热的情感体验是爱情产生的内在心理动因。

（3）理想。这是爱情的社会基础，也是爱情的理性向导。

（4）义务。这是爱情的社会要求，表现为自觉的道德责任感。因此，爱情是生理性、情感性和社会性的内在统一。

上述四个要素相互联系，缺一不可，否则就是残缺的或被扭曲的爱情。

（二）爱情的基本特征

爱情的基本特征

爱情是两性关系发展到高级阶段产生的一种极为复杂的感情形态，包含生理、心理、社会、道德、美学等诸多内容。作为人与人之间特定的社会关系，爱情具有以下基本特征。

1. 自主性和互爱性

爱情是一种复杂、圣洁、崇高的感情活动，它是由两颗心灵弹拨出来的和弦，彼此互相倾慕，情投意合。真正的爱情是建立在两者自愿基础上的互爱，是对对方的倾慕与无私付出，同时希望得到对方爱的回馈，而不是依靠外在因素和势力的干预。在爱情发展中，双方必须始终处于平等互爱的地位。单恋虽然也是一种强烈的情感，但它不是互爱意义上的爱情，它只能从内部消耗一个人的精神力量，造成心灵创伤，因而是不可取的。

2. 专一性和排他性

爱情是两颗心相撞发出的共鸣，高尚的情操是爱情的生命与灵魂。两人一旦相爱，就会要求相互忠贞，并且排斥任何第三者亲近双方中的一方。忠贞专一是纯真爱情的重要标志，是爱情的美德。“爱情之酒甜而苦，两人喝是甘露，三人喝是酸醋，随便喝要中毒。”

3. 持久性和阶段性

爱情是一棵苍松而不是一枝昙花，爱情所包含的感情因素和义务因素，不仅存在于婚前的整个恋爱过程之中，而且延续到婚后的夫妻生活和家庭生活中。爱情的持久性表现在爱情的不断深化、充实和提高上。真正的爱，非环境所能改变；真正的爱，非时间所能磨灭；真正的爱，给我们带来欢乐和生命。事实上，爱情的持久性正是建立和保持婚姻关系的基础。真正的爱情不会随着年岁的增长而减弱，但在人生的不同年龄阶段，爱情的表现会有所不同，具有阶段性，年轻时的浪漫甜蜜最终转化成中老年时期的相濡以沫。

4. 社会性和道德性

爱情虽然是相互爱慕的私情，但具有丰富的社会内容，爱情的本质属性是深刻的社会性，其原因如下：爱情体现人的社会性本质。人的生理性欲的表达，要受到社会文化、道德习俗等社会生活方式的制约，是经过人类文明净化的性爱需求。爱情是人类发展到一定历史阶段的社会现象，随着与现代文明相适应的人类婚姻家庭制度的出现与演变，一夫一妻制家庭形成，爱情得以产生与发展，从而构成人类社会婚姻家庭的基础。爱情内嵌了深刻的社会内容，是在人们的社会交往中逐步萌发的。人们对爱情的理解、对恋爱对象的选择是和特定的政治、经济、思想文化与社会习俗密切相关的，反映了其不同的世界观与人生观。社会生活的丰富与变化，形成了爱情心理的不同内容与形式。爱情本身体现的是一种社会行为，不单纯地只是一种个体的情感。爱情的追求、婚姻的缔结、家庭的组建，既关系到个人的幸福和双方的幸福，又关系到子女的抚育、老人的赡养等家庭的社会责任与义务。爱情中蕴含着对对方的强烈的义务感和责任心。

二、爱情的心理结构

爱情是一个具有复杂心理结构的统一体，是由相互联系的不同功能的要素交织而成的感情系统。爱情的结构包括情爱和性爱两部分。性爱是爱情的自然属性，是自然吸引；情爱是爱情的社会属性，体现了爱情的本质特征。只有二者相融才能达到至高无上的爱情境界。

（一）性爱是爱情产生和发展的内在动力与源泉

性爱是建立在性欲基础之上的对异性的倾慕、亲近的感情体验，是建立爱情的必要要素，是与亲情、友情等非性爱关系的感情的根本不同之处，无视了爱情的这一生理因素就无视了自然规律。

（二）情爱是爱情产生和发展的必要条件与存在的基础

人追求爱情，并不仅仅是为了满足性欲，还在于创造一种特殊的亲密、温馨的人际关系，这就是人这种高等生物的爱与其他动物的性冲动的根本不同。情爱包含各种高级的情感体验，如尊敬、同情、喜悦、恭敬、诱惑、依恋、自我牺牲、细心体贴等，也包含了思想情感的融洽与相互的心理包容。爱情中的心理包容是指两人在生活和事业上的志同道合和心理上的和谐。一方面，男女在生活志向、人生理想、价值取向上的一致，是产生和加深爱情的强大精神动力，是爱情的意识形态基础；另一方面，爱情是人的一种高级情感体验，它是双方的个性、爱好、情趣等各方面的和谐和互补及协调，是一种高层次的情感交融，也是情感上愉悦的享受。

（三）忠贞专一是纯真爱情的重要标志

爱情本身所包含的特殊情感、责任和义务，只有在有爱情关系的男女之间才会存在。崇高的情操是爱情的生命和灵魂，著名的教育家苏霍姆林斯基曾说过："真正的爱情能使理智有助于感情，能向感情注入道德力量，使内心活动从道德上趋于高尚，而不使人去盘算他所爱的人能给自己带来多大的好处。"只有把感情与思想结合在一起，形成人对人的道德责任感，才能使爱情变得高尚。爱情是人的高级情感，在爱情和责任的碰撞中，在人性和道德的较量中，忠贞专一是检验爱情的试金石。

拓展阅读

爱情三因素理论

美国耶鲁大学社会心理学家罗伯特·斯滕伯格提出的爱情三角理论，认为爱情由三个基本成分组成：亲密、激情和承诺。亲密是指恋爱双方在爱情关系中能够促进双方产生亲近、志同道合、不分彼此等感受。激情则意味着恋爱的双方处于一种"强烈地渴望跟对方结合的状态"，主要是欲望和需求的表达方式，表现为强烈的情绪唤醒状态和性吸引力。承诺主要是指双方为了维系一段爱情关系所需的保证、投入、忠诚、义务等。可以说，一段真心投入的爱情关系中，亲密、激情、承诺三者缺一不可。

斯滕伯格的爱情模型是一个三角形，在这个三角形中，每个角都代表了爱情的一种成分，理想的爱情三角形应该是等边三角形，三种成分在爱情中占据的重要程度是一致的。另外，如果恋爱双方各自的爱情三角形是相同或者接近的，双方就比较匹配；当他们的模型不够匹配时，这段爱情关系可能就不会走得长远（见图7-1）。

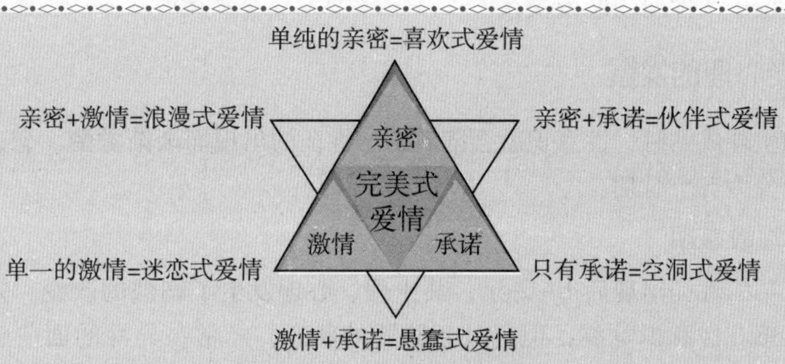

图7-1 七种爱情示意图

亲密、激情和承诺三大元素组成七种不同类型的爱情：

第一种是喜欢式爱情，只有亲密，没有激情和承诺。这种爱情有点类似于友情，两人互不讨厌，在一起感觉很舒服，但是觉得缺少激情，也不一定愿意厮守终生。

第二种是迷恋式爱情，只有激情，没有亲密和承诺，如初恋。迷恋式爱情可以让你当下如痴如醉，是一种受到本能牵引和导向的青涩活动。但是，对对方了解不多，也没有想过将来，长远来看，绝大多数情况下都不会有好结果。

第三种是空洞式爱情，只有承诺，缺乏亲密和激情，如纯粹为了结婚的爱情。此类"爱情"看上去丰满，却缺少必要的内容，金玉其外，败絮其中。

第四种是浪漫式爱情，只有亲密和激情，没有承诺，这种"爱情"崇尚过程，不在乎结果。浪漫式爱情就像温柔的刀，让你在不知不觉中陷入其中，但是，并没有未来。

第五种是伙伴式爱情，只有亲密和承诺，没有激情。与空洞式爱情相似，没有激情的爱情还能叫爱情吗？这里指的是四平八稳的婚姻，只有权利、义务，没有感情。

第六种是愚蠢式爱情，只有激情和承诺，没有亲密。没有亲密的激情是生理上的冲动，而没有亲密的承诺不过是随口一说，这种感情注定难长久。

第七种是完美式爱情，包含亲密、激情和承诺。只有在这一类型中，彼此互相滋养，领略美好爱情的真谛，才能看到爱情的庐山真面目。

斯滕伯格认为前六种都只是类爱情或非爱情，在本质上并不是爱情，只有第七种才是爱情。而现实生活中类爱情或非爱情的情形实在太多，以致把具备三要素的爱情当作超现实的理想状态。

第二节 当代大学生恋爱心理

人在社会中不是孤立地存在，在人生的不同阶段，对心理健康产生重要影响的人际关系的侧重点也是不同的。对大学生而言，曾经产生过重要影响的亲子关系、师生关系、同伴关系，正让位于两性间的恋爱关系。

一、恋爱心理的发展

当个体的生理成熟时，性意识就会随着第二性征的出现而渐渐觉醒。恋爱心理的形成与发展大致可分为五个时期。

（一）异性敏感期

青少年在第二性征出现后1～2年，其生理、心理发生了剧烈的改变，并对两性之间的差别非常敏感。性意识觉醒，但仍处于朦胧的状态，经常在异性的面前感到羞怯和不安；男生和女生泾渭分明，互相回避。

（二）异性吸引期

青少年性生理上成熟，性心理逐渐发展，开始对异性有一种模糊的好感和爱慕。女生在12—13岁，男生在13—14岁之后，会有想要和对方接触的意愿。女生们开始注重自己的装扮来吸引男生的注意力和好感，而男生为了博取女生的欢心，也开始有意识地展示自己。然而，这个阶段的少男少女的生理和自我意识都不够成熟，所以他们常常不知道如何与异性相处；他们所向往的异性，基本上都是泛化的、不稳定的，缺少专一性，是一种未成熟的恋爱心理。

（三）异性向往期

13—16岁以后是青春期的中段，此时的青少年生理发育逐渐成熟，性心理开始发展，男女情窦初开；这一时期的年轻人尤其注重外表和举止，喜爱阅读和观看描写爱情的文学作品、影视等，并寻找与异性接触的机会，从群体的好感转变为对个别异性的依恋；开始递字条，写情书，表达自己的爱意。

（四）择偶尝试期

进入大学的青春中后期，青年男女对异性的倾慕和向往有了明确的目标，并开始有目的地选择和接触交往对象，尝试与对象建立关系。

（五）恋爱择偶期

随着性心理的成熟、社会阅历的增加，青年男女的恋爱观念逐渐形成，能够综合考量择偶标准，并认识到了恋爱中的社会责任与义务，知道衡量自己的分量与位置，开始寻找和选择自己的配偶对象，并建立、培育双方的爱情，进入一种成熟的恋爱心理。这一阶段是理想的、完善的择偶选择期。

二、爱情的发展阶段

爱情发展大致经历四个阶段。

（一）定向阶段

单方相识阶段。单方相识阶段的人际关系实际上是互不相识的双方在某一群体中选择愿意交往的对象，只包含交往双方一些简单的接触，尚未形成有效的沟通和交往。定向阶段包含着对交往对象的注意、抉择和初步沟通等多方面的心理活动。

（二）情感探索阶段

表面接触阶段。这一水平的人际关系，双方涉入与投入的程度都很低，实际上都是以相应的角色在进行交往。恋爱双方开始约会，一起聊天、互赠礼品、共同讨论有兴趣话题等，沟通越来越广泛，双方亲密感有所加强，但避免进入对方的私密性领域。

（三）感情交流阶段

此时双方在人际关系上的安全感已经得到确立，双方关系的性质出现实质性变化，开始一对一频繁交往，因而谈话也开始广泛涉及自我的许多方面，并有较深的情感投入。如果关系在这一阶段破裂，将会给双方带来相当大的心理压力。在这一阶段，双方的表现已经超出正式交往的范围，正式交往模式的压力已经趋于消失。此时，双方会相互提供真实的评价性的反馈信息，提供建议，彼此进行真诚的赞赏和批评。

（四）稳定交往阶段

亲密接触阶段。在这一阶段，双方心理上的相容性会进一步增加，自我暴露也更广泛深刻。此时，双方已经可以允许对方进入自己高度私密性的个人领域，分享自己的生活空间和财产。亲密感的加强，导致双方都觉得离不开对方，又担心对方离开自己，希望能通过如订婚、办理结婚手续的契约形式将双方关系制度化。

三、恋爱中的心理误区

爱情是美丽的，但有时候却是盲目的。恋爱中的人很容易陷入爱的梦幻中，迷失的表现就是看不清对方，只能看到对方积极的一面，夸大对方的优点；而另外一种，则是期望太高，要求太高，会有一些心理上的问题。各种不良的心理因素都会对两个人之间的关系产生影响。以下总结了几种导致恋爱失衡的心理误区。

（一）以自我为中心的心理

有这种心态的人，要求恋人围绕着他，听从他的吩咐，为自己服务，迎合自己的需求，无视对方的需求、兴趣、爱好、价值，所以很难获得异性的爱情。只有改变自己的价值观，懂得照顾他人，尊重他人，才能成就一段成功的爱情。

（二）求全心理

有些人把恋人过于理想化，将自己的标准设定得太高，超出了实际可能。这就大大减少了择偶范围，降低了你的爱情成功率。尤其是年纪较大的年轻人，追求完美的心态更加明显，导致了一次又一次的错误。有这样一种心态的人，要从理想状态回归现实，适时地调整自己的择偶标准，这样才是正确的方式。

（三）自卑心理

有自卑心理的人，未必就是生活条件不好的原因，也有可能是因为身体原因、职业原因，或有过某些过失。自卑心理的人容易被孤立，不喜欢社交，不愿意出现在公众面前，也不愿意和异性接触。在遇见理想的异性时，由于害怕被人瞧不起，不敢勇敢地追求，错过了机会。有此思想的人要振作起来，树立自信和自强的心理。

（四）从众心理

有此心理的人会对爱人的观点缺乏自信，同时也会被周围的环境和人所左右。有人说好，他们就会感到骄傲；有人说不好，他们就会认为不是理想的，往往因随波逐流而断送了自己的爱情。有从众心理的人，广泛听取意见固然好，但是要仔细地分析和评判，做出自己的决定。

（五）迷信心理

在封建迷信的熏陶下，有些人相信缘分天定，为自己的婚姻祈求神明、算命、占卜，从而妨碍了年轻男女之间的感情建立与发展，甚至造成不幸。有此心态者，应当树立科学理念，消除“愚昧”思想的影响。

拓展阅读

爱情中的心理学效应

1. 一见钟情：首因效应

男女双方初次见面时带来的印象“余波”最深远，一些一见钟情的爱情便是由此产生的。精心打扮的人，会给对方传达一种“精致”的印象。即便以后不常打扮，这个刻板印象在对方的脑海里也很难抹去。第一面的感觉直接决定了彼此的整体印象。首因效应由美国心理学家洛钦斯首先提出，也叫第一印象效应，指交往双方形成的第一次印象对今后交往关系的影响，即“先入为主”带来的效果。虽然这些第一印象并非总是正确的，但却是最鲜明、最牢固的，并且决定着以后双方交往的进程。

2. 爱屋及乌：光环效应

又称晕轮效应，它是一种影响人际知觉的因素。这种爱屋及乌的强烈知觉的品质或特点，就像日月晕的光环一样，向周围弥漫、扩散，所以形象地称这一心理效应为光环效应。

现实生活中，一个人的某种品质或一个物品的某种特性能给人以非常好的印象。在这种印象的影响下，人们对这个人的其他品质或这个物品的其他特性也会给予较好的评价。如把自己打扮得美美的或者帅气有型，他人会觉得这个人很好相处，性格很好，是一个善良的人。这就是光环效应的体现。

光环效应最早由美国著名心理学家桑代克于20世纪20年代提出。人们既不要因为他人身上的光环而忽略其不足，同时也可以利用这个效应来提升自己的形象。

3. 如你所愿：皮格马利翁效应

皮格马利翁效应是指人们基于对某种情境的知觉而形成的期望或预言，会使该情境产生适应这一期望或预言的效应，即人的情感、观念和行为，会不同程度地、下意识地受到他人的影响。它作为一种心理学启示来说，即为：人的赞美、夸奖和愿望会成为一种心理暗示，让被期望者在无形的力量助推下，按照人的期望去做事。婚姻生活也是如此，如果夫妻经常互相称赞和鼓励，这种潜移默化的力量，会有效发挥其积极作用，能让另一半成为你所期望的样子，那么两个人都会逐渐往对方所夸奖和期盼的方向变化。

4. 两情相悦：阿伦森效应

阿伦森效应是指随着奖励减少而导致态度逐渐消极，随着奖励增加而导致态度逐渐积极的心理现象。因此，人们都喜欢那些对自己喜欢、奖励、赞扬不断增加的人，总是最先注意到那些喜欢自己的人，而厌恶那些带给自己挫败感的人和事情。所谓“两情相悦”，就是指人类总是对那些对自己有好感的人产生兴趣。当一个人表现出喜欢自己的倾向，自己就会不自觉地寻找对方身上的长处，也容易不知不觉地喜欢上对方。

5. 难忘初恋：契可尼效应

初恋是最懵懂、最青涩、最刻骨铭心的，那种小暧昧和情窦初开的懵懵懂懂的爱情让人怀念。西方心理学家契可尼做了许多有趣的实验，发现一般人对已完成了的、已有结果的事情极易忘怀，而对中断了的、未完成的、未达目标的事情却总是记忆犹新。

6. 越挫越爱：罗密欧与朱丽叶效应

莎士比亚的名剧《罗密欧与朱丽叶》描写了罗密欧与朱丽叶的爱情悲剧。他们非常相爱，但由于两家是世仇，感情得不到家人的认可，双方家长百般阻挠。然而，他们的感情并没有因为家长的干涉而有丝毫的减弱，反而相爱更深，最终双双殉情而死。心理学家德斯考尔等人在对爱情进行科学研究时发现，在一定范围内，父母或长辈干涉儿女的感情，非但不能抑制恋人们之间的爱情，恋爱双方的情感反而会更强烈，恋爱关系也会变得更加牢固。父母干涉越多、反对越强烈，恋人们相爱就越深，这种现象被心理学家称为“罗密欧与朱丽叶效应”。

7. 增值者赢：马太效应

马太效应在恋爱中的表现为增值者赢。当一个人愿意为自己多付出、不断完善自己时，其个人魅力越能得到提升，从而更具吸引力；而一味讨好对方，则会让对方恃宠而骄，使自己在投入过程中不断“贬值”，对方却在投入过程中不断“增值”。这种情况多见于女性，为了丈夫的事业发展放弃了自己的工作，成为家庭妇女，相夫教子，在生活和岁月的蹉跎中青春流逝。

四、恋爱中的心理困扰

爱情之花虽然美艳，可是在花的海洋里，却容易迷失方向。恋爱在给人带来光明与幸福的同时，也会给人带来烦恼和痛苦。

（一）单恋

单恋也就是单相思，是指一方对另一方的以一厢情愿的倾慕与热爱为特点的畸形爱情，它仅仅停留在爱恋上而没有发展成相恋。单恋通常表现为三类。

1. 自作多情

自作多情，即一方一厢情愿地爱另一方，即使对方不作回应也无怨无悔，甚至对方已经明确拒绝，还一味地追求。

2. 误会

误会大多体现在与异性接触时，对对方的言行过于敏感，误把对方的友情当爱情，把对方的亲切和蔼、热情大方当作爱的表示并坚信不已，从而陷入暗恋的深渊不能自拔。

3. 暗恋

暗恋即在心中暗暗地爱上一个人，自己从不轻易表露或者怯于表白，因而苦苦思念。可能很多人都有过暗恋的体验，适度的暗恋很正常。随着时间的推移，大多可自行调整，感觉逐渐变淡。如果暗恋者因为自身的幻想特质、认知偏差等原因，导致自己痛苦万分，也会发展成一种心理障碍。暗恋者固然能体验到一种深刻的快乐，但会更多地感到情感的压抑，因为他们无法正常地向自己所钟爱的异性倾诉柔情，更不能感受到对方爱意的温馨。长期的痛苦暗恋也容易让人逐渐变得孤僻、不合群，对自尊心和恋爱心理的消极影响极大。

大学生如何才能不陷入暗恋的旋涡呢？

（1）如果是处在恋爱的年龄，并且对方也是暗身一人，向意中人勇敢地表达爱慕之情是摆脱暗相思的直接方式。在表白之前，需要对各种可能出现的结果做好心理准备，然后鼓足勇气表白。被对方接受的结果是皆大欢喜的，如果被对方婉转拒绝，一定要用理智克制自己的情感，及早从自己的美梦中醒来。

（2）如果暗恋的对方已经有人生伴侣或成家，不能盲目表达爱慕之情，而是尽早理智地控制感情。可以有意识地减少与暗恋对象的接触机会；把自己的焦虑和忧愁讲给朋友，听听朋友开导；同时多参加感兴趣的活动，扩大交往圈子，必要时，可寻求心理咨询的帮助。

（二）三角恋

三角恋一般有两种情况，一种是在确定了恋爱关系之后，又有了一个第三者，另一种是在同一时间内和两个或者更多的人在一起。根据人们处于三角关系的心理状态，可以将三角恋分为主动和被动。主动的人对三角关系的出现毫不在意，甚至故意营造出三角关系，这是极其不道德的；而被动的人，在不愿意的情况下，或不自觉地陷入了一段三角关系，并为此而感到痛苦，渴望摆脱这一窘境。

作为一个被动的人，可以从以下几个方面来观察自己陷入的三角关系，并据此采取相应的对策。

1. 区分爱的选择性和唯一性

健康的恋爱需要双方尊重自己的选择，但是，爱的本性告诉我们，爱是专一的、排他的，不再含有选择。如果你同时与几个对象确定了恋爱关系之后再进行选择，那么你就会把“选择”和“排他”搞得一头雾水。在这样的情形下，应该先衡量一下自己的感觉，再逐步地减少与彼此的关系和接触上的联系。

2. 重新评价自己与对象的恋爱关系

在三角关系里，总是会有一些人会处于不利地位。失利的人会很痛苦，需要理性来帮助自己。清楚地剖析造成这种情况的原因，并对自己与爱人之间的关系进行反思，是否是自己的行为失当？或者的确是对方认为第三者比自己更合适？经过一段时间的冷静思考，可以和自己喜欢的人开诚布公地交谈，哪怕对方的感情无法挽回，也要坦然地接受。千万不要意气用事，只想着挽回自己的颜面，这样不但没有任何好处，反而会让自己更加痛苦。

3. 做出明智的退避决策

按理说，当陷入了三角恋的时候，这份感情价值就不大了。如果浪费了太多的时间和精力，不但不会让你幸福和进步，反而会让你的情绪变得更加糟糕。所以，应当综合各方面的情况，如果我们不能和他的爱人在一起，那么，我们就应该勇敢地面对他们。及时地停止损失，从三角关系中抽身，就可以完全摆脱这种毫无意义的情感纠缠。

（三）失恋

恋爱是幸福的，失恋是痛苦的。失恋是指恋爱的一方否认或终止恋爱关系的结果给另一方造成的一种严重挫折。失恋带来的最直接的感受是自卑感、失败感，以及痛苦的情绪反应。有的大学生失恋后觉得自己一无是处，在异性面前抬不起头；还有的人会产生极大的挫败感，甚至不再相信爱情，在失恋过程中伴随抑郁、悲伤等痛苦情绪，这些消极影响在相当长的时间内波及当事人的生活各个方面，降低生活的兴趣和信心。

一般来说，失恋要经历三个过程：震雷般的重击感、烦躁不安的痉挛期和冲动平息。前两个过程是失恋的危险期，少则三五天，多则十天半个月，闯过危险期，才能恢复心理平衡。如何更快、更有效地摆脱失恋的痛苦呢？

1. 宣泄情绪，不去纠缠

失恋者精神遭受打击，被悔恨、遗憾、愤怒、惆怅、失望、孤独等不良情绪困扰，可以主动找朋友倾诉，甚至大哭一场，减轻心理负荷。如果感觉郁积很深，实在难以排解，就有必要寻求专门的心理咨询机构的帮助。这个阶段一定注意不要找对方宣泄情绪，更不要采用死缠烂打、威胁、讨好献殷勤等方式。如果自己想挽回感情的意愿非常强烈，可以采用对方能接受的方式去沟通。假如对方明确表示拒绝修复关系，此时正确的做法是接受现实，承认这段感情是真的已经结束。

2. 正视现实，理智分析

大学生必须树立的观念是：失恋是恋爱的一部分，失恋不等于失败，而是成长过程中必经的考验。作为一个有理想、有抱负的大学生，应勇敢地正视失恋的现实，爱情是以互爱为前提的，不是同情、怜悯，更不是强求，应该尊重对方选择爱人的权利。失恋者应该坦然面对失恋的现实，认真总结经验教训，努力完善自我，当未来更为美好的爱情出现时，能够既有准备，又有能力抓住它，不至于再次失之交臂。

3. 积极转移，自立自强

失恋者要恢复心理平衡，还需要做好感情转移和空间转移。失恋后之所以难以摆脱恋情的困扰，就在于生活的方方面面都与昔日恋人有千丝万缕的联系。失恋后可以主动换环境，暂时离开触动恋爱回忆的景、物、人，把自己置于另一种情景之中。另外，把感情转移到其他事物上，尽快把精力引向学习及有益活动中，把失恋升华为一种向上的动力。许多失恋者因此创造出了辉煌的成就，像歌德、贝多芬等历史名人都曾饱受失恋的痛苦，他们在奋斗中更新自我，是积极转移失恋痛苦的楷模。如果失恋者能正确对待和处理失恋，不仅能从中学到爱的能力，还能更好地完善自己、提升自己。失恋者切忌马上爱恋其他对象，因为失恋时渴望感情寄托，往往容易感情用事，很可能导致不当的选择。

（四）网恋

当下，网恋现象越来越多。网恋就是在网络上谈恋爱，指原来不认识的异性网友，通过网络相识，然后开始虚拟的恋爱或者有可能进入现实的“感情”。它主要包括两种形式：第一种是纯粹意义上的网恋，即纯粹在网络上认识、恋爱，完全没有在现实中接触；第二种是网络与现实相结合，即从网络走进现实生活。

网络的开放性、交互性、虚拟性等特点对大学生恋爱产生两方面的作用：一是有利因素，使大学生的择偶面和自由度更大，进而会使婚恋的主观满意度提高；二是不利因素，网恋对大学生交往安全意识、人际交往能力、学业产生影响，甚至有部分学生过度地沉迷在这种虚拟的感情中，对生活造成困扰。因此，如何正确地看待网恋，尤为重要。

1. 树立正确的网上恋爱观

首先，要明确爱情的真谛，不能把网恋视为一种网络游戏。其次，辩证地看待网恋。网络只是交流思想的一种媒介，而不能将爱情沉陷于虚无的网络世界，网络中的爱情只有“下载”到现实生活中，才有生长的土壤。最后，理智地对待网恋。部分大学生视网恋高于一切，一旦遇到问题就自以为失去了一切。其实，爱情虽是生活的重要部分，但绝不是主要部分，更不是生活的全部。对大学生来说，还有许多比爱情更重要的人生真谛需要去追求和探寻。

2. 加强自我保护和防范意识

在网恋过程中，加强自我保护，即网恋者要培养较强的识别能力和“免疫”能力，避免在不知情的情况下落入“网络的桃色陷阱”。网络是一种开放性的虚拟空间，在给人们显示一种朦胧、神秘的诱惑的同时，也在一定程度上掩盖了卑鄙者的罪恶，故更需加强自我保护和防范意识。特别是对生活在象牙塔内、容易把情感放在第一位的大学生而言，如果自我防范意识不强，在情感上很容易上当，对生活造成困扰。

3. 加强自我约束，抵制各种诱惑

网络空间的突出特点是隐蔽性。在网恋中，大学生要做到“勿以恶小而为之”，不应采用经过处理的照片、信息等进行网恋欺骗、网恋暴力等，只有这样才能在“虚拟社会”中保持健康向上的行为，提高自己的道德素养。

五、如何培养爱的能力

（一）爱的能力的含义

1. 什么是爱的能力

爱的能力是指和他人建立亲密关系的能力。爱的能力会引导一个人去真正地爱他人，也真正地爱自己，能真正体验到爱给人带来的快乐和幸福。人们对生活、幸福、成长及自由的肯定都是以爱的能力为基础的。真正意义上的爱，更是一种为成长和幸福所做的积极奋斗。爱的能力与一个人的成长环境、家庭背景、生存状态等后天因素有关系，因此爱的能力是在社会生活中逐渐成长起来的，恋爱过程也是培养爱的能力的过程。

2. 爱的储存

爱的能力首先看内心储存了多少爱，如果一个人内心是干枯的，没有爱可以付出，也就缺乏爱的能力的基础。心理学家米尔曾提出，每个人内心都有一个储爱槽，储爱槽是储存爱的地方，用来解释人对爱的渴望。储爱槽里爱的多少，会对一个人的爱情产生影响。如果储爱槽缺少爱，就特别渴望爱的补偿，特别害怕失去爱情，却不知道怎样才能得到真正的爱；如果储爱槽的爱是丰盈的，那么他就会切身感到自己是一个可爱的人，就能积极地生活，对爱情有美好的向往，不会过多计较爱的得与失，拥有健康的爱，有传递爱的能力。

3. 自爱

自爱是爱他人的基础。自爱与其他任何一种爱非但不矛盾，甚至互相联系。一个自爱的人，是一个对自己生活、幸福、成长负责任的人，是一个能够认识自我、发展自我、超越自我的人，是一个有爱的能力的人。爱他人是自爱能力的反映，若一个人有能力爱自己，也就有能力爱他人。

人的自爱不能等同于人的自私，因为自私总是牵涉到他人的利益，甚至产生不健康的情感和损人利己的行为，而自爱是关注自己，保全自己的愿望和情感。在心理健康教育领域，自爱作为良好的自我意识的组成部分，主要是指悦纳自己、接纳自己的一切，包括对自己的长处和不足，不会因自己的缺陷而感到过分的自责和自卑。自爱是人与人在相爱的过程中，既爱他人，也要保持自己的独立人格与尊严，而不是屈从于他人或完全奉献于他人。

（二）爱的能力的组成

爱的能力的组成

案例故事

爱情是美好和甜蜜的，但是在追求或者享受美好爱情的同时，也会遇到爱情中的种种困惑，包括如何把握爱情和友情的界限，如何向恋人表达自己的想法，如何拒绝他人的爱，等等。

故事一：

阿涛和青青是高中同学，刚上大学时两人彼此照应，经常一起结伴回老家，一起在大学参加各种活动。阿涛很关心青青，也经常送青青一些可爱的小礼物，有时也会表达出对青青的喜欢。不过在青青心中，阿涛不是自己喜欢的类型，她只是把阿涛当成好朋友，可阿涛显然是在追求青青，这让青青很烦恼。她想向阿涛说明，又担心伤害阿涛，影响两个人的关系，不知道如何开口。

故事二：

菲菲和小刚是一对恋人，两人相恋半年，关系很稳定。菲菲是个乖巧的南方女孩，漂亮温柔，她对小刚很依恋，很喜欢两人经常待在一起，一起学习，一起逛街，一起和朋友聚会等。小刚也非常爱菲菲，小刚也明白，恋人之间需要多陪伴，但是他也希望能有自己独处的空间，能单独和朋友聚会，但他怕说出来后，菲菲会误会自己爱她不如以前了。小刚该如何表达自己呢？

故事三：

阿成和晶晶交往一年了，过了热恋期以后，两个人就会经常为一些琐碎的事情产生分歧，比如阿成喜欢户外活动，晶晶却喜欢一起在图书馆安静地看书；外出游玩时，阿成喜欢随性尽情玩乐，晶晶却喜欢各种拍照留念。很多小事上阿成都会顾虑晶晶的喜好，处处顺从晶晶，但是阿成很少表达自己感受，两人也没有对这些问题进行沟通交流，晶晶也习惯于被顺从，很少考虑阿成的感受。随着交往的时间越来越长，阿成感觉自己在这段感情中太委屈，越来越发现两人不合适，他不想伤害晶晶，但是又不希望自己的感受被压抑，想要提出分手，这个时候阿成要如何表达自己呢？

1. 表达爱的能力

一个人心中有了爱，在理智分析之后，要敢于表达，善于表达，这是一种能力。爱的表达能力包括求爱的表达，以及爱情发展到一定程度的表达。

（1）求爱的表达。表达爱需要勇气和信心，它不是爱在心口难开，而是随着情感交往的深入，自然而坦率地表达对对方的爱意。表达爱有可能得不到回报或者被拒绝，因此需要做好心理准备。同时，表达爱需要掌握适时、适地、适度原则，需要适合中国的文化特征，如选择双方都处于好心情的时间；选择不会给对方和自己造成心理紧张和不适的地点。

（2）爱情发展到一定程度的表达。男女间的爱情达到一定程度，渴望用语言、行为，尤其是身体的接触表达爱意，如牵手、接吻、爱抚、拥抱等，但这里的表达有文雅与低俗之别。含蓄而文明的爱的表达方式，不仅符合社会道德要求，而且有助于爱情的健康发展。距离产生美，过分亲昵的行为，粗俗或者野蛮的示爱，反而会引发不良影响。

2. 接受爱的能力

一个人面对别人的示爱，能及时准确地做出判断，并做出接受、谢绝或者再观察的选择，这也是一种爱的能力。

（1）了解自己。了解自己的择偶观，知道自己喜欢什么、需要什么、适合什么，对自己有清楚的了解。当他人向自己表达爱时，能及时准确地对爱的信号做出判断，通过对求爱者进行客观的观察分析，勇敢地接受健康美好的爱。另外，需要具有良好的心理承受能力，能坦然地对待因接受爱所引起的心理变化，保持心理平衡。很多人没有做好充分的心理准备，当爱突然来临时，显得惊慌、不知所措，不敢接受，以至造成终身的悔恨。

（2）摆正恋爱与学业的关系。摆正恋爱与学业的关系，既不是为了学习不允许谈恋爱，也不是把宝贵的时间浪费在谈情说爱上，健康的恋爱是能够促进人的成长的。大学生在做好接受他人爱意、步入爱河准备的时候，一定要摆正恋爱与学业的关系，应当把学业放在首位。因为学业是大学生未来事业的基础环节，如果把恋爱视为生命的唯一而忽视学业和未来所要从事的事业，即使有了爱情，这种爱情也可能经受不起考验和打击。

3. 拒绝爱的能力

接受爱是一种能力，拒绝爱同样也是一种能力，懂得拒绝爱非常重要。有爱的能力的人不是对爱来者不拒，或者将不符合自己期待的爱简单地拒之千里，抑或是面对他人的示爱，自己优柔寡断，既怕伤害对方，又怕对方误会。拒绝爱也是有技巧的。

（1）态度上要明确、坚决。因为爱情来不得半点勉强和将就，在面对不符合希望的爱情时，要果断、勇敢地拒绝，表达清楚你和对方的关系，将拒绝的理由摆充分，避免让对方误以为你的拒绝只是一种矜持。

（2）语言上要婉转、恰当。虽然每个人都有拒绝爱的权力，但是感恩每一份真挚的感情是对他人的尊重，也是对一个人道德情操的检验。因此要尊重他人，感谢对方对自己的欣赏和喜爱，做到既拒绝对方，又不伤害对方。避免使用一些带有伤害或刺激性的语言，如“癞蛤蟆想吃天鹅肉”等，使对方感情和自尊心受到伤害。

（3）场合、时间选择要注意。拒绝难免是一种伤害，或多或少都会引发对方情绪的低落。如果亲自拒绝他人的追求，应慎重选择拒绝的时机和地点。尽量不要选择阴雨天气，避免加重对方的沮丧情绪，也不要选择浪漫的餐馆或光线昏暗的酒吧，以免对方存有错误的期待，失望更大。可以选择阳光明媚的公园等开放性空间，景色宜人有助于人的情绪平复，同时公共场合也能保证自身安全。

4. 发展爱的能力

心理学家弗洛姆曾说过，爱的能力是需要不断学习的，因此只有不断发展爱的能力，爱情才能持久。

（1）学会解决冲突。相爱的人之间发生冲突是很自然的事情，冲突一方面可能来自日常生活中的不一致或不协调，另一方面可能来自性格的差异。爱需要包容、理解、体谅，沟通是解决冲突非常有效的方式，恋人间需要有效的沟通，表达清楚自己的思想、感受。而伤害性的争吵或者冷战都不利于问题的解决。

（2）恋爱双方要不断学习。爱需要两个人真正地关心对方，走进对方的内心世界，以对方的快乐为自己的快乐。要保持爱情的常新，需要智慧、耐力、持之以恒及付出心血。同时，恋爱双方又要保持自己的个性，有自己的追求，不断提高自己的能力，增加彼此的吸引力，相互欣赏又各自精彩，是爱情最好的状态。

（3）培养爱的责任感。爱的责任感是大学生恋爱朝健康方向发展的保障和动力。它要求恋爱中的双方必须尊重彼此的生活方式和生活态度，不与第三者发生恋爱关系等，对自己的行为负责，对对方的身心健康负责。学会为恋人负责，为社会负责，才能创造出幸福美满的婚恋。松浦弥太郎说过："爱，是让对方活出自己。在长久稳定的伴侣关系中，陪伴只是基本需求，最重要的意义是赋能。这种赋能是相互的，让对方活出最好的状态，才能被称作是最好的爱。"

5. 承受失恋的能力

恋爱受多种因素的制约，所以大学生在恋爱的过程中遇到各种挫折是在所难免的。遇到自己喜欢的人而对方不接受自己、相恋过程中的冲突、失恋等都会带来痛苦，其中失恋是最为严重的一种挫折。部分大学生心理脆弱，失恋后容易产生一系列消极心理，如羞辱、愤恨、悲伤、失落、孤独、绝望等，很多大学生难以排解、自甘沉沦，有些大学生甚至出现偏激心理乃至轻生。因此，具备承受失恋挫折的能力对大学生的健康成长是非常必要的。

（1）增强理智感，正确认识恋爱挫折。爱与被爱是每个人的权利，恋爱的选择是双向的，恋爱关系的中断时有发生，失恋仅仅说明双方中至少有一方觉得恋爱关系不融洽，彼此不能接纳。但失恋并不意味着爱情的失败，而是彼此重新追求幸福的自由和权利。因此，大学生必须客观地面对失恋，当爱情受挫后，用理智来驾驭感情，冷静、客观地分析一下原因，进而总结经验教训，提高自己的心理承受力和思想境界。

（2）寻求调节途径，缓解失恋痛苦。为尽快摆脱失恋带来的痛苦情绪，可以与朋交流思想，倾吐苦闷，求得开导和安慰；或积极参加各种娱乐活动，陶冶性情；或投身到大自然的怀抱，从而得到抚慰。无论以哪种形式缓解失恋的苦涩，一份超然的心境是最为重要的。

拓展阅读

爱的五种语言

查普曼博士说："每个人心里，都有一个情绪的箱子，等着被填满爱。"如果一个人的"爱箱"是满的，那么他（她）一定会觉得幸福；反之，如果他（她）的"爱箱"是空的，他（她）一定会觉得空虚难过、不被爱。当人们情感的"爱箱"被填满的时候，他们的举止会很不一样。如果想要成为爱情中有效的沟通者，就必须学习另一半主要的“爱的语言”。那么这五种爱的语言是什么呢?

(1)肯定的言辞。

肯定的言辞，就是感觉被欣赏、被肯定、被爱。恋爱的初期，也正是这些肯定的、欣赏的、赞美的言语，才使得感情快速升温，关系进一步升华。

(2)精心的时刻。

精心的时刻是两个人在一起，集中注意力一起做一些事情，是要让彼此感受到全心全意的陪伴，而不是敷衍。

(3)接受礼物。

礼物，是爱的视觉象征，也是一种仪式感的象征，是直观的、能看到的、有迹可循的爱。

(4)服务的行动。

放下自己的架子，为他(她)做一些事情吧。

(5)身体的接触。

身体的接触，是一种爱的表达，如两个人争吵时，最有效的方法就是给他(她)一个有力的拥抱。

事实上，这五种语言对感情来说，都是很重要的，但一定会有一种占主要地位，其他辅之。并且，这五种语言不仅适用于爱情，也适用于亲情、友情等。

第三节 大学生的性心理

一、性心理和性心理健康概述

(一)性心理和性心理健康

所谓性心理，指在个人性生理成熟的基础上所形成的与性特征、性欲、性行为有关的心理状况和心理过程。简而言之，就是与性生理、性行为有关的心理现象。性生理是性心理发展的生物学基础，性生理发育的障碍或缺陷，会使性心理的发展出现偏差。大学生正处于性生理发育成熟、性心理逐渐趋向成熟的时期，这个时期也是大学生的性生理需求与性的社会规范之间的冲突阶段。

性心理健康指个人具有正常的性欲望，能够正确认识性的有关问题，并且具有较强的性适应能力，能和异性进行恰当交往，在免受性问题困扰的同时，还能增进自身人格的完善，促进自己身心的健康发展。

世界卫生组织对性心理健康所下的定义是：通过丰富和完善人格、人际交往和爱情方式，达到性行为在肉体、感情、理智和社会诸方面的圆满和协调。性心理健康是人类健康不容忽视的重要组成部分，近年来越来越受到人们的重视。

（二）性心理健康的标准

性心理健康的标准应遵循以下7点。

1. 正确认识与接受自身性别

性心理健康者，能够面对自己的性心理发育、性心理变化，能够在所处的社会环境中对自己做出正确的判断，能够客观地看待自己和他人，并且愿意承担起与之对应的性别角色。

2. 具有正常的性欲望

性欲望是实现性交和性生活的前提条件。正常的性心理是指具有性欲望，没有性欲望就无法达到和谐的性交，从而对性心理健康造成一定的影响。性欲望的目标应该是一个成熟的、有个性的异性个人，而不是像其他东西那样的替代品。

3. 性心理与性行为是与年龄相一致的

性生理与性心理的发展应维持在同一时期。

4. 正确对待性变化

个体在成长与发展中，性生理、性心理、性社会因素相互影响，只有在个体要建立自我同一性才能保持三者的和谐状态。三种协调状态需要个体正确处理由性生理成熟引起的一系列身心变化，在发生性欲后能够正确地释放、控制、调节，使其与社会规范相适应。

5. 对性没有犹豫、恐惧感

每个人都可以科学地看待性，不要有任何的恐惧和怀疑。

6. 和异性保持和谐的人际关系

在交流中，要有独立、完整的个性，彼此尊重、相互信赖。

7. 要符合社会道德

正确、健康的性行为，与社会的道德准则相一致。

青少年性心理发育

二、青少年性心理发育

美国心理学家赫洛克将青少年性心理学的发展分为四个阶段。

（一）性抵触期

在青春期的初期，有一个短暂的阶段，青少年总是希望远离异性，尤其是女孩表现的尤为明显。这与生理方面的原因有很大关系。青少年因第二性征的生理改变而出现了迷惘和羞怯，对异性有一种天然的排斥。这一阶段大约有一年的时间。

（二）仰慕长者期

在青春期的中期，年轻的男女经常会对他们周围的一些在体育、文学和外表方面表现得很出色的人（多是同性或异性的年长者），仰慕、爱藏、心向往之，并尽可能地模仿他们的言行，以致人迷。

（三）向往异性期

在青春发育后期，性发展逐渐成熟，年轻人往往会对同龄的异性感兴趣，并在交往的过程中，想要引起对方的注意。但是，青少年的情感波动和强烈的自我意识使他们在与异性交往时易产生矛盾；经常因为一些鸡毛蒜皮的小事而吵架，甚至是分手，因此交往对象之间常有转移。

（四）恋爱期

青春发育完成后，进入成年阶段，他们把友情集中在自己所爱的异性身上，彼此常在一起；在工作和学习上互相扶持，在生活中互相关心，期待着幸福的婚姻生活，并且开始着手筹备将来的家庭。在这个时候，年轻人不会太在意周围的一切。年轻的女性常常是充满了罗曼蒂克的幻想，渴望被人爱，容易感情用事；年轻男性具有强烈的爱他人的愿望，因而获得了自主性的满足，因此，他们的情绪往往较兴奋。

目前，大学生正处在从“渴望异性”到“谈恋爱”的转变时期。但是，大学生的性生理成熟与不成熟的性心理之间存在着矛盾，所以，在这一时期，大学生必须进一步认识和学习自己的性心理。目前，我国的大学生一般为17—23岁，这一阶段和全身的发育已经基本完成，而性心理方面的发展尚未完全成熟。这个时代的大学生看起来就像是一台动力很强但是方向盘和刹车都不太灵活的汽车。这段时间正是大学生真正认识自己的时候。

三、大学生常见的性心理困扰

（一）性冲动和性幻想带来的困扰

性幻想是一种常见的性行为，是人的知觉和性意识的萌芽。无论如何，个人的性幻想并不是一种行为，因此，也不用太过自责，也不要把它看作一件可耻的事情。其实，性幻想可以降低人们的压力和焦虑，甚至降低性生活的压力。但如果个人频繁出现性梦或性幻想，会影响休息，减缓睡眠、体力的恢复，甚至会造成神经衰弱，影响身体和心理健康。当性幻想成为一种强迫思考时，会陷入深深的痛苦之中。长期沉迷于性幻想，会影响学业，损害精神发展，产生性障碍。

（二）性自慰焦虑

其实，性自慰本身没有什么危害，只是“标准的性行为的一种”。美国著名的性研究专家马斯特斯与约翰逊将性自慰和性交进行对比，结果显示两者大体上是相同的，因此他们并不认为性自慰是一种对身体和心理健康不利的异常性行为。如果大学生无法通过性行为来释放他们体内积累的性动力，那么性自慰就是他们唯一能够做的事情。性自慰的危险并非来自其自身，而是来自对其所产生的恐惧、惭愧和内疚。对性自慰的误解，不仅是造成大学生痛苦的根源，更是导致大学生自我控制能力下降的重要因素。

四、爱情与性爱

性是许多大学生和许多恋爱中的情侣难以回避的问题。大学生应该怎样处理性行为？

（一）大学生对婚前性行为的态度

性观念是指人们对于性问题的一种比较稳定的看法和态度的评价，它包含了个体的性意识，以及特定时期的社会环境中对性问题的看法、态度和看法的总体倾向。随着我国进一步对外开放，大学生的性意识也越来越开放。在回答“你觉得什么是导致大学生婚前性行为的最主要因素”时，25.73%的男性、41.87%的女性选择“一时冲动失控”；42.03%的男性、26.51%的女性选择“生理、心理上的需求”。由此可见，在思想上，绝大多数的大学生都是同意婚前的性关系的。

（二）性与责任：建立健康的性意识

大学生的性心理健康主要有两个方面：一是能够正确地理解和处理自己的性行为所产生的后果，具有较强的社会责任感；二是在结婚的前提下，性行为符合男女平等、科学和卫生的基本原则。在面临性问题之前，建议认真考虑以下三个问题。

（1）是否能意识到自己的性生活所产生的影响，例如怀孕、性病、妇科疾病等？

（2）是否可以承担与性有关的责任？

（3）婚前性行为和自己的价值观是否相符？

（三）科学释放性冲动

青春期的男性大学生，要学会科学地释放自己的性欲。大学生的性冲动科学释放有以下三个方面。

（1）培养艺术爱好。艺术是一种很好的发泄性能量的方法，在音乐中可以吟唱爱情，在人体艺术中可以欣赏到人体，在文学中可以看到刻骨铭心的爱情。

（2）由劳动和运动释放性的能量。工作和锻炼能使性欲得到释放，减轻性欲的压力。

（3）鼓励自己与异性相处，降低对异性的敏感度。例如，可以鼓励自己参与团体活动、学习交际舞等，多与异性交往，习惯成自然，这样，自己对异性的欲望就会降低。

心理测评

恋爱观测试

指导语：对于自己的恋爱观，你了解多少？通过下面的小测试，你将会对它有更深的了解。阅读以下题目，选择你认为合理的答案。

（1）你认为恋爱作为人生一个极其重要的环节，其最终所达到的目的应该是什么？（　　）

A. 找一个情投意合的伴侣

B. 成家过日子，养育儿女

C. 满足对性的欲望

D. 只是觉得新鲜有趣，没有明确的想法

（2）（男性选择）你对未来妻子的要求最主要的是什么？（　　）

A. 善于理家，利落能干

B. 容貌漂亮，举止端庄
C. 人品不错，能体贴帮助自己
D. 只要爱，其他一切无所谓
（女性选择）你对未来丈夫的要求最主要的是什么？（ ）
A. 潇洒大方，有男子风度
B. 有钱有势，社交能力强
C. 为人诚实正直，有进取心，待人和蔼可亲
D. 只要爱，其他一切无所谓
（3）你决定和对方建立恋爱关系时的心理根据是什么？（ ）
A. 彼此各有千秋，但大体相当
B. 我比对方优越
C. 对方比我优越
D. 没想过
（4）对最佳恋爱时间的考虑是什么？（ ）
A. 自己已经成熟，懂得人生的意义和爱情的内涵，并且确定了人生的主攻方向
B. 随着年龄的增大，肯定会有贤妻和好丈夫的，“月老”是不会忘记每个人的
C. 先下手为强，越早越主动越好
D. 还没想过
（5）你希望自己结识恋人的方式是怎样的？（ ）
A. 青梅竹马，情深意长
B. 在工作中逐渐产生恋情
C. 一见钟情，难分难舍
D. 经熟人介绍
（6）你认为推进恋情的良策是什么？（ ）
A. 极力讨好、取悦对方
B. 尽力使自己变得更完美
C. 百依百顺、言听计从
D. 无计可施
（7）你希望恋爱的时间是怎样的？（ ）
A. 越短越好，最好是“闪电式”
B. 时间依据进展而定
C. 时间要拖长些
D. 自己无主张，全听对方的
（8）谁都希望自己全面了解对方，你认为了解对方的最佳途径是什么？（ ）
A. 精心布置特殊场景，连续对恋人进行考验
B. 坦诚交谈、细心观察
B. 通过朋友打听

D. 没想过

(9) 你十分倾心的恋人，随着时间的推移，暴露了一些缺点和不足，这时候你怎么办？(　　)

A. 采取婉转的方式告知并帮助对方改进

B. 因出人意料而伤脑筋

C. 嫌弃对方，犹豫动摇

D. 不知道如何是好

(10) 当你初步踏入爱河之中，一个条件更好的异性向你表示爱慕时，你会怎么做？(　　)

A. 说明实情，钟情于恋人

B. 对其冷淡，但维持友谊

C. 瞒着恋人和其来往

D. 感到茫然无措

(11) 当你倾慕一名异性并发出爱的信息时，你忽然发现他（她）另有所爱，你怎么办？(　　)

A. 静观待变，进退自如

B. 参与角逐，继续穷追

C. 抽身止步，成人之美

D. 不知道

(12) 恋爱进程很少一帆风顺，而你对恋爱中出现的矛盾、波折怎么看？(　　)

A. 最好平顺些，既然已经出现了，也是件好事，双方正好趁此机会了解和考验彼此

B. 感到伤心难过，认为这是不幸

C. 疑虑顿生，就此提出分手

D. 没对策

(13) 由于性情不合或其他原因，你们的恋情搁浅了，对方提出分手，这时候你会怎么做？(　　)

A. 千方百计缠住对方

B. 到处诋毁对方的名誉

C. 说声再见，各奔前程

D. 不知所措

(14) 当你信任的恋人背信弃义，喜新厌旧，甩掉你以后，你会怎么做？(　　)

A. 当自己眼瞎认错人了

B. 你不仁，我不义

C. 吸取教训，重新开始

D. 痛苦得难以自拔

(15) 你的爱途坎坷，多次恋爱均告失败，随着年龄增长进入“老大难”的行列，你会怎么做？(　　)

A. 一如从前，宁缺毋滥

B. 讨厌追求，随便凑合一个

C. 检查一下择偶标准是否符合实际

D. 叹息命运不佳，从此绝望

各题中，选项与得分的对照见表 7-1。

表 7-1 选项得分对照表

题号	A	B	C	D
(1)	3	2	1	1
(2)	2	1	3	1
(3)	3	2	1	0
(4)	3	2	1	0
(5)	2	1	3	1
(6)	1	3	2	0
(7)	1	3	2	0
(8)	1	3	2	0
(9)	3	2	1	0
(10)	3	2	1	0
(11)	2	1	3	0
(12)	3	2	1	0
(13)	2	1	3	0
(14)	2	1	3	0
(15)	2	1	3	0

A 型（35~45 分）：恋爱观成熟正确。

你是一个成熟的青年，你懂得爱是什么和为什么爱，这是你进入情场的最佳入场券。不要害怕挫折和失败，它们是考验你的纸老虎，终将在你的高尚和热忱面前逃走。大胆地走向你理想中的恋人吧，你的婚姻会美满幸福。

B 型（25~34 分）：恋爱观尚可。

你向往真挚美好的爱情，然而屡屡失败，一时难以如愿。你不妨多看看成功的朋友，将恋爱作为圣洁无比的追求，不断校正爱情的航线，这样你就与幸福相隔不远了。

C 型（15~24 分）：恋爱观需要认真端正。

你的恋爱观存在不少问题，甚至有不健康之处，它使你辛勤播种的爱情种子难以萌芽，更难以结出甜蜜的果实。如果你已经轻率地开始恋爱了，那么劝你及早退出。

D 型（3~14 分）：恋爱观还未形成。

你或许年龄还小，不谙世事；或许虽年龄不小，却天真幼稚。爱情对你来说是个迷茫未知的世界，你需要防范圈套或袭击。建议你多读几本关于两性关系的书籍，待变得成熟后，再涉爱河也不迟。

团体心理辅导

活动一：爱的表达与拒绝

【活动目的】通过角色扮演，学习爱的表达方式，并学会拒绝自己不爱的人。

【操作步骤】这是一系列的角色扮演，包括如何表白爱情，如何拒绝自己不爱的人等，都是先由指导者做提示，再进行角色扮演，然后评价、讨论、交流。

第一步：如何表白爱情。

指导者提示：表达爱的方式多种多样，可以有以下四种方式。

（1）用你的眼睛传达爱的信号。这是一种比较含蓄的方法，当对方注意到你的注视时，不要再逃避，镇定地、坦然地凝望着对方，把你的爱意表现在眼睛里。

（2）以你的关爱行动来表示。用实际行动来表示对倾慕对象的关心、帮助和亲昵，如下雨天送雨伞、在他生病时前去看望，或者投其所好。

（3）用书信和写字条来传情。如果你无法用言语大胆地说出来，写下自己爱的誓言也是很好的方法。

（4）送去代表相思之情的爱情信物，如红豆，有着心形相框的自己的照片，亲手做的首饰、荷包、手工艺品等，让对方睹物思人，知道你的心思。最经典的表达方式就是送上一枝代表“我爱你”的红玫瑰。

请选择其中一种方式，或独创一种方式进行角色扮演，之后评论、交流。

第二步：如何拒绝自己不爱的人。

［教师提示］如何婉转而又坚定地拒绝一份不想要的感情确实是一件不容易的事，说“不”需要很大的勇气。在人际交往，尤其是密切交往的关系中，如果一方提出的某项请求是你不能接受也无法允诺的，尽管你十分想拒绝，但最后要说出“不”来，不是件容易的事。因为对方是你在意的人，你并不想伤害对方。但如果你一时心软，说了声“是”，则很可能在不久的将来既伤了自己，又伤了对方，而且伤得更重。人的感情勉强不得，更何况这是一份揉不进一粒沙子的爱情。

不过，在拒绝之前，你一定要好好地问一下自己：“我有没有真正弄清自己对他的感情？我是不是回答得太快了？我是不是还需要好好地想想？”如果你确定不爱对方，那么就坚持离开对方，勇敢而温柔地说上一句：“Sorry！”爱是一份美好的感情，不论你是否想要接受对方的感情，简单、粗暴乃至伤害性的拒绝都是应当尽量避免的。“你可以拒绝一个爱你的人，但请你不要伤害一颗爱你的心！”

活动二：姑娘与水手

【活动目的】测试大家对于恋爱的价值观。

【活动时间】35 分钟。

【活动地点】多媒体教室。

【活动准备】小组统计表。

【活动步骤】

（1）学生阅读以下材料。（7分钟）

一艘船遇上了暴风雨，沉了。船上有五人幸运地分别上了两艘救生艇。一艘艇上有水手、姑娘和老人；另一艘有姑娘的未婚夫和他的亲戚，两艘船分别去了两座荒岛。

姑娘在岛上惦记着她的未婚夫，千方百计地想找他，但一点线索都没有。有一天，她发现大海中有另一座小岛，于是请求水手把救生艇修理一下，带她去那座岛找她的未婚夫。水手答应了姑娘的请求，但是提出了一个条件，就是姑娘必须与水手共度一夜。陷入两难的姑娘不知道如何是好，于是去请求老人给他一些建议。了解了姑娘的情况后，老人对姑娘说："怎么做正确、怎么做错误，我实在不能说些什么。你扪心自问，按你自己的意愿去做吧。"姑娘万般无奈，但又寻夫心切，于是答应了水手的要求。

第二天水手也履行了承诺，把艇修理好，带姑娘去了另一座岛找她的未婚夫。远远地，她就看到了岛上未婚夫的身影，顾不上等船靠岸，姑娘就冲了过去，拼命往岛上跑，一把抱住他的未婚夫。在未婚夫温暖的怀抱中，姑娘犹豫着是否该向他坦白昨晚自己和水手的事。思前想后，她最后还是告诉了未婚夫。未婚夫听后勃然大怒，一把推开了她，并吼她说："我再也不想见到你了。"然后就走掉了。姑娘伤心地在海边走，见到了她未婚夫的亲戚。这时，亲戚走过来安慰姑娘说："我看到你们俩吵架了，有机会我会帮你在他面前说说的，在这之前，让我来照顾你吧。"姑娘的未婚夫一直没原谅她，最后姑娘也因为报答亲戚的悉心照顾而和亲戚结婚了。

请按照自己对故事中的五人（姑娘、水手、老人、未婚夫、亲戚）的好感度，从多到少排序，并思考原因。

（2）小组讨论。（20分钟）

① 六人一小组，确定一个组长，一个记录员，一个发言人。

② 每人分享自己的好感度排序，最有好感写1，最没有好感写5，并说明原因。

③ 发言人根据小组发言情况进行总结。

小组成员	组员一	组员二	组员三	组员四	组员五	组员六
姑娘 水手 老人 未婚夫 亲戚						

（3）大组分享，教师总结。（8分钟）

① 邀请一两名学生上台分享小组讨论结果。

② 教师总结。

这个测试没有所谓正确答案。在故事中，五人都代表了在恋爱问题上不同的道德观、个人价值观、处事观。

姑娘是理想主义，水手是实用主义，老人是现实主义，未婚夫是务实主义，亲戚是机会主义。

第八章
逆境突围——大学生压力管理与挫折应对

有一首歌唱得好："阳光总在风雨后，乌云上有晴空，珍惜所有的感动，每一份希望在你手中。"每个人都不可能事事顺心，就如同月有阴晴圆缺，阳光下也有阴影存在。对于正在成长中的大学生而言，压力和挫折是成长过程中的"常客"。面对压力和挫折，不同的人有不同的应对方式。希望通过本章学习，能使大家更加理解处于压力和挫折中的自己和他人，进而能够使用合适的方法应对压力和挫折。

课程导读

小雅同学聪明文静，一直受到老师和同学的喜爱。然而，最近她的言语和行为有些反常，使她的同学感到困惑。有一天，小雅突然失踪了。老师、家长和同学到处寻找，甚至在报纸上登出了寻人启事。一周后，她的同学终于在学校宿舍楼的缓台上找到了她，但是已经太晚了。

经过了解我们得知，小雅出生于苏北一个美丽的小城镇。她从小就很乖巧懂事，喜静少语。她7岁入学，从小学到高中的学习成绩在班级里一直名列前茅，是父母、老师和同学公认的好学生。她一直把考取清华、北大作为自己的理想目标，不想事与愿违，她最终以604分的成绩被北方一所较有名气的高校录取。来到学校后，她发现学校的一切都与自己的想象相差极远，加之自己又是南方女孩，对北方的气候、饮食等很难适应。更让她深受打击的是，她在入校以后的体检中意外地得知自己乙肝呈阳性，学校向她发出了休学回家治疗的通知。理想的破灭，现实的残酷，让她觉得一切都完了，一切远大的抱负都付之东流，自己再也没有希望了，于是她走上了不归路。

压力管理和挫折应对是大学生的必修课，没有人能在毫无压力和挫折的情况下成长。由上文看，导致小雅轻生的原因有二。一是学校环境的限制，小雅心目中的理想大学与现实存在着一定差距，由于她缺乏足够的心理准备，难免会产生挫折感。二是小雅自身身心素质的限制，尤其是当校医院化验出她乙肝呈阳性且学校让她休学治疗后，对她造成了致命的打击，在她看来，她的大学梦彻底破灭了。

原因看起来似乎是那样简单，可结局却如此残酷。

第一节　压力和挫折概述

古人云："人生逆境十之八九。"在人的一生中难免会遇到这样那样的压力与挫折。大学生需要面对成长和发展中出现的各种各样的问题与挑战，遇到压力与挫折也是常见的事情。在大学生应对压力与挫折之前，要了解压力与挫折的特点，这样才能在应对压力与挫折中促进自己的心智越来越成熟。

一、压力与挫折的含义

（一）压力的含义

生理、心理学意义上的"压力"概念最早是在1936年由加拿大著名内分泌专家汉斯·薛利博士提出来的。汉斯认为，压力是表现出某种特殊症状的一种状态，这种状态是由生理系统应对刺激的反应所引发的。

国内比较公认的压力的定义是指由刺激引起的、伴有躯体机能及心理活动改变的一种身心紧张状态，即压力是人在环境中受到种种刺激因素的影响而产生的紧张情绪。

压力的概念包括三个方面的内容。第一个方面，压力是指那些使人感到紧张的事件或者环境。第二个方面，压力是指一种主观的反应。从这个意义上讲，压力是一种心态，它是人体内部出现的解释性的、情感性的、防御性的反应过程。第三个方面，压力可能是对需要或者伤害侵入的一种生理和行为上的反应。这种反应是每个有压力的人都很容易体会到的。

压力已成为人们生活的一部分，人们需要压力就像需要食物和水一样。生活中如果没有压力，人们就无法正常地成长。压力对于人们来说，就像身体里的一个器官，时时存在于人们的生命里，一个临时考试、一次突击检查、一个面试等候、一场交通事故都会给人们带来压力。

（二）挫折的含义

由于研究的角度不同，人们对挫折一词的理解不尽相同，在解释和描述上也有很大的差异。心理学上所说的挫折，一般是指人们在实现预定目标或满足某种需要的活动过程中，遇到了无法克服或自以为无法克服的障碍或干扰，而导致目标不能实现或需要无法得到满足时所产生的紧张状态与情绪反应。从这个定义可以看出，"挫折"这一概念包括三个方面的含义。

其一，存在使个体需要不能获得满足的内、外障碍或干扰等，如考试成绩不及格、比赛得不到名次、受到讽刺打击等。这就是造成挫折的情境因素，也称挫折情境。

其二，存在对挫折情境的知觉、认识和评价，称为挫折认知。

其三，伴随着挫折认知，个体对于自己的需要不能满足而产生的情绪和行为反应，如愤怒、焦虑、紧张、躲避或攻击等，称为挫折反应。

当挫折情境、挫折认知和挫折反应三者共同存在时，便构成挫折心理。

二、压力与挫折的特点

（一）压力的特点

压力通常表现出以下三方面的特点。

1. 压力具有主、客观性

导致人们产生压力感的事件通常是客观的，如参加公务员考试是一个压力事件，公务员考试的难度、录取比例等是客观的。然而，人们实际感受到的压力，取决于每个人对压力事件的评估，评估过程往往受到很多因素的影响，从而决定了压力又具有主观性。

2. 压力具有正、负性作用

一提起压力，人们想到的往往是压力的负面作用：压力带给人们紧张、焦虑的负面情绪，还可能带来消化系统疾病及高血压等身心疾病。但从另一个角度来看，适度的压力也会产生积极的作用，它会使人们的生活充满张力，锻炼人们的能力与心智，从而促进个体的成长。

3. 压力具有累积效应

当几个压力事件同时出现时，即所谓“屋漏偏逢连夜雨，船迟又遇打头风”的情况，或者某些压力因得不到解决而持续地存在，这些压力累加起来则可能摧垮一个人的意志，给个体的身心健康带来不利影响。

拓展阅读

压力征兆

个体压力过大通常会出现一些征兆。这些征兆可以作为压力的早期预警信号，它们会提醒人们注意身体和精神上所承受的紧张和疲惫。大学生出现压力的征兆主要有以下四个方面。

1. 生理征兆

生理征兆主要有：头痛的频率和程度不断增加；头部、颈部、肩部和背部的肌肉紧张；皮肤干燥、有斑点和刺痛感；女性压力太大容易出现生理痛；人紧张时会牙关紧咬或睡觉时磨牙，这会造成腭部肌肉过紧，下巴疼痛；压力大会降低免疫力，使口腔细菌增多，导致牙龈炎；产生消化系统问题，如胃痛、消化不良或胃溃疡；压力大也会引起心悸和胸部疼痛等。

2. 情绪征兆

情绪征兆主要有：容易烦躁或喜怒无常；消沉和经常性的忧愁；丧失信心和自暴自弃；感觉精力枯竭且缺乏积极性；有疏远感。

3. 精神征兆

精神征兆主要有：注意力不集中；优柔寡断，难以迅速做出决定；目光短浅，决定草率；记忆力减退，易忘事。长期压力大会改变大脑神经细胞结构，损害记忆；判断力差，导致做出错误决定；对自己及周围环境存在消极态度。

4. 行为征兆

行为征兆主要有：逃学、破坏、攻击、向周围人发泄情绪、酗酒、吸烟；睡眠质量差，做怪梦；与朋友、家人、同学关系疏远；经常烦躁和坐立不安；滥用药物，家庭暴力；重者轻生等。

（二）挫折的特点

挫折的特点主要表现为普遍性、个体差异性和影响的双重性。

1. 挫折的普遍性

从时间上看，大大小小的挫折存在于人们成长的每一个时期，在人生的旅途上，挫折与人们终生为伴。从空间上看，在人们生活的各个领域，都可能遇到这样那样的挫折。

2. 挫折的个体差异性

在同样的挫折面前，不同的人对挫折的反应也不一样。有的人能够积极面对挫折，越挫越勇；有的人则被挫折打败，一蹶不振；还有的人可能以无所谓的态度对待挫折。

3. 挫折影响的双重性

挫折对个体的影响具有双重性。一方面，挫折有损人们的身心健康，影响个体实现目标的积极性，降低人们创造性思维活动的水平，减弱人们的自控能力；另一方面，挫折也能磨炼人们的意志，培养人们对挫折的容忍力，帮助人们从挫折中吸取经验教训，从而“吃一堑，长一智”。

三、压力与挫折对大学生的影响

压力与挫折对大学生心理具有两方面的作用，一是积极作用，二是消极作用。

（一）积极作用

压力与挫折对大学生的影响

1. 磨炼性格和意志

多数大学生生活在条件较好的家庭和校园环境里，虽然这种环境有利于他们的成长，但也降低了他们对挫折的承受能力，不利于坚强性格的形成，一旦遇到困难，将承受过大的压力。如果经历的挫折多了，那么他们承受压力和挫折的能力就会增强，就能更清醒、更深刻地认识所面对的问题，其性格也就变得更坚强。

2. 增强情绪反应能力和解决实际问题的能力

大学生面临困难或压力时，其神经中枢因受到强烈的刺激会引起情绪激奋、精力集中，整个神经系统兴奋水平提高，在这种情况下，个体表现出精神焕发、思维加快、情绪反应能力大大提高的状态。同时，大学生可以在解决困难和应对压力的过程中获得经验，提高解决问题的能力。

3. 正确地认识自我，提高生活适应能力

许多大学生对社会、对自己都存在一些不切实际的想法，当他们以这些想法指导自己的行动时，就容易出现挫折。挫折无疑会使他们的头脑更清醒，进而对自身做出合乎实际的评价。同时挫折也使他们对生活和社会有较为客观的认识，从而增强自身适应现实生活的能力。

案例故事

风暴中的货轮

有一位经验丰富的老船长，当他的货轮卸货后在浩瀚的大海上返航时，突然遭遇到了可怕的风暴。水手们惊慌失措，老船长却果断地命令水手们立刻打开货舱，往里面灌水。“船长是不是疯了，往船舱里灌水只会增加船的重量，使船下沉，这不是自寻死路吗？”一个年轻的水手说。看着船长严厉的脸色，水手们还是照做了。随着货舱里的水位越升越高，船一点一点地下沉，但是猛烈的狂风巨浪对船的威胁却一点一点地减小，货轮渐渐平稳了。船长望着松了一口气的水手们说：“百万吨的巨轮很少有被打翻的，被打翻的常常是根基轻的小船。船在负重的时候，是最安全的；空船时，则是最危险的。”

那些得过且过，没有一点压力，当一天和尚撞一天钟的人，像风暴中没有载货的船，往往一场人生的狂风巨浪便会把他们打翻。有竞争就有压力，无论在竞争中获得成功还是遭受失败，人人都要承受压力。从某种意义上来说，越成功的人责任越大，工作越紧张，所承担的压力也就越大。即使对那些与世无争、知足常乐者来说，压力也会自动找上门来。因此，对待压力，必须勇敢面对，准备把握。

（二）消极作用

1. 降低学习效率

学习是一种积极的思维活动，学习效率除受个体的智力水平和知识水平的制约外，还与学习者的情绪状态、自信心等因素密切相关。在现实生活中，有许多大学生在遇到失恋、考试失败、亲人去世等挫折后，学习成绩都会随之明显下降。

2. 降低思维能力与生活能力

大学生受挫后，容易出现情绪波动和行为偏差。如果持续遭受挫折，神经系统则可能变得混乱。这样不但会大大降低他们的思维创造能力，而且会大大降低他们的生活适应能力。

3. 性格改变与行为偏差

当大学生遭到重大压力或持续性挫折而又无法做出相应的调整时，就会使某些行为反应形成相应的习惯模式或个性特征。例如，一名对爱情充满憧憬、热情开朗的女大学生，因恋爱屡次失败，而对爱情不再抱有热情和希望。这种消极态度的持续发展，使其个性从外向热情变得深沉世故。同时，受挫的人处在应激状态下，感情易冲动，自控能力较差，不能正确判断自己的行为及其后果，可能做出违反社会规范的行为。

拓展阅读

社会性压力源

社会性压力源是指直接阻碍和破坏个体社会需求的事件，如过度拥挤的城市、堵塞的交通、收银台前长长的队伍等。社会性压力源涵盖了人们生活中的重大事件和各种日常琐事。

生活中的重大改变是许多人产生压力的根源，即使某些事情是受人欢迎的，如当上班干部、有了男（女）朋友、彩票中奖等，这些事情都会对大学生的生活产生重大影响，需要大学生去适应新的要求。

有研究者通过对几千人的调查，尝试确认生活中的哪些事件是最具压力的，最后得出了一个生活事件清单。接着，研究者根据每一事件的压力程度设计了评分系统，所有事件都基于它们给生活带来的破坏大小，以及人们事后需要付出的调整努力的多少而被赋予数量值，数量值越大，压力程度越大。这个调查结果被制成“社会再适应评定量表”。

表 8－1 列出的“大学生压力量表”是对其修订后的版本。

表 8－1 大学生压力量表

压力事件	生活变化单位	压力事件	生活变化单位
亲密家庭成员的死亡	100	工作负担的加重	37
亲密朋友的死亡	73	出众的个人成就	36
父母离异	65	大学的第一学期	35
服刑	63	生活条件的改变	31
个人严重的受伤或疾病	63	和老师的激烈争论	30
结婚	58	低于期望的分数	29
被解雇	50	睡眠习惯的改变	29
重要课程不及格	47	社会活动的改变	29
家庭成员健康上的变故	45	饮食习惯的改变	28
怀孕	45	长期的交通困扰	26
性问题	44	家庭聚会次数的改变	26
和亲密朋友严重的争吵	40	缺课过多	25
改换专业	39	更换学校	24
和父母的冲突	39	一门或更多的课程跟不上	23
与恋人发生冲突	38	轻微的交通违章	20

第二节　如何适应大学生活

三年磨剑，一夕功成。经过紧张的高考洗礼，学生们各自怀着不同的心境进入大学校门：有的对梦中的象牙塔满怀憧憬；有的一心想着上了大学就可以和梦魇般的苦读告别，未来几年都可以在玩玩闹闹中轻松度过；有的高考发挥失利，在家人的劝说下勉强选择了自己不那么满意的学校或专业；有的则踌躇满志，准备在学好专业课程的前提下全方位锻炼自己，为将来的职业生涯做好铺垫……待到真正开始了大学生活，切实成为大学校园的一部分，面对陌生的城市和面孔、全新的生活学习环境、全新的教学管理方法、自主式的学习方式，当那最初的兴奋、激动慢慢退潮，会出现了哪些让自己挥之不去、记忆犹新的反应呢？

想念父母和高中的兄弟、闺蜜，每天煲没完没了的电话粥，忍不住失声痛哭，那些平时根本不会在意的小事这时却成了火药桶，甚至萌生退学的冲动……可以说，这是面对变化时普通人都会出现的一种正常心理反应。这种反应在短期内出现并不需要过分紧张，可如果不采取措施而一味任其蔓延，那就必将对大学生进一步融入校园造成限制，甚至直接影响未来的成长和发展。

一、调整心理预期

调整心理预期

心理预期是指进入新环境或接触新事物以前，在认知中勾勒的期待或可承受的范围。心理预期对之后的态度、情绪起到重要的影响作用。不适当的心理预期包括心理预期过高或过低。心理预期过高易带来失望、迷茫；心理预期过低则易被紧张的生活打压得措手不及，带来紧张、焦虑。

（一）克服失望、迷茫

1. 坦然接受现实

突然面对预期外的场景，人们的第一反应往往是失望、愤怒甚至是否认和逃避。但这些方面的情绪与消极的应对方法不能改变任何事情，只能让自己更加消沉。不如尽快接受现实，尽快谋划应对之法。

2. 正面、积极地看待问题

始终从同一个角度思考问题，很容易陷入思维的死胡同，把事情想得更为复杂和严重，只看到不好的一面，看不到好的一面。这时，必须换个角度来思考问题。任何事情都有两面性。要用积极的态度来面对生活。用心去看事情好的一面，如果做不到，不妨求助于家人、好友，多一种声音，就多了新的视野。

3. 做好定位，开始行动

迷茫与不切实际的想象有关。错误的心理预期可能使人们锁定不适当的方向，一旦这个虚拟的方向被现实打破，往往就会陷入空虚、迷惑，对生活感到无所适从，不知以后将走向何方。所以，在新环境中要给自己一个合适的定位，建立一个适合自己的目标，有了前进动力并开始行动，迷茫感自然会随之退散。

4. 发展兴趣、爱好

爱好可以使人们获得乐趣。大学的学习相对不那么紧凑，一旦闲下来，迷茫与失落更容易伺机侵袭大脑。不妨发展一些兴趣和爱好，大学有很多兴趣社团，篮球、音乐、动漫等都是不错的选择。发展兴趣既打发了空暇时间，陶冶了情操，还能激发人的好奇心，空虚感自然烟消云散。但注意，一定选择要那些积极向上的项目，切不可沉迷于网络游戏、打牌等。

（二）疏解紧张、焦虑

肢体放松可有效地作用于紧张的神经，起到缓解紧张、焦虑的作用。感到紧张、烦躁时，找个清静的环境、放上舒缓的背景音乐，有意训练自己放松，是十分有效的方式。下面介绍一些简单的肌肉放松方法。

1. 感受紧张与放松

（1）上臂紧张与放松。双手握紧拳头、再握紧，用最大的力气，注意此时手掌、前臂与上臂的感觉（停3秒）。不同部位的感觉是有区别的。手掌有触觉和压觉，前臂和上臂是肌肉紧张的感觉，请特别注意这种肌肉紧张的感觉（停5秒），这就是紧张。下面松开拳头，注意松开手后手掌、前臂与上臂的感觉，这就是放松。

（2）头部肌肉紧张与放松。请把眉毛往上抬，再把眉毛皱起来。用力，再用力，保持这个样子，这就叫愁眉苦脸，是烦恼的表情（停3秒）。下面放松，眉头放松，眼睛轻闭，烦恼没有了，呼吸也均匀了，这就是放松（停2秒）。吸满一口气，再慢慢呼出来，要慢，要均匀，好像把沉重的包袱放下来了一样。

2. 大块组织肌肉放松体验

（1）膝盖关节放松。身体不要靠在椅背上，笔直坐正。两侧膝盖尽量并拢，使出最大力气，想象两膝间夹着两枚贴在一起的硬币，用力夹紧，保持（停5秒）。下面放松。不再用力，用自己认为最舒服的姿势靠在椅子上。

（2）背部肌肉放松。再次坐正。两臂用力向后端，想象把两侧肩胛骨靠在一起，尽量并拢，可以想象有一张很薄的纸片夹在两侧肩胛骨之间，不用力夹住就会掉下来。用力夹住，保持。然后放松，不再用力，用自己认为最舒服的姿势靠在椅子上（5秒感受）。

以上介绍的就是身体大块肌肉的简单放松方法。放松不同于疲劳，疲劳是因为紧张、焦虑时消耗了大量的身体能量，而这些耗尽的能量都需要在深度放松时被弥补，并储存起来，以备应对接下来的紧张工作。注意自我调整，掌握自我放松的方法，给身体彻底的休息，不仅能缓解焦虑、烦躁，还可以使人精神焕发，重新恢复活力。

二、转变学习思维

大学与高中同样是校园，以传播知识为中心；大学又与高中不同，学习目标、学习方式、学习内容、教学管理等方面都与之前接受过的教育差异甚大。以新的思维方式去对待大学学习，才能取得更大的发展。

（一）树立学习目标

大学以前，学习的目标是知识的积累，直接目的就是升学，与实践的联系微乎其微。进入大学，宏观的学习目标变了，变为要把自己塑造成知识技能扎实、善于沟通协作、情绪稳定、适应性强、身心健康、综合素质过硬的人才，才能在未来激烈的就业、创业竞争中稳操胜券。具体的学习目标也变了，变为专业理论课程更多地与生产实习结合，甚至很多专业课就是在实训基地、在实际操作的过程中完成知识传授的。一定意义上，技能的获得比理论知识倒背如流更重要。此外，大学毕业必须要过英语等级关和计算机等级关，其他依据所学专业的不同，另有教师资格证、导游资格证、计算机程序员资格证等各不相同的要求。大学生在进入大学的第一个学期，就要尽力熟悉自己所在学校和所学专业的特点，掌握学校这方面的要求，另外向内探索自身，确定毕业后是直接就业、升学，还是出国深造，而后两相结合，树立最符合自身情况的学习目标。

（二）拓宽学习内容

大学入学时即已确定了专业发展方向，除了思政、英语等公共科目的学习外，各专业的学习内容差异较大，更加强调对本专业的深度钻研。当然，邻近专业间也可能存在交叉学科，如英语语言专业的同学学习西洋文学史，电工电子专业的同学了解机械化制图等。学习中，在关注重点学科的同时旁征博引、拓宽知识面与涉猎范畴，可以开拓思维、激发创造活力，对学好自身专业大有裨益。此外，在闲暇时间多涉猎一些自己感兴趣的综合知识及史学类、励志类书籍，或上网关注时政要点，也是丰富自己的有效方式。

（三）调整学习方式

用发展的眼光去看待学习。学习不单纯是用教师传递的间接经验和定论来填充大脑，更涵盖着发现与创新。大学的学习以自学为主，现代的大学生更要学会自主学习、选择性学习、实践性学习、社会性学习、创新学习、终身学习。“为什么老师讲的东西书上没有”“考试为什么不划重点”“专业课太晦涩，听得云遮雾绕”，各种问题都困扰着刚刚离开高中校园的大学生。更多的时候教师只是交代了章节的核心和梗概内容，把大量钻研和思考的时间留给学生。什么时间学什么、花多少时间学、各科目的用时比例怎么分布，必须由学生自己制订针对性的学习计划。具体学习过程中，课本、自习室、图书馆、互联网、教师、同学等资源的立体交叉与衔接，都要做到提前谋划，心中有数。

（四）适应新型管理

教学管理方面，大学与高中最直观的区别就是大学在管理形式上更加松散，很多班级，甚至一个专业、一个院系只有一两名辅导员。这些人数有限的辅导员要同时兼顾几百人的饮食起居、早操晚课、心态变化、生活意外……忙得不可开交，除非出现极特殊情况，否则是完全不可能像高中教师一样耳提面命了。这时就要大学生时刻提醒自己，自控、自制、自我管理。能做好这点的人，在日后的事业上也更容易成功；相反，那些因为没人从旁时刻督促就麻痹大意、放松自己，逃课、偷懒，甚至染上生活恶习的大学生，全忘了大学“松管严出”的模式，最后必将自吞苦果。等到即将毕业时，回顾大学几年时光，只有浑浑噩噩，知识没有学到，能力没有提高，也很难拿到毕业证，再扼腕叹息，也是悔之晚矣。

（五）投入社会实践

不同于高中的“两耳不闻窗外事，一心只读圣贤书”，大学是社会的演习场，大学生有一只脚已经站在校园以外，随时准备迈入社会，需要证明自我，承担个人应尽的义务和责任。人在大学，不应再像高中一样一味埋头苦读，而要在完成好课业、学有余力的前提下，参与学生干部的竞选、协助教师完成日常工作，加入勤工助学类或有校际外联性质的学生社团，或者谋取一份力所能及的兼职，既缓解了家庭的经济压力，又可以在工作中积累经验，提升综合能力，为日后的求职应聘加分。

三、全面融入校园

联合国教育、科学及文化组织把大学生的主要任务界定为“四个学会”：学会做事、学会做人、学会与人相处、学会怎样去学习。对于一名合格的大学生来说，首要的是懂得成为一个积极、正直、有担当、对社会有用的人；其次，学会处理问题的方式和技巧，做事有韧性，能坚持不懈，善始善终；再次，能营造良好的人际关系氛围，知道成功永远不是单打独斗，会及时有效地调用自己的人际支持系统，善于沟通和协作；最后，学会如何去学习。在大学的学习中，不仅要获得知识，懂得运用在大学学习中掌握的知识和技能，更重要的是，要在其中摸索和掌握怎样在就业以后的漫漫人生路途中，坚持自主学习的技巧与方法。可见“四个学会”中只有第四条，是与学习任务的完成直接相关的，其他几条反映的都是对个人整体素质提高的要求。

（一）独立照管生活

大学生应先尽快熟悉生活环境，从简单的洗衣服、整理内务开始练习照料自己的生活。在金钱方面，因为独立在外，大学生可以自主支配生活费，但这时因为没有合理的理财规划，很多大学生过上了“上半月像皇帝，下半月像贫民”这样落差强烈的生活。对此，不妨尝试记录自己的日常开销（表 8－2），将每月生活费按照饮食（三餐、零食、水果、饮料等）、服装（衣帽鞋袜等）、日常用品（洗漱、护肤、日杂等）、娱乐交往（聚餐、出游、恋爱花销等）、教育学习（书籍、备考补习班、考试报名费等）、生活缴费（手机费、水电费、网费等）、其他支出等项目分类，以月为单位，连续记录几个月后，大概就能了解自己每月所需的生活费全额，并在此基础上做好合理规划，均匀分配。

表 8－2 每月生活支出记录

月份	金额	饮食	服装	日常用品	娱乐交往	教育学习	生活缴费	其他支出
9 月								
10 月								
11 月								

12 月								
……								

（二）作息时间合理、饮食均衡

起居习惯是个人生活方式的缩影。良好的生活习惯不仅有益身心健康，更能为未来的事业成功提供保障。大学生正处于青年初期，科学的作息时间和睡眠习惯有助于保持旺盛的精力，使自己能够更好地识记、理解学习材料，应对日常学习。

除了合理的作息时间，还要进行适当的体育运动或文娱活动。学习与休闲有张有弛，不但可以缓解刻板紧张的生活，有助于学习效率的提升，还可以放松心情、增加生活情趣。此外，还要保证饮食均衡。很多大学生因为早起困难，养成不吃早餐或是把早餐带到课堂上偷偷吃的习惯；有的大学生酷爱零食、饮料，常拿零食当正餐；还有的女大学生为了保持苗条的身材恶性节食、暴饮暴食……这些做法不仅对学业没有好处，还会大大危害身体健康。

（三）广交良师益友

人际交往是维系心理健康的重要条件，也是大学生心理健康的重要标志之一。人际关系和谐，人们相互理解、支持，大家经常处于愉快的情绪状态中，可以增加安全感和力量。如果人际关系不和谐，经常发生矛盾、冲突和仇视，彼此钩心斗角、相互倾轧，人的心理压力就会增大，导致压抑、冷漠、猜疑、退缩、回避、畏惧、敌对、压迫等消极情绪和内心体验，严重地阻碍心理健康发展。和谐的人际关系意味着更高质量的生活品质和更大的事业成功机会。

大学生的心理困扰，很多都是人际交往和恋爱方面的困扰。很多大学生都对自己的交往能力不满意，感到自己人缘不好、不受欢迎、没有吸引力，或者不知如何处理朋友间的冲突，因此焦虑不堪，夜不能寐。其实，人的交往能力不是天生的，它同其他技能一样，有一个学习、训练的过程。同时，人际交往更是一门艺术，需要人们根据自己的特点和交往的场合，灵活运用，创造性地进行思想感情的交流，巧妙地建立和谐、融洽的交往氛围，实现交往目标。

第三节　锤炼逆商

继广为大家熟知的智商（IQ）、情商（EQ）之外，近年又兴起逆商（AQ）的新理念。逆商又译作挫折商或逆境商，指人们面对逆境时摆脱困境、超越困难的能力。在剧烈变动的当今世界，人生的成败，不仅取决于人的智商和情商，也在一定程度上取决于逆商。AQ 与 IQ 和 EQ 一样重要。甚至有专家断言，100% 的成功等于 20% 的 IQ 加 80% 的 EQ 和 AQ。

一、挫折反应——心理防御机制

人在遇到挫折后，生理和心理都会出现一系列的本能反应，称为应激反应或是应激状态。应激反应表现在生理和心理两个方面。在生理上，表现为心慌气短、头晕出汗、脉搏加快、手脚不自主颤动、胃肠功能紊乱（腹泻、便秘）、排尿功能障碍（尿频、尿急、无尿）等。这时个体的脸色也可能红白交替，大脑一片空白。在心理上，主要的表现就是调用心理防御机制。

“心理防御机制”一词最早由精神分析学派心理学家弗洛伊德提出，指个体面临挫折或冲突的紧张情境时，在其内部心理活动中出现的自觉或不自觉地解除烦恼、减轻内心不安，以恢复心理平衡与稳定的一种适应性倾向。也就是说，当人的心理追求与现实发生矛盾时，要通过某种方式摆脱这种困境，减少痛苦，尽快恢复心理正常功能。心理防御机制分为积极和消极两种：在积极方面，心理防卫机制能够使主体在遭受困难与挫折后减轻或免除精神压力，恢复心理平衡，甚至激发主体的主观能动性，激励主体以顽强的毅力克服困难，战胜挫折。但这种机制也有消极的影响，主体可能因压力的缓解而在行动方面选择退缩，甚至因恐惧而导致心理疾病。机制虽然是本能的，但是可以经后天训练变得更好。

心理防御种类很多，以下介绍常见的三类。

（一）积极心理防御机制

1. 升华

升华指的是遇到挫折后，将心理的痛苦通过合乎伦理道德的方式表现出来，如由个人升华到国家，通过艺术创作宣泄等。化悲痛为力量就是升华。我国史学家司马迁受宫刑后没有自暴自弃，而是发愤著成有“史家之绝唱”的《史记》。德国著名思想家、作家、科学家歌德少年时曾经有过两次求爱不成的伤痛经历，后来，他把两个少女的印象融合到了绿蒂这一形象之中，仅仅用一个月的时间就写成了几乎让他一夜成名的书信体小说《少年维特之烦恼》。对此，歌德曾亲口表示，他之所以能如此迅速地一鼓作气完成此书，初始动机只是“以抵消爱情的痛苦并使自己从自杀的念头中摆脱出来”。生活中，那些年过半百意外丧子而收养孤儿、救助失学儿童的人士，以及发现身患绝症后，捐钱捐物、架桥铺路的慈善家，都是升华机制的体现。升华是最理想的心理防御机制。但需要指出，这种机制显效相对较慢，不会出现立竿见影的效果。

2. 幽默

幽默也是非常好的防御机制。遇到挫折要学会幽默，通过诙谐的方式来解脱自己的苦闷。这里的幽默特指自我解嘲，一定要注意此时的幽默不能针对他人，要学会自嘲。幽默很容易缩短自己与周围人的距离，而且能够帮助自己有效地寻求社会支持，是一个人心理成熟的表现。哪怕事情没有做好，但态度很好，面带微笑，连声诚恳道歉，不仅不会被责备，还有可能给自己的人品加分。

（二）中性心理防御机制

1. 认同

认同又称仿同或表同，指遇到挫折以后，选择改变原有主张，跟随他人的做法去行动。仿同的存在，避免个体因过于固执而陷入思维的死胡同。它的问题在于，这种人可能缺乏独断力，遇到挫折不是自己独立分析问题，而是听从他人的意见。认同是不是一个良好的心理防御机制，要取决于人们模仿和认同的对象。认同的对象如果是好的，人们就会受到好的影响；而如果认同的对象本身存在问题，自然也会给人们带来不好的影响。因此，使用这种机制之前，一定要注意擦亮眼睛，做好甄别。

2. 补偿

补偿是指遇到挫折后，通过其他事物把因挫折带来的损失补偿过来，也就是通常说的"堤内损失堤外补"。例如，期末考试中，上一门考砸了，心里难受，这时自动做好调整，"这一门既然已经砸了，也没有挽回的余地，随它去吧，用心复习，把下一门考好。"

补偿虽然是一种好的防御机制，但也要考虑用以替代的方式是否正确。因失恋情绪崩溃暴饮暴食或是因一时消沉疯狂购物，都不是好的补偿方式。

3. 压抑

压抑是心理防御机制中最常见的一种。一个人可能自我要求很高，一心想有所成就，可惜机缘巧合，几经努力依然没有成就，内心十分苦闷，情绪低落，不自觉流下泪来。这就是压抑。中国有许多这样的古训，"小不忍则乱大谋""忍得一时之气，免去百日之忧"，说的都是压抑这种心理防御机制。压抑机制的好坏由个体压抑的程度决定。"忍字头上一把刀"，忍让有时确实可以缓解人际冲突，有一定实际作用，但压抑过度就会损害身心健康。

4. 文饰

文饰又称合理化，指遇到挫折后，杜撰一些理由摆脱困境或内心的痛苦，使自己解脱。一言以蔽之，就是找借口。例如，上课迟到了，谎称肚子疼；因为贪睡导致重要会议迟到，进门连连道歉说路上堵车等。文饰的情况在日常生活中也不少见。文饰是一种中性的心理防御机制。对一些非原则问题，找一些无伤大雅的借口没关系，但是重大问题上绝对不能如此。

（三）消极心理防御机制

1. 攻击

当人们受到挫折时，常常会引起愤怒的情绪，因而出现攻击性行为。攻击有直接攻击和转向攻击两种情况。

（1）直接攻击。攻击行为可能直接指向构成挫折的人或物。具体表现可以是嘲笑、骂人，甚至动手打人。

（2）转向攻击。直接攻击因种种原因无法施行，转向其他代替物。可能转向自身，产生自责；或转向其他无关的人或物，找"替罪羊"，迁怒于人。有这样一则笑话。丈夫在公司被老板教训，心里很是不爽，又不敢发作，于是回到家找茬，和妻子发生了口角。莫名被牵连的妻子很是委屈，带孩子时不免大呼小叫了几句。而孩子把气撒在自家的小狗身上，踹了小狗一脚。小狗郁闷烦躁，出门遛弯见到一个陌生人不顺眼，上去咬了一口，跑了。这个被咬的人，正巧是男主人的老板。这个小故事，就是典型的转向攻击循环。

2. 逃避

当人们受挫或预感将要受挫时，便逃避到一个自认为比较安全的情境中。逃避实质上是不能正视现实的表现，特别在强调沟通协作的当今社会，更不是一种好的防御机制。有的大学生平时不认真学习本专业，认为“这课上讲得都没什么用，班上根本没几个听课的……”就是逃避的表现。

3. 反向

反向是遇到挫折后，人们表现出与真实内心体验完全相反的外在反应。例如，求职失利，明明内心非常失落，却要强颜欢笑，表示自己其实根本没怎么上心，对这份工作也没有那么满意。反向机制使个体不能实事求是地看待自己，不是一种良好的心理防御机制。

4. 退行

退行又称倒退，指面对压力时，运用明显不成熟的幼稚行为去回避现实，摆脱痛苦。这个方式听起来很初级，但却很普遍。大人做错了事，瘪嘴、假哭、吐舌头“卖萌”，表现知道自己错了，渴望得到谅解。这种做法就是退行。装病、装傻，这些也是退行。退行还有更极端的表现，像高铁霸座的乘客，面对乘务人员的劝解和其他乘客的合理诉求，拒不让位；非法占道摆摊的小商贩，在综合执法人员依法执勤时，假充无知，软性抗拒执法等。

5. 固着

固着是指行为极度固执无弹性，遇到阻力不能听人劝告采取迂回策略，而是撞了南墙也不回头。表层的像屡教不改的犯错；深层的如成年人害怕担负家庭的责任，其实说明他的心理发展水平仍固着在青少年阶段。那种所谓“妈宝男”即可以归结为这种情况。

6. 冷漠

“一鼓作气，再而衰，三而竭。”说的是多次遭到打击后，个体自信心被摧毁，看不到改变的希望，同时又找不到出口发泄，索性关闭自己的情感，与外界隔离起立，自我封闭，这便是冷漠。就像遇到危险把头深深埋在沙子里的鸵鸟，“眼不见为净”，借此缓解焦虑。冷漠不是一个良好的心理防御机制。应该主动地寻求社会支持，与外界沟通。

7. 投射

投射是将自己内心的某种想法、冲动、需求、理念、态度、价值、性格特点等投注到他人身上，一厢情愿地认为他人有与自己共同的属性，即所谓“以我观物，故物皆着我之色彩”。例如，自己高兴的时候，认为其他人也开心，郁闷的时候，认为其他人也烦躁；不用功的学生考试作弊，认为这是普遍现象；酒驾的司机，认为其他人也酒驾；贪官认为其他官员同样不够自律；自卑的人认为其他人都看不起他；经常背后嚼舌头的人，认为

"谁人背后无人说，谁人背后不说人"；等等。自己已经意识到想法和行为是不合适的，却无意改变现状，而是通过向外投射的方式，减轻自己的道德焦虑。

8. 自我惩罚

自我惩罚是指遭遇挫折后自责自罪，自我伤害。最极端的自我惩罚方式是自杀，这是最消极、最无功效的防御方式。有自我惩罚倾向的人通常可能有以下心理特征。

(1) 认知方面，多习惯采用非此即彼和以偏概全的思维模式分析问题，易走极端。他们对眼前的困境不能正确地估计，看不到身边可利用的社会资源和心理支持，往往相信宿命论，认为这是命运的安排，是不可避免的。

(2) 情绪方面，经常有压抑着的痛苦、委屈、内疚或愤怒，又不善于释放或自我排解，而且情绪不稳定、不成熟。

(3) 行为方面，常带有冲动性，容易失控，不计后果。

心理防御机制其实还有很多种，这里介绍的是比较常见的几种。长期来看，多数的心理防御机制属于饮鸩止渴，对人类活动有消极影响。大学生必须学会接受自己和他人的弱点和局限性，积极面对生活中的问题，建立强大的自我。

二、有效提升逆商

有效提升逆商

挫折难以避免。当它产生时，大学生应如何应对呢？

（一）挫折教育

挫折教育是指让个体在受教育的过程中遭受挫折，以此激发潜能，达到增强抗挫折能力的目的。主动接受挫折教育，可以为强大的抗挫折能力打下坚实的根基。

挫折教育，自古有之。关于挫折教育，早在远古时代就已经开始了。在一些原始部族里，少年男子如果想拥有成年人的权利，被社会所接纳，必须要通过一次近乎残酷的优胜劣汰的考验。大人们把这些男孩放到一个荒无人烟的、野兽经常出没的恶劣困境中，让他们品尝孤独和挫折的滋味，学会面对和战胜各种困难。只有经过千辛万苦奋力挣扎返回部族居住地的男孩，才能被证明已是个成年人，是个真正的男子汉，他才能享有成年人的一切权利。这种考验可视为人类早期挫折教育的雏形。当然，这种以生命为代价的挫折教育不免有些惨无人道。

（二）直面现实

战胜挫折，要积极调整认知，不怨天尤人，要从坦然接受和理性评判开始，做到既不轻视也不高估，树立战胜挫折的信心，积极寻找解决途径。"条条道路通罗马"，不能钻牛角尖，只给自己一条路的选择，这样就限定了个人的发展。现在虽然就业压力较大，但并不全因大学生太多，供大于求，而是很多大学生不愿意到小城市，到生产第一线去。求职被拒没什么大不了的，要是比尔·盖茨被 IBM 拒绝之后就承受不了而选择轻生，那么个人电脑的普及恐怕还要晚好多年。

（三）调整心态

面对挫折，最常见的情绪反应往往是沮丧、悲观。这时不妨换个角度想想，挫折也是对自己意志、决心和勇气的锻炼。失败是成功之母。楚汉之争，刘邦屡败屡战，百折不挠，终于在垓下一战，十面埋伏，将项羽打败。人是经过千锤百炼才成熟起来的，重要的是吸取教训，不犯或少犯重复性的错误。再者，挫折也并非单单指向某一个人。根本不需要存在“为什么倒霉的总是我?”这样的诘问。这样的自问除了让自己陷入更深层的困惑，对脱离困境没有丝毫帮助。看看身边的同学、好友，多与他们交流，你一定可以发现，或多或少、或迟或早，每个人都有剪不断理还乱的烦恼。

（四）合理归因

做好合理归因，才能有的放矢地寻找到问题的针对性解决办法。过多的外归因，一味地强调客观条件的限制，会使问题的解决陷入相互对峙的僵局；而失败面前过多的内归因，则将陷入悲观和失望的泥潭。失败会使人惊醒、冷静、理智和振作，只有正确看待自己的优势和劣势，扬长避短，再比较他人，取长补短，一定可以很快发现转机，走向成功。

（五）冷静处理

若非十万火急，不妨放慢进度，暂时搁置。静心一段时间，先安排其他活动事项，姿态高一些，眼光远一点，从长计议，不在一时一事上论长短。等再回过头去，或许会有更清醒的认识、更合理的打算，甚至可能欣喜地发现，问题已在不知不觉间迎刃而解了。此外，也要知道，金无足赤、人无完人，要想八面玲珑，各个问题都处理得游刃有余，是不太实际的。做好取舍，淡化动机冲突。胜固欣然败亦喜，学会不在乎，转化心态，更有利于甩掉包袱，轻松前行。

（六）寻求帮助

单打独斗势必不及群策群力。遇到困难和问题，记得多调用社会支持系统的帮助，同学、老师、亲人、密友，等等。多与人沟通，寻求建议。哪怕只是倾诉苦恼，也能有效平复内心。来自不同阶层、不同背景、不同年龄的社会支持构建了纵横交错的个人社会网络，这个网络提供情感、物质、信息各方面的立体帮助，是尽快渡过难关的保障和助推器。

（七）娱乐身心

有意识地暂时脱离目前无力解决的情境，参加朋友小聚、郊游、登山、唱歌、跑步运动、旅行等，放松身心。恢复心理平衡，反而更有利于挫折解决。

心理测评

我的压力指数

指导语：你的压力有多少？程度如何？请回想最近这一个月以来或更长一段时间以来自己是否有以下描述的情形。如果有符合的情形（见表 8－3），记录下来，最后统计总分数。每题 1 分。

表8-3 压力指数测试表

序号	题目
(1)	比以前更觉得容易头晕、脑袋昏沉
(2)	眼睛比以前更容易疲劳、视力模糊
(3)	有时会鼻塞，感觉鼻子怪怪的
(4)	常感觉站起来时会头晕，而且还会瞬间眼花，站不稳
(5)	有时会耳鸣，但以前并没有此情形
(6)	火气大（嘴破、长痘）的情形比以前更容易发生
(7)	经常喉咙痛或干涩
(8)	常感冒，而且不容易好，感觉抵抗力变差了
(9)	舌头经常长白色舌苔，但以前并不会
(10)	以前喜欢吃的东西，现在并不觉得那么想吃，对食物的喜好逐渐改变
(11)	觉得胃里的食物没有被消化，常觉得胃怪怪的
(12)	肚子发胀、疼痛，比以前更常出现腹泻、便秘交替的情形
(13)	肩、颈、背部和腰部常感到疼痛或僵硬
(14)	比以前更容易疲劳，而且疲劳好像不容易消除
(15)	体重下降，有时会没有食欲或无食欲性地暴饮暴食
(16)	稍微做点事就立刻感到疲惫或情绪烦躁
(17)	有时早上起床时仍觉得精神差，好像没睡好
(18)	觉得身体生病了，却检查不出原因
(19)	对学习提不起劲，注意力也无法集中
(20)	跟以前比起来，夜里难以入睡
(21)	常常做梦，但以前并不会
(22)	半夜常会醒过来，然后就不容易睡着了
(23)	常会突然觉得喘不过气来，好像缺氧快死了一样
(24)	有时会有心悸的症状，以前并不会
(25)	有时觉得胸口好像被勒紧般疼痛或闷闷的
(26)	容易为一点小事就生气，觉得烦躁不安
(27)	容易迁怒到跟自己亲近的亲友身上
(28)	手脚常觉得冰冷，以前不太会有这种情形
(29)	容易流汗，尤其是手掌及腋下

表 8-3（续）

序号	题目
(30)	大家觉得好笑的事，自己却觉得笑不出来
(31)	不太想与人接触，觉得麻烦，情愿一个人待在家，但以前并不会

0~5 分：平常的你应该很快乐！不仅感觉很自在、舒服，也不会有困扰自己的想法，身体状况维持得还不错。想必你是个知道如何调适自己压力的人，恭喜你。

6~10 分：建议改变心情，维持正常生活作息。最近的你在生活上有些令你感到有压力的事情。虽然是小事，不过好像有一点点让你感受到小小的情绪紧张。不过没什么太大的关系，现代人有轻度的焦虑是很正常的现象。你只要多关心一下自己的身体和你在意的事情，想想有什么方法可以解决问题，或找朋友谈谈你的状况，相信你可以慢慢让自己感觉舒服。

11~18 分：最近的你，是不是生活上有些事情使你感到有压力，让自己感到有点喘不过气来？那种压力，虽然还不是很严重，可似乎开始影响你现在的生活。建议你找朋友聊聊天，或者是找时间去户外走走，或做些会让自己放松和快乐的事情。总之，适当地照顾自己，疏解一下自己的生活压力是很重要的。这样，压力才不会严重地影响你，让你身心受到煎熬。

19~31 分：现在的你，可能会觉得全身都不太对劲，感觉到紧张。而这样的状况，如果只出现在最近这几天，那么问题不大；如果已经持续好几个月，那么你最好到咨询中心与老师谈谈，或看一些自助的书籍。通过这些，慢慢恢复到平日的正常生活。

团体心理辅导

活动一：小小动物园

【活动目的】每个人都有自己独特的性格，动物也是一样，有些时候，你会惊奇地发现，你的性格跟某种动物在某种程度上是如此相像。充分发挥学生的想象力，在设计自我、阐述自我的过程中，全面了解自己，并发现自己与他人的不同，取长补短。

【活动时间】30 分钟。

【活动准备】动物图片、纸、笔。

【活动方法】

(1) 先导。将各种各样的动物漫画展示给学生，让学生分别描述不同动物的性格，主要是当他们遇到危险时的反应（如乌龟遇到危险以后就会缩到壳里；马遇到危险后会快速奔驰；鹰遇到危险后会奋力攻击）。

(2) 请每名学生迅速把自己想象为一种动物（教师提示：回想一下，大家面对矛盾的时候，第一反应是什么？和刚刚教师展示的哪幅图中的动物最像？如果图里面没有，也可以找其他自己记忆中的动物，最主要是要言之有据）。

(3) 学生阐述原因，相互交流。

①阐述所选择的动物性格及理由，如“我像刺猬，看上去浑身长满刺，很难惹的样

子，其实我很温驯……”

②你所选的动物和其他人所选的动物相比，有什么不一样的地方？

③你所应用的它那一部分的性格，其他人注意到了吗？其他人接受吗？

④当不同动物的性格的人碰到一起的时候，应该如何相处？

【教师点拨】

（1）每个人都有自己特定的思维模式，从而决定了他的行为模式。不同的思维模式的人碰到一起，总是不可避免地要面临冲突。当冲突出现的时候，也许正视问题、互相尊重才是更好的解决问题的方法。

（2）合作和沟通的过程中，要认真地考虑自己和对方冲突的根源所在，根据彼此的特点进行调整；最终，尽管存在冲突，不同类型的人仍然可以在一定程度上互补，也可以做到很好。

（3）发现自己与他人的不同，取长补短。

（4）作为领导者的经理层人物应该善于观察和利用这一点，才能组建一个更好的团队。

（5）每个人都有自己的角色和位置，甚至同一个人不同阶段也要站在不同的位置。那站错了位置会怎样呢？（引出下一阶段活动）

活动二：大变脸

【活动目的】帮助学生认识大学与高中的不同之处，了解自身的心态，更好地完成角色转换；同时体会角色的重要性，学习在适当时间、场合扮演适当角色。

【活动时间】20 分钟。

【活动准备】无。

【活动方法】

（1）引导：同学们，人在成长的不同阶段，总要扮演各种各样的角色。在父母面前，你是什么角色？在爷爷奶奶面前，你是什么角色？在学校老师面前，你是什么角色？在商店购物时，你是什么角色？在公交车上，你是什么角色？在同学、朋友面前，你是什么角色？每个角色都是被社会规范既定的，大家想想，这些角色可不可以交换？

（2）为什么不可以交换角色？一旦交换了角色会怎么样？下面，我们将请两名学生上台进行角色扮演。请在好朋友面前，扮演父亲、母亲的角色。

（3）对角色扮演过程的分享。

【教师点拨】

（1）在观察扮演和分享的过程中，大家已经明显地感觉到了角色错位带来的突兀和不适应。这种尴尬和突兀会严重影响到我们正常的人际交往，阻碍我们更好地融入环境。

（2）小学阶段，你扮演儿童角色，用儿童思维生活；中学阶段，你扮演少年角色，用少年思维生活；现在到了大学阶段，当然就需要你扮演青年角色，学会用青年思维生活。

（3）问问你自己，目前为止，大学生这个新角色你扮演得如何？你已经适应新身份了吗？如果还没有适应，主要原因是什么呢？

第九章 守护心灵——大学生心理障碍

随着社会的发展，竞争日益激烈，生活节奏越来越快。青年大学生正处在学业、就业、恋爱、社会适应等重要人生选择时期，面对的矛盾多，内心冲突大，情绪易波动，同时他们的心理调节能力还不完善，容易产生心理障碍。大学生除重视自身的身体健康外，也需要重视心理健康问题，对心理障碍相关知识有基本的了解。本章简要介绍大学生中常见的心理障碍，主要包括正常心理和异常心理的区分、大学生常见心理障碍的类型及表现、心理障碍的防治。

课程导读

王强和张帅是室友，王强以前是宿舍的学霸型人物，其他人玩游戏，他戴着耳机背单词；其他人给女友打电话聊天，他在楼道里读英语。可最近一段时间张帅觉得王强变懒了，变邋遢了。现在，王强整天睡到中午，起床脸也不洗，床上乱得一团糟，也不背单词了。张帅很纳闷，王强到底是怎么了？

张帅和其他室友在劝说王强无果的情况下，决定陪他到学校心理咨询中心。心理咨询师在听了王强的叙述后怀疑他可能得了抑郁症，需要去专科医院进行诊治，转介王强去精神疾病专科医院。王强一听要去精神疾病医院，立刻摇头说："打死我也不去，等放假我回家休息一下就好了。"其实王强是被精神疾病专科医院给吓住了，认为自己的问题很严重，同时又觉得很丢脸。张帅说："老师都让你去了，你就去吧，我陪你一起去。"

后来王强确实被诊断为中度抑郁，医生建议服药治疗，同时结合心理咨询治疗。回到宿舍，王强拿着医生给开的药有点犹豫，是吃还是不吃？自己真的需要吃药吗？

现实生活中，像王强这样的大学生不在少数，他们缺乏对心理障碍的了解，当自己被诊断出患有心理障碍时往往不知所措。本章主要介绍心理障碍的概念及心理障碍的应对。

第一节　心理障碍概述

一、什么是心理障碍

在医学上，人们经常使用“心理病理学”这一术语，把各种类型的精神失常或行为失常统称为“心理障碍”或“异常行为”。“行为”一词在此泛指所有可以看到的动作或者活动，它几乎涵盖了人类的全部机能。心理学上对心理障碍的定义是指没有按照社会所认可的适当行为的能力，可能是生理上的（例如大脑的损伤），也可能是心理上的（例如认知扭曲，动机不足），或二者都有。

从上述定义可以看出，心理障碍是与心理健康相对的概念，但二者并不是相互独立的，它是一种不断变化的过程。心理学家的研究结果表明，人群中心理障碍和心理健康的人数是符合正态分布曲线的规律的，如图 9－1 所示。

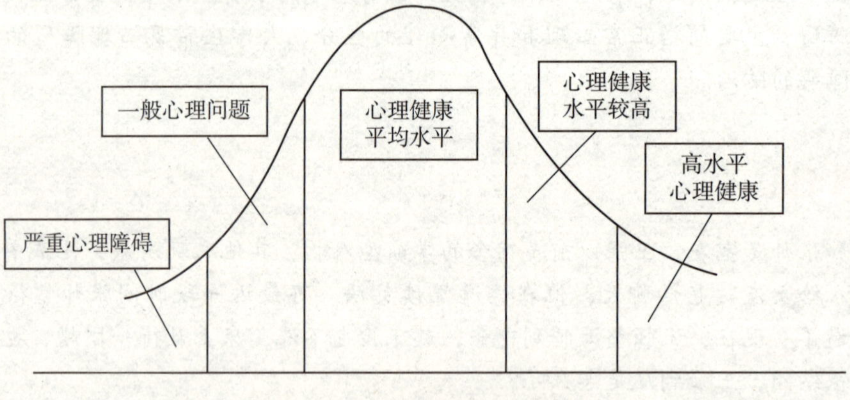

图 9－1　心理健康正态分布曲线

因此可以看出，心理健康、一般心理问题、心理障碍之间存在着逐渐发展和改变的联系。在一般人群中，大多数人的心理素质处于中等偏上，少数人具有较高的心理素质和适应性，还有一小部分人有轻微的心理障碍，可以通过心理治疗和自我调节来恢复到正常的精神状态。一般的心理问题如果没得到很好的解决，就可能会转变成心理障碍。心理障碍是正态曲线中的负极性，人数较少，但存在着较大的问题，影响着他们的社会功能，而且也会妨碍生活的平稳发展，必须对其予以充分的关注。

二、正常心理和异常心理的区分

在理解了心理问题、一般心理问题、心理障碍之间的联系后，自然而然地将正常心理与异常心理区别开来。

心理学把正常和不正常的心理分为三个部分。一是观察人的主观世界与客观世界之间的关系。比如，一个人可以觉察到一个不存在的客观世界，这意味着他的统一性有问题，这是一种心理异常的范畴。二是观察人们的精神活动与其内部的和谐。人的思维活动包括知、情、意三个方面，三者之间的配合是常态，而不一致就是异常。例如，当一个人用一种忧郁的语气谈论一件快乐的事时，他的心理过程的一致性出现了问题，属于心理异常。三是看个性是否比较稳固。个性形成后，除非是突发事件，否则很难发生变化，如果没有明显的外在因素，一个人的性格就会发生很大的变化。有可能是精神方面的问题。

总的说来，心理异常具有以下心理特征。

（1）疼痛。除严重精神障碍表现为精神障碍者，其主要表现为抑郁、焦虑等痛苦感受。

（2）精神生活——社会功能失调。心理畸形患者心理、生理、社会功能不能保持均衡和协调，经常会导致失眠、头疼、乏力等心因性生理功能失调，还会导致社会功能受到损害，影响正常的生活。

（3）精神上的不正常。精神失常的人，往往意识范围狭小，对身边的事情视而不见，只会把注意力集中在“心理问题”上。

三、心理障碍的分类

心理障碍的分类

在我们的生活中，心理障碍究竟是什么样的精神疾病？本文依据《中国精神障碍分类与诊断标准》（第三版），对其进行了如下分类。

（一）精神病性障碍

这种障碍是一种很严重的心理障碍，大部分病人在发病过程中会失去自我识别的能力，不会去医院就诊。精神分裂症、偏执性精神病、反应性精神病等都是此类疾病的常见类型。

（二）心境障碍

这种疾病也被称为情感障碍，它以显著的、持续的情绪或情绪低落的形式出现，并伴随着思想和行为的变化。躁狂症、抑郁症等都是这一类型的疾病。

（三）神经症性障碍和癔症

这类症状不存在精神障碍，以焦虑、紧张、恐惧、强迫、神经衰弱等症状为主要表现，在出现精神障碍之前，一般都是有一定的人格基础。这一类型的疾病包括恐惧症、焦虑症、强迫症、躯体疾病及神经衰弱。

癔症也叫歇斯底里，是一种分裂（转化）的疾病。

（四）反应性精神障碍

反应性精神障碍一般指应激性心理障碍。主要是由突发生性事件、剧烈精神创伤、长期艰难处境等原因造成的。反应性精神障碍包括：急性应激障碍、创伤后应激障碍、适应性障碍。

（五）人格障碍

人格障碍是一种人格特质显著偏离，导致患者养成一种固定的行为方式，这种行为方式反映了其个人的生活方式和人际关系，从而导致其社交和工作能力的损害，适应能力下降。例如：反社会人格障碍、偏执人格障碍、强迫性人格障碍、分裂性人格障碍、戏剧性人格障碍等。

（六）心理生理障碍

心理生理障碍又称心理因素有关的生理障碍，包括饮食障碍、睡眠障碍、性功能障碍等。

案例故事

大一新生李洪说："从小学到高中，我所在的学校都非常严格：每次作业、每月考试我稍有懈怠，就会受到惩罚。我们每天过着紧张的生活。我非常厌倦学习，但我宁愿回家扔东西发泄，也不愿放松我的学习。时间越来越少，任务越来越重，每次我学习的时候，我能想到的就是：我今天能完成任务吗？我明天能通过考试吗？精神压力大，效率高，连续学习六七个小时也不累，无视自己对学习的厌恶。生活以如此紧张刺激而又充实的方式进行着。在高考之前，我的很大一部分动力来自老师越来越严厉的惩罚，而不是高考本身。

"上大学了，本以为考上一所重点大学一切都好。可是我们的课少得可怜，每天都有整块的时间自习，没有作业，不期中考试，期末考试老师明着说：'就是书上题！'也没什么压力。所以，每天9点多起床，吃饭后看小说。我明显感到自己生活节奏变慢了。为了充实自己，我每天规定学习时间，限制玩的时间；为了给自己动力，我订了好多考研、创业的杂志，用他人的成功与痛苦来激励自己。可我很快就发现效果不好，我虽然坐在教室，可总是心不在焉，以前无暇顾及的'厌学'，此刻都表现出来了。虽然为自己规定了学习任务，可没有压力，总也完成不了。

"每天我带着'厌烦、注意力不集中、低效率'学习，甚至在教室睡着（以前我只睡5小时，都不会在学习时睡着），学习收效甚微。至于那些杂志，几乎不起作用。我想是否非得躲不过（比如真的失业）我才会努力，就像当初面临老师的惩罚一样。妈妈又寄了鱼油，说可以补充脑力。可我知道自己要的不是这个。我要的是动力和学习的兴趣，至少不要再厌学。我该怎么办？"

第二节　心理障碍的主要类型

一、神经症

神经症

案例故事

许怡觉得她真的病了。在过去的一年里，她感到头痛、头晕、疲劳、失眠、多梦、食欲不振、体重减轻，学习起来整天昏昏沉沉，无法振作精神、无法集中注意力，记忆力减退，整个人似乎失去了动力。她的脾气变得非常坏，容易发怒。她对自己想做的事情感到吃力，但对不感兴趣的事情却想个不停，无法自控。她去了市内各大医院的内科和神经科，做了脑电图、CT等检查，结果显示正常。医生诊断她为“神经衰弱”。她服用了谷维素、维生素和中药来健脑安神，但没有效果。渐渐地，她变得悲观和消极，不得不求助于心理专家。诊断后，医生告诉她，她患有“神经官能症”，给她口服抗抑郁药，并教她做放松训练。两周后，许怡觉得她的症状明显改善，睡眠和食欲改善了很多，情绪也活跃起来。神经症主要是由心理因素造成的。对于处在青年期的大学生来说，这是一种最为常见的功能性疾病。不健全的个性特征是此类疾病的发病基础。在此基础上，如果遇到重大的心理创伤，便会导致神经症的发生。这里我们主要介绍的是焦虑症、强迫症、恐惧症、躯体形式障碍、神经衰弱、癔症。

（一）焦虑症

焦虑症是一种很普遍的精神疾病。进入新的环境，大学生要从各个方面进行新的适应与调整。若对自己有太多的期待，有太多的压力，任何事情都会有所顾忌，久而久之，患者会出现持续性的焦虑、不安、恐慌，并伴有明显的运动性不安和身体不适感。焦虑症患者的人格特质也很明显，大部分都是懦弱、畏首畏尾、优柔寡断；对新事物和新环境的适应能力不强，一旦受到负面情绪的影响，就会变得焦躁不安。许多大学生在面对各类考试时，都会产生诸如“期望焦虑”“期望不安”等情绪，甚至对考试产生了畏惧情绪，从而控制不住自己。

（二）强迫症

强迫症是一种意识、情感、意图或行为的主观上的一种无法抵抗和被迫的行为。强迫症患者知道自己的行为和想法是不合理的，但是他们不能从这种状态中解脱出来。这些症状主要是由于长期的心理和情感经验引起的，与病人的童年或童年的经历有关。患有强迫症的大学生大多与其人格缺陷相关，如缺乏自信、过分小心、生活习惯呆板、墨守成规、常怕发生意外；活动能力差，主动性差。

（三）恐惧症

恐惧症是一种与病人的意愿相违背的恐惧情绪。病人对一件普通的物品、环境或活动感到紧张和害怕，但他知道这是一种过度的、不正常的、没有必要的、控制不住的、不能逃避的情绪。恐惧的客体有很多种，例如怕脏、怕细菌感染、怕尖锐物体；害怕开阔的广场、害怕拥挤的地方、害怕高地和峡谷、害怕脸红、害怕对视、害怕生病、害怕死亡。这就使得病人必须避开特定的场所、物体或人，比如脸红、害怕与人对视的病人往往会回避社会交往。大学生恐惧症主要是以社交恐惧、考试恐惧为主。

（四）躯体形式障碍

躯体形式障碍主要有躯体化障碍、未分化的躯体形态障碍、疑难性肢体障碍、身体上的痛苦等。大学生的躯体形式障碍以疑病障碍为主，也就是所谓“疑病症”，在神经症患者中比较罕见，其主要的临床症状是害怕或者认为自己有某种身体上的疾病。患者担心自己的健康或身体的某个部位，其担心的程度与实际的健康情况极不相符，常常诉说自己的不舒服，到处去看医生，但是各种客观的测试和医生的说明都无法消除病人的怀疑。对于生理上的缺陷（尽管缺乏依据）的疑虑也属于本症。

（五）神经衰弱

神经衰弱是大学生中最为普遍一种心理障碍，神经衰弱更成为23%～60%的学生休学、退学原因。神经衰弱通常在高中开始，到了大学，发病率就会上升，多发于以脑力劳动为主，尤其是年轻大学生。这种疾病主要是因为一些长期的心理原因，导致大脑功能活动过度紧张，导致大脑活动能力下降。

神经衰弱的病因有多种，包括学业负担过重、经济压力过大、生活节奏改变、家庭发生变故等。在患者中，神经衰弱的症状是不同的，不同的程度也不同。大部分症状都是轻微的，症状会反复出现，到了后期会越来越严重。只要治疗得当，就可以减轻或者治愈。

（六）癔症

癔症又称歇斯底里综合征，是一种由一些显而易见的心理因素所导致的疾病，例如：生活事件、内部矛盾、强烈的情绪体验、暗示或自我暗示等作用于易感个体引起的一组病症。其临床症状以感觉功能障碍、动作障碍、意识改变等状态为主，但没有相关的器质性基础。临床表现为矫揉造作、夸张或情绪丰富，有时可由暗示而诱发，也可由暗示而消失，有反复发作的倾向。大部分是突发性的，在发病之前大多是受到心理或社会上的刺激，通常为人际关系的一般矛盾，强烈刺激则很少见，患者女性多于男性。

二、抑郁症

抑郁症是一种常见的精神疾病，其症状为精神状态明显地下降，极度的悲伤、焦虑、自责，不愿意与人交往，有时还会失眠、持久疲劳、思维迟缓、精神活动减少，面对困难无能为力、束手无策，食欲减退，身体消瘦，甚至会有自杀的想法。有些大学生对枯燥乏味的专业学习没有兴趣，对一成不变的生活方式感到厌倦，对自己在学业和社会上的失败感到沮丧。长时间的抑郁会引起精神迟钝、失眠、体力下降等，对个人的健康有很大的影响。

三、精神分裂症

以下是关于精神分裂症的一些特殊症状的描述。

（一）感知觉障碍

幻觉是精神分裂症中最主要的感知觉障碍，其中以幻听最多。精神分裂症的幻听内容大都是争论的，比如有两个人在谈论病人的好坏；或者是批评家，一直在评价病人的行为。精神分裂症的幻觉可以是很明确的，也可以是很清晰的，或是模糊不清的，但更多的时候，病人的思维和行为都会受到极大的影响，甚至会出现一些违背常理的行为。

（二）思维及思维联想障碍

1. 妄想

妄想常常是荒谬的。可能在早期的时候，患者对自己的一些明显的不合理的想法抱有怀疑，但是随着病情的恶化，病人会慢慢地接受这种病态的想法。

2. 被动体验

患者失去主体性，感觉身体活动、思维活动、情绪活动；所有的冲动都在人为的支配之下，有一种被强迫的消极经验，经常会说，他们的思想和行为是不能自主的。

3. 思维联想障碍

在谈话中，患者常常忽略了一般的修辞逻辑，导致了语言的不流畅、叙述的不完整性等问题。患者在说话的时候，往往会偏离话题，特别是在回答问题的时候，每一句话都是模棱两可的，让人捉摸不透。病情过重的人甚至连基本表达都会出现问题。

4. 思维贫乏

患者语量贫乏，缺乏主动言语，回答问题大多是“是”或“否”。每次都要拖延很久才能得到答案。

（三）情感障碍

主要表现为情感迟钝或平淡。情绪上的沉闷并不只是因为他们的表情僵硬、缺少变化，他们的身体活动也会减少，在谈话中很少或几乎不使用任何辅助表达思想的手势和肢体姿势，讲话语调很单调，缺乏抑扬顿挫；患者失去了幽默感和对幽默的反应，而他人的幽默也不能使病人露出会心的笑容；患者对亲人感情冷淡，亲人的伤病痛苦对患者来说无关痛痒。

（四）意志与行为障碍

1. 意志减退

患者在坚持工作、完成学业、料理家务方面遇到了很大的困难；他们常常对自己的前途漠不关心，没有任何打算，即使有了计划，也从来没有实施过；他们的活动也越来越少，可以连坐几个小时而没有任何自发活动。

2. 紧张综合征

因患者全身肌肉张力增加而命名，分为紧张性木僵和紧张性兴奋，二者可交替发生，属于精神分裂症紧张型。

四、人格障碍和性心理障碍

（一）人格障碍

人格障碍是指在情感、意志、行为等方面表现出不和谐的个性体系。人格障碍一般在童年、青春期或成年初期开始，一直延续到成年之后，甚至终身。人格障碍病人的行为方式与正常人不同，有些人会因为一件小事就暴跳如雷，暴怒不已，对他人残酷无情，以他人的痛苦为乐趣，对他人不负责任，对自己的所作所为毫无悔意和羞愧，极度自私，感情淡漠。他们不能适应周围的环境，缺少朋友，这也不可避免地会对他们的专业职能产生影响，往往会导致“无论去哪里，都不会在任何地方停留太久”。但他们对此却毫无自知，只是一味地怨天尤人，而绝不检查自己。人格障碍主要有偏执型人格障碍、分裂型人格障碍、反社会人格障碍、冲动型人格障碍、表演型人格障碍、强迫型人格障碍、焦虑型人格障碍等类型。

（二）性心理障碍

性心理疾病过去被称作性变态，是一种具有异常行为的心理障碍。性心理疾病的临床表现为三大类：性身份障碍，如易性症；性偏好障碍，如恋物症、异装症、露阴症、窥阴症、摩擦症、性虐待；性取向失调，如同性恋等。

五、促进大学生心理健康的基本原则

维持和促进心理健康，必须遵守一定的原则。

（一）遗传因素、教育因素与认知因素并重的原则

人类的生长发育，尤其是脑细胞的构建和工作强度，都取决于基因，但是，人类的大脑机能特征和认知能力，都是在与环境的交互作用下产生的。此外，人类的认知特性也会对情感、行为产生一定的影响，反过来，人的认知特征又制约着情绪和行为，为此，人要获得健康的心理，只能本着上述三种因素并重的原则行事。

（二）人与环境的协调原则

心理健康发展的本质是人与自然环境、社会环境之间是否存在着动态协调平衡的过程。人类适应、协调环境，不仅是一种简单的适应，更重要的是一种积极的主动的改造，以促进自身的心理健康。

（三）身心统一的原则

因为心理与生理是密切联系的，所以，健康的心理处于一种健康的状态，所以，积极进行体育锻炼、养成良好的生活习惯，可以提高人们的心理健康水平。

（四）个体和群体结合的原则

在团体中，个人的精神状态无时无刻都会受到团体的影响，其心理健康的维持也有赖于团体的心理健康水平，这就要求建立一个有利于个人精神健康的心理卫生氛围。同时，个人的精神卫生状况也会对团体造成一定的影响。

（五）知、情、行相对平衡的原则

心理健康的发展离不开相关的知识，也离不开将理论应用到实践中去。理论是指导，而实践是归宿，离开了理论，行动就缺乏方向和方法；但没有实际的行动，理论再怎么完善，也只是纸上谈兵。反之，人生的实践也会辨别人的认知和行为是否是对的，是否能够“吃一堑，长一智”，以及对经验的认识和总结，则是知与行是否能够达成平衡的关键。此外，人的知与行必然伴随着情绪、情感，这是知行的动力，但如果不能很好地调控，反而

会成为阻碍，甚至造成不良后果。因此，合理调整和平衡是维持心理健康的一个重要原则。

六、大学生心理障碍的应对措施

（一）怀疑自己有心理障碍怎么办

当发现自己的心理生病时，要怎么做呢？这和身体生病是一样的，要及时就医，寻求专业人士的帮助。由于公众缺乏对于心理障碍的公共卫生知识，甚至对心理障碍存在比较严重的社会病耻感，因此，患者既不愿意承认自己患有心理障碍，又对其他患者避之不及，这样的看法会对疾病的康复造成负面影响。

在怀疑自己有心理障碍时，最好的办法就是调整好心态，及时向专业人士求助。如果对就医心存顾虑，可以先从身边容易获得的资源入手，如学习过心理学的朋友、学校里的心理咨询师等，把顾虑告诉他们，和他们一起想办法克服困难。

如果打算去精神科就诊，那么就要做好准备。一般来说，精神科医生的初诊会持续10～20分钟，所以要提前准备好自己的主诉问题，把自己感受到的痛苦、症状充分地告知医生，积极配合医生的问诊。当医生建议服药时，如果对服药心存顾虑，可以坦诚地和医生沟通，并确认清楚服药的注意事项和复查等事宜。

（二）身边的人有心理障碍怎么办

如果发现身边有人疑似患有心理障碍，一方面可以建议对方及时就医，另一方面要放下心里对心理障碍的病耻感，为患者提供一个温暖支持和无偏见的人际系统。心理障碍的患者内心经历着孤独的痛苦，他可能一直在努力和这份痛苦抗争，甚至长期游离在生与死的边缘，局外人是很难体会到他内心的这份痛苦的，因此首先要做的是对患者保持尊重，不去妖魔化精神病人，要怀着一颗像对待一个有着身体疾病的人一般的“平常心”去对待精神病人；其次，在建议和支持对方就医的同时，也要调整好自己的心态，做好自己的事情，并记住没有人可以为其他人的生命负责，心理障碍患者的确需要一个温暖支持的人际系统，但最终能否痊愈依然是要靠他们自己。

如果室友得了某种心理障碍，这个时候最好的做法是建议室友去学校的心理咨询中心寻求帮助或者就医。如果该同学有伤害他人的情况，老师和医生通常都会给予相应建议，并做相应的处理。如果宿舍里的其他室友仍然很害怕，不知道如何与该同学相处，可以一起到心理咨询中心寻求老师的支持。

（三）医疗资源如何与心理咨询资源相结合

心理障碍的患者除了可以利用医疗资源，向精神科医生求助，服用精神类药物，还可以借助心理咨询的支持。患者如果想采用医疗资源和心理咨询资源相结合的方式治疗疾病，则需要了解这两种资源的不同。

精神科的心理治疗和心理咨询适用的范围和工作方式是不同的。心理咨询服务于遇到心理困扰而非心理障碍的人群及各类型的轻度心理障碍者，如神经症、人格障碍、适应障碍等。而精神科的心理治疗面向精神分裂症、双向情感障碍、重度抑郁等重症心理障碍患者，也包括某些较重的神经症及人格障碍患者。两者的服务对象有一定的交叉，但也存在明显不同。

那么如何判断个人适用于心理咨询还是心理治疗呢？如果怀疑自己或身边的人有严重的心理障碍（如重度抑郁），首选是去精神科做一个明确的诊断，如果被确诊为心理障碍，那么是否要配合心理咨询要由精神科医生来判断。有些重症患者，心理咨询对他的帮助是微乎其微的，而另一些患者，在药物治疗的同时配合心理咨询效果更佳。如果不确定自己是否严重到要去精神科做药物治疗，也可以先选择和心理咨询师见面，通过初次评估，让心理咨询师来帮助自己判断是否需要去精神科诊断和治疗。

（四）休学后重返校园的适应

大学生在有些情况下，不适合继续在校学习时，可能需要办理休学或住院治疗，基本痊愈后可以重返校园。重返校园对于痊愈中的大学生来说，是一个新的适应过程，既包括学业上的适应，也包括人际关系上的适应，这不仅是社会功能逐渐恢复的过程，也是一个格外要留意的时期，如果适应不良，还会引发其他的问题。

绝大部分大学生经过治疗后，在学业和人际适应上情况较好，能够融入校园生活中，正常行使社会功能。但有一些大学生处于症状的残留期，返回校园后，在日常生活和学习中仍然存在一定困难，如注意力和记忆力可能还在康复期，相较于正常水平偏低，学习上需要比其他同学付出更多的时间。这类大学生要提前做好心理准备，要认识到出现这种学业上的困难是正常的，要在心里接纳这一时期的状况，为自己设定符合当前阶段的学习目标，循序渐进，不要过于急躁，以免功亏一篑。长时间和社会关系的脱离可能会使人在人际交往的适应上存在一定困境，大学生可以选择一些团体咨询的支持资源，慢慢恢复人际交往功能。

此外，大学生也可以利用学校里的心理咨询的资源，向心理咨询师寻求帮助。

（五）什么情况下自己是有危险的

有些心理障碍会威胁到个人的生命安全，及时识别出其潜在的威胁非常重要。

在诸多心理障碍中，抑郁症是大家最为耳熟能详的。由抑郁症所导致的自杀意念和行为是人们需要识别的首要信号。患者进入抑郁状态时，会感受到严重的心境低落，思维迟缓和意志行动减退，严重时会出现想要结束自己生命的想法。每个人的生命中都曾在某个瞬间想到死亡，但当这种想要结束生命的想法长期存在，而且经常出现，表现出固定的自杀意念时，这就是正处于危险中的信号。此时，要及时向专业人员和身边的人寻求帮助。

一些伴有精神病性症状的心理障碍的人，会因病产生幻觉，出现幻听和幻视觉。有时，幻听到的声音也在敦促着个人去自杀或者是伤害别人，这同样是危险的信号。如果听到自杀或者伤害别人的声音，一定要及时就医，进行有效治疗，保障自己和他人的生命安全。

（六）自己有心理障碍，该不该和别人说

假如确诊了心理障碍，一定会产生很多问题：说还是不说，如果要说和谁说，说什么。

对“说还是不说，如果要说和谁说”的问题，这里给出以下建议。

（1）如果在治疗过程中，可以正常地学习和生活，可以选择不告诉他人，也可以只告诉自己的好朋友或者信任的人。

（2）如果疾病会影响到你的社会功能（如社会交往、学习等），可以这样做：①和自己比较信任的朋友说；②告诉自己的班主任老师，因为如果需要帮助，班主任老师就在身边；③告诉与自己朝夕相处的人，如室友。

对“说什么”的问题，这里给出以下建议。

（1）不仅仅是告诉对方你得了某种病，还需要对此病的症状做出一些科普和解释，绝大部分人对心理障碍了解并不多，甚至会感到害怕，这可以帮助自己更好地和周围的人相处。

（2）直接具体地告诉对方自己的需要，这可以帮助他人更好地与自己相处。例如，“我得了抑郁症，抑郁症的表现就是无论做什么事情都开心不起来，不管这件事情多么让人开心，所以最近一段时间我都会比较低落，如果我不开心，你们不要觉得意外，也并不是因为你们做错了什么事让我不开心。另外，你们也不必做什么事情让我开心，我真的开心不起来，也不用给我特别的关心，就像平时一样相处就好了。”

心理测评

心理承受力自测问卷

指导语：请你仔细阅读每一道题，并根据自己的实际情况，对下列题目作出“是”或“否”的回答（见表9－1）。对这些问题的答案不要做过多的考虑，对每个问题立即做出回答比考虑后再回答更能反映切合自身实际状况。

表9－1　心理承受力自测问卷

序号	题目	选项	
（1）	你认为自己是个弱者吗？	是	否
（2）	你是否喜欢冒险和刺激？	是	否
（3）	你生活在使你感到快乐和温暖的班级里吗？	是	否
（4）	如果现在就去睡，你担心自己会睡不着？	是	否
（5）	生病时你依旧乐观吗？	是	否
（6）	你是否认为家人需要你？	是	否
（7）	晚睡两个小时会使你第二天出现明显的精神不振吗？	是	否
（8）	看完惊险片很长一段时间内，你一直觉得心有余悸吗？	是	否
（9）	你常常觉得生活很累吗？	是	否
（10）	你是否有一些无话不谈的知心朋友？	是	否

表 9－1 （续）

序号	题目	选项	
(11)	当考试成绩不理想时，你会感到非常沮丧吗？	是	否
(12)	你认为自己健壮吗？	是	否
(13)	当你与某个同学闹意见后，你一直无法消除相处时的尴尬吗？	是	否
(14)	大部分时间你对未来充满信心吗？	是	否
(15)	你有一个关心、爱护你的家吗？	是	否
(16)	当你在课堂上回答不出问题时，你在课后还会久久地感到烦恼吗？	是	否
(17)	每到一个新地方，你是否常常会出现些问题，如食欲不振、失眠、腹泻、头晕等？	是	否
(18)	遇到困难时，你还是相信困难终将过去吗？	是	否
(19)	你明显偏食吗？	是	否
(20)	当你与父母发生不愉快时，你是否想过离家出走？	是	否
(21)	你是否每周至少进行一次所喜欢的体育活动，如登山、打球、游戏等？	是	否
(22)	你觉得自己有些神经衰弱吗？	是	否
(23)	你认为你的老师喜欢你吗？	是	否
(24)	心情不愉快时，你的饭量与平时差不多吗？	是	否
(25)	看到苍蝇、蟑螂等讨厌的东西，你感到害怕吗？	是	否
(26)	你相信自己能够战胜任何挫折吗？	是	否
(27)	你是否常常与同学们交流看法？	是	否
(28)	你常常因为想心事而躺在床上久久不能入睡吗？	是	否
(29)	在人多的场合或陌生人面前说话，你是否感到窘迫？	是	否
(30)	你是否认为你受到的挫折与其他人相比，根本算不了什么？	是	否

第（2）（3）（5）（6）（10）（12）（14）（15）（18）（21）（23）（24）（26）（27）（30）题答“是”计 1 分，答“否”计 0 分。其余各题答“是”计 0 分，答“否”计 1 分。各题得分相加，统计总分。

0 ~ 9 分：你的心理承受能力差。你遇到困难易灰心，常有挫折感。

10 ~ 20 分：你的心理承受能力一般。你能轻松地承受一些小的压力，但遇到大的打击时，还是容易产生心理危机。

21 ~ 30 分：你的心理承受能力强。你能在各种艰难困苦面前保持旺盛的斗志。

团体心理辅导

活动一：大学五宗“最”

【活动目的】引导团体客观分析现状，并从彼此借鉴中学习渡过发展性危机的方法。

【活动时间】40 分钟。

【活动准备】纸、笔。

【活动方法】

（1）随机分组，以 5 ~ 6 人一组为宜，每组自行选举组长。

（2）入学以来，你感觉大学的一切人、事与预想的有什么不同？对此，你的感触和评价是什么？请用 5 个形容词来概括进大学后最初三个月的感受。

（3）组内分享，统计出本组内 3 个使用频率最高的词（近义词计入同一词条）。

（4）每组派代表交流，全班分享练习感受。

【教师点拨】

（1）教师按正面、中性、负面三种词语色彩，对各组分享的高频词进行分类。

（2）指出：上大学，可能会使人经历一场“发展性危机”（见图 9 – 2）。发展性危机产生的原因主要有：①环境的巨大变化；②有了新的参照物（学业、同学等）；③支持系统断裂（远离亲人、密友）；④原有的经验不足以应对新的情境。只有认清现状，迎难而上，才能克服困难，渡过危机。如此不仅能学会处理困境的方法，还能使整体心理健康水平得到提高，生命获得了成长，而如果不能理性应对，则可能在心里留下疤痕，抑制今后的社会适应，严重的还可能引发心理障碍或疾病，导致当事人心理适应水平明显降低，甚至出现自残、自杀行为。

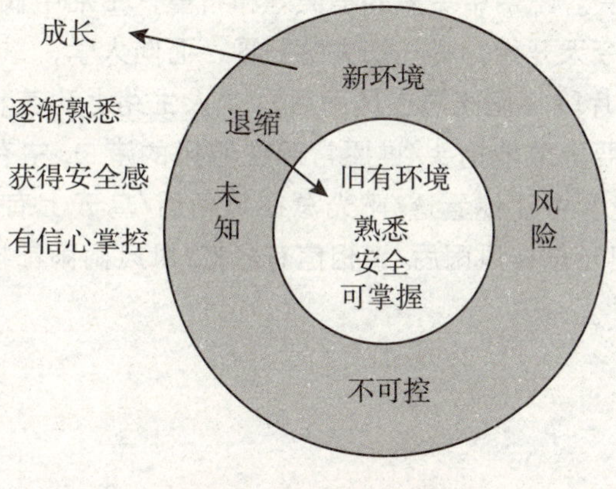

图 9 – 2　压力圈示意图

活动二：看见明天

【活动目的】升华前两阶段活动的内容，帮助学生树立明确的目标，做好大学生活的规划。

【活动时间】50 分钟。

【活动准备】与前一活动环节一样保持在分好的小组内进行，下发纸、笔。

【活动方法】

（1）要求每名学生在纸上写出自己的大学愿景（见表9－2），将白纸对折。

表9－2　自己的大学愿景

左边尽量多地写“我希望在大学……”	右边尽量多地写“我可以做……”
举例 ·得到奖学金 ·自力更生 ·过得充实而快乐 ·变得自信而开朗 ·找到恋人 ·为继续深造/找工作做好准备 ……	举例 ·认真上课、自习，不懂就问 ·找一份家教或者兼职 ·该学习的时候学习，该玩的时候好好玩 ·积极主动参加各种的活动 ·多和异性相处 ·积累各方面的能力，关注求职、升学相关信息，确定目标，及时准备 ……

（2）组间分享。

（3）班级分享。

【教师点拨】

（1）大学与高中在许多方面有很大的差别，你的困惑，许多人同样存在，首先不必太介意。另外，我们也不能对那些负面情绪反应不闻不问。接受现实，肯定自己，相信你一定可以很好地面对和解决。生活中更多的是美好和希望，生活中偶有挫折，可挫折可以带给我们经验和意志。从今天开始，将一切失落归零，面向大学，重新出发！

（2）教师教授手语片段《阳光总在风雨后》：“人生路上甜苦和喜忧/愿与你分担所有/难免曾经跌倒和等候/要勇敢地抬头/谁愿常躲在避风的港口/宁有波涛汹涌的自由/愿是你心中灯塔的守候/在迷雾中让你看透/阳光总在风雨后/乌云上有晴空/珍惜所有的感动/每一份希望在你手中/阳光总在风雨后/请相信有彩虹/风风雨雨都接受/我一直会在你的左右”。

第十章
珍爱生命——大学生生命教育

生命源于母亲的孕育，它是上帝赋予我们每个人的珍贵财富。生命是无法衡量的！每一朵花，只能开一次，只能享受一个季节的热烈或者温柔……

人是这个世界上奇特的生命之一，也是最复杂的生命体。大学生逐渐成熟，成为一个独立的人，在大学阶段，我们不仅对外在的事物好奇，也对自己的生命充满好奇：我为什么而活着？在这个世界上我活着的意义是什么？我是谁？我从哪里来？我要到哪里去？而在人的生命历程中，除了会对自己的生命意义进行探索，同时也会遭遇很多对生命造成打击的事情，如丧亲、重大疾病、辍学、失恋等。在本章的学习中，让我们重新思考生命的意义何在。

课程导读

活着的意义

某普通高校一名大二学生刘勇，本来成绩优秀，和同学相处也算融合，但是后来逐渐开始不想学习、逃课、考试不及格，甚至想要退学。他的心理压力很大，便来到咨询室求助。他向心理咨询老师提出了几个问题："老师，我觉得上学没有意义，甚至活着都没有意义，尤其像我这样的普通人。""我身边有的同学在追求名利，但是我不感兴趣。我以前想要好好学习，让我的爸妈能过上更好的生活。可是我去了招聘会，那些单位发的工资甚至不够养活我自己。""现在，自己过着庸庸碌碌的生活，甚至在夜深人静的时候，感觉到一种别人不曾理解的孤独，有时候会想到死……"

其实，刘勇的例子在大学生群体中并不少见，一个不知道为什么活着、没有理想和信念的人，内心很脆弱。一方面，他没有奋斗的动力；另一方面，他没有面对困难和挫折的能力，遇到棘手的问题，想到的只有逃避。

第一节　生命的意义

关于生命的问题一直是人们在思考和探索的问题。正是生命一去不复返，生命才会显得弥足珍贵。人们对于生命本质的探索和生命价值的追问不会停止。生命中承载了情感、智慧和力量，任何东西都无法替代，它是人类创造一切价值的前提条件。了解生命的意义和价值，先从认识生命本质开始。

一、认识生命本质

（一）生命的内涵

生命具有唯一性，所有的生命都有自己独特的“密码”，都令人肃然起敬，都值得敬畏，所有生命的行为都无法重复，无法再现，无法替代。生命分为三种形态：自然生命、社会生命和精神生命。

1. 自然生命

人要作为自然生理性的肉体生命而存在，这一点和自然界的生物一样，是必须具有的基本属性。自然生命是一切物质财富和精神财富的基础和载体，没有它一切都无从谈起。爱惜自然生命是每个人的人生首义。现在每个人都在努力探索健康的生活方式，但部分大学生健康意识淡薄，认为自己还年轻，身体健康，没有必要过分注重“养生”，认为那些手持保温杯的行为都是中年人的专属权利。在大学生心理健康课堂的不完全调查中发现，超过半数的大学生有熬夜的习惯，睡眠不足也造成很多大学生易疲劳、注意力不集中，缺乏适当的运动则会导致大学生体质下降，容易被一般性的感冒打败，因病影响学习和日常活动。“健康中国”计划已开始实施，大学生群体作为祖国未来发展的主力军，也应该保持生命的健康状态，只有这样，才能够在未来的奋斗中实现自己的人生理想，人的任何价值都是基于自然生命和身体健康之上的，如果失去了这一基础条件，所有的理想和幸福都会化为泡影。

2. 社会生命

社会生命包括生活角色、权利义务、社会关系等，当大学生陷入存在性危机，又无法获得道德的救赎，自杀与杀人的危险就开始显现。社会生命定义了每个人在社会中的不同位置，同时也通过人际关系的交接点，确定了每个人的社会地位。在家庭里，自己的角色是一个孩子，那么就享受着父母养育的权利，同时也要履行为父母养老的义务；在学校里，自己是一名学生，那么就享受着作为一名学生学习知识的权利，也必须履行好好学习、尊师重道的义务。同时，每个人还会拥有自己的社会关系，这也是自己的社会生命所在。中国人强调的“面子”，也是人们在社会领域中体现的“脸面”和形象，是社会交往时社会生命的呈现状态。

3. 精神生命

精神生命是在动物本能基础上产生的高级生命形式，是自然界绽放的最美丽的花朵。精神生命不仅包括信仰和信念，而且包含着对科学知识的忘我追求，要防止把人的精神生命异化为封建文化的忠孝仁义。精神生命的精髓在于不停地奋斗，或自强不息，或平淡守拙，或感悟真理，或鞠躬尽瘁。精神生命是生命中的最高层次，也是人最高贵的品质，能够超越“有限”而走向“无限”，让一个人更好地审视自然，体悟自身，融入世界。

（二）生命的基本特征

1. 生命的有限性

生命存在于世界上的时间是有限的，所谓长生不老只是人类基于生命本身的美好愿望和遐想，无论是谁，都无法摆脱生老病死的命运。有限性是生命的本质属性，正是由于生命的这一特点，也让死亡的到来成为生命本身的必然表现。德国哲学家海德格尔认为，人类只有承认生命本身的有限性才能意识到死亡。“生而有涯，死而有期”说的就是这个道理，每个人的生命有且仅有一次，这也彰显了生命的可贵。

2. 生命的不可逆性

生命存在于世界上是不可逆的，生命不可能重新再来一次。有人曾描述人生是一场单程旅行，从呱呱坠地来到这个世界上起，就不由自主地投入这趟旅行中，没有选择的余地。生命的一维属性更加印证了其短暂而珍贵，认识到这一点将使人们不会虚度光阴，努力追求实现生命的价值和意义。

3. 生命的超越性

由于生命的有限性，人类才能超越生理上的限制，进一步拓展生命的精神领域，彰显生命的意义和价值。虽然生命是有限的，但是人类对于生命意义的追求是无限的。生命的超越性不仅仅是指自我改善，也是对自我有限性的突破。德国哲学家雅斯贝尔斯指出，人依赖于自身主动性，使得生命进程向前迈进一个未知目标。人类生命只有在不断超越中才能逐渐趋近于真善美的境界，实现生命的意义和价值。

4. 生命的非连续性

生命发展的连续性是生命发展的一般规律，即发展方向上都是由出生开始，经少年、青年、中年、老年的顺序演进。而在这一过程中，由于外在环境和突发因素的影响，生命呈现出非连续性的特点。所谓非连续性是指事物发展中的间断性和突发性。正是由于这些偶然突发的非连续性的特点，人才会面临一次次的选择并不断塑造自我，促成了生命个体化的精彩。

二、理解生命意义

如果今天是生命的最后一天，人们会不会立刻完成现在想做的事？当人们的回答连续多次是否定的时候，有的人才意识到自己需要改变当下的生活。人类的目标不是追求心理或灵魂的安宁，而是在从现实到理想的奋斗中体验生命的意义。

对于生命意义的探索，有学者认为生命意义包括目标、统合、实现感三个核心特征。目标是指生命的意义存在于对目标的追求之中。统合是指收获生理、心理、精神的满足，即三者的需求满足的交互作用及与周围世界的交互作用构成的整体。实现感是指对目标实现或完成程度的体验，主要通过成就感、满足感、价值感等体现出来。由此推论心理疾病的根源在于人们丧失了生活的意义、失去了生活的目标。

心理学研究发现，生命意义与心理幸福感有极显著的正相关。生命意义能增进人的希望，在压力中起到调节作用。生命意义感高的人，其自我效能感也高。

三、创造生命价值

什么是生命的价值？生命价值的内涵包括自我价值和社会价值两个方面。自我价值是指个体的生命活动对生存和发展具有的价值。社会价值是指个体的生命活动对社会和他人所具有的意义。自我价值和社会价值是辩证统一的，社会价值是实现自我价值的基础，没有社会价值，自我价值便无存在的意义。

（一）珍爱生命——增强生命意识

世间万物，唯有生命最为珍贵。蒙田曾在《热爱生命》中写道：“我想靠迅速抓紧时间，去留住稍纵即逝的日子；我想凭时间的有效利用，去弥补匆匆流逝的光阴。剩下的生命愈是短暂，我愈要使之过得丰盈充实。”塞涅卡也曾说过：“如能善于利用，生命乃悠长。”从生命发展的动态过程上来看，生命是立体的、多层次的，包括三层含义。

（1）表层含义：尊重生命。尊重生命要保护生命、不轻视生命、不轻易放弃生命，尊重个体生存的权利。当人们用平等的眼光看待所有的生命，尊重和爱护所有的生命，世界将会呈现出无限生机。

（2）中层含义：珍惜生命。梁秋实曾说：“没有人不爱惜他的生命，但很少人珍视他的时间。”珍爱生命是有效地利用时间，不虚度光阴，不消极对待生活。

（3）深层含义：发展生命。马斯洛曾在自我实现理论中提到：“从人的天性中可以看出，人类总是不断地寻求一个更加充实的自我，追求更加完美的自我实现。”发展生命是超越生命的有限，探索生命的无限，活出生命的精彩，追求生命的意义和价值。

（二）完善生命——推动生命成长

完善生命——推动生命成长

1. 肯定生命的意义和价值

生命的价值在于劳动和创造。由于人的劳动能力具有潜在性和创造性，人因此能够创造更多的生命价值，其包括两层含义：一种是能够衡量的物化价值，即物质财富；另一种是无法物化衡量的基于人的道德品质、思想创造出来的精神财富。通过劳动创造出来的物质财富和精神财富，推动着人类社会的发展。

生命的价值在于奉献。每个人的生命都有其独特性，但实现生命价值的途径却不相同。“生命的多少用时间计算，生命的价值用贡献计算。”人们赞美春蚕，是因为它食用桑叶，吐出蚕丝，闪耀着“春蚕到死丝方尽”的奉献精神。人们享受着前人奋斗的成果，同时担负了奉献后人的重任，要在实现生命价值的道路上做好自己，承担起生命的责任，实现自我，造福社会，推动社会的进步与发展。

2. 正视挫折，挑战命运

德国哲学家尼采曾对人的生命做过这样的描绘：人的生命遭遇抵抗、阻遏乃至毁灭时正是生命的活力和能量可以最大限度地投射和释放时，而在毁灭中将有新的生命“生成”。人类生命里天然赋予着活力之泉，它使得个体激发发展与完善的动力，不再深陷于毫无活力的泥潭，在社会属性的体现与获得中彰显独特意义。

独臂男孩张家城在5岁时因为意外失去了右臂，但小家城并没有因此怨天尤人，反而活得坚强而乐观。他每天用左手练习吃饭、穿衣服，还帮家里干活。12岁时小家城爱上了篮球，并立志成为一名职业篮球运动员，为此他每天练习运球和投篮，凭借坚韧不拔的意志练就了一身篮球技能。央视在对张家城报道中曾写道：“永不放弃是体育精神，永不妥协是生命的意义。”汪国真曾在《热爱生命》中写道：“我不去想未来是平坦还是泥泞，只要热爱生命，一切，都在意料之中。”人生是一个体验的过程，在体验的过程中，赋予人生何种意义，就将会收获什么样的人生。当赋予人生积极、正面的意义，将会收获充实而圆满的人生。

拓展阅读

心若向阳，无畏绽放

在尝遍生活的苦涩后依然能够以苦化甜，对生命充满期待并依然付出奉献。这句话很好地诠释了邹勇松。教育部于2018年授予邹勇松同学“全国优秀大学生”荣誉称号，并用“心若向阳，无畏绽放”评价邹勇松。新华网这样评价他：“一滴水折射大海，一个人背后是整个民族。从邹勇松身上，我们看到了民族的力量，更看到了民族的希望。”邹勇松是长沙理工大学计算机与通讯工程学院2015级研究生。2017年6月，邹勇松被诊断为肾衰竭，每天要做4次透析，病榻上的他不知道自己的生命能够维持多久。面对病魔，邹勇松同学不懈奋斗、勇于创新，学习成绩优异并拥有6项专利和软件著作权。面对逆境，邹勇松同学心系他人、奉献社会，定期参加志愿服务。不仅如此，他毅然提交器官捐献申请，自愿向红十字会登记捐献眼角膜，成为第183877位志愿登记者。邹勇松说：“人总有一死，如果能用自己的器官延续他人的生命，这也算是最后的价值。我活着，就是要让别人活得更好。”

（三）提升生命——延伸生命价值

1. 懂得感恩

感恩是一种生活态度，是一种生活智慧，也是一种处世哲学。人们在付出爱、感受爱、接受爱、回馈爱中将爱的力量循环传递下去，在爱的体验中滋养和成长。心怀感恩，并向他人传递爱的能量是人性成熟的表现。在每个人成长过程中出现了很多的人，父母、老师、同伴、各行业的工作者等，他们给予爱、智慧和克服困难的勇气和力量，学会感恩，才能懂得如何实现自己的价值。

2. 履行社会责任

探索生命价值的过程也是承担和履行生命责任的过程。所谓生命责任，一方面是人人有责任去实现个体生命的自我价值；另一方面，个体也需要对其他人、对社会承担起自己的责任，共享自己所创造的物质财富和精神财富，用自己的奉献和他人建立联系，做一个有益于社会的人。奉献自己既是社会发展的需要，也是实现生命价值的需要。无论何种身份、行业和岗位，个人都与国家和民族的命运联系在一起，要在奉献的过程中升华自己，为他人、为社会带来更多的价值，有限的生命因此闪耀光芒。

第二节　心理危机的识别

心理危机不是哪一类人的专利，人人都有可能遭遇心理危机，原因可能是某一种角色没有了，某一种关系丧失了，某一种经验上的失败，如考试不及格、遭受拒绝等。遇到心理危机不要害怕，正确认识、科学应对、有效干预、提前预防才是理性选择。

一、认识心理危机

（一）心理危机的含义

心理危机是指当个体遇到自己无法解决或控制的事件或情境时所呈现出的严重的心理失衡状态。心理危机往往与三个要素有关：压力事件、不适的躯体感觉和意识、自身能力无法解决或控制。当个体同时出现这三种情况时，就应当留意个体是否出现了心理危机。每个人都在努力保持内心世界的平衡稳定及与外界环境建立的平衡状态，心理危机的出现会干扰或打破个体习惯化的生活模式。

（二）心理危机的类型

1. 发展性危机

发展性危机是指在个体成长和发展过程中，由于环境或其他生理的急剧变化所导致的异常心理反应。美国心理学家埃里克森将人格发展分为八个阶段，每个阶段都有其不同的任务和挑战。如果能顺利渡过危机就能形成积极的品质，反之则不能。

2. 境遇性危机

境遇性危机是指个人难以控制或预测的突发或异乎寻常的事件所引发的心理危机。例如，突发自然灾害、突发疾病、交通意外等，这种危机能够给个体造成巨大的心理冲击。

3. 存在性危机

存在性危机是指人生中重要事件出现问题而导致的个人内心的冲突和焦虑，往往伴随重要的人生问题，如人生目的、人生责任、承诺等内部冲突而导致的危机。

4. 障碍性危机

障碍性危机多是由心理问题、人格障碍、精神疾病所引起，具有潜在性和痛苦性。

（三）心理危机的表现

1. 认知方面

认知方面的变化与个体对事件、环境及自身资源的认知评价有关。个体可能会体验到脑海中控制不住的回忆，做决定的能力下降，对未来不抱有希望等，这些都是认知功能受损的表现。

2. 情绪方面

情绪反应与个体在遇到危机时对危机结果的预测和评价密切相关。心理危机情绪方面的表现为个体过度沉浸于忧虑、悲伤、恐惧中，高度体验到空虚感、丧失感等感觉。

3. 行为方面

随着心理反应的变化，行为方式也有可能发生变化。心理危机行为方面的表现为无精打采，坐立不安，眼神呆滞，人际交往能力下降，不能专心集中注意力学习或工作，滥用酒精或药物等，甚至会做出自杀或自伤的行为。

4. 生理方面

遭遇心理危机后，个体可能会出现的生理反应包括失眠、食欲不振、呼吸急促、心跳加剧、手脚冰凉、心口疼痛、胸闷等症状。

案例故事

小芹是一名大一学生，性格内向，父母常年在外做生意，从小和爷爷奶奶一起生活。家里有一个弟弟，全家人重男轻女，所以小芹一直受到父母的忽视。从小到大，小芹一直要求自己做到最好，成绩一直比弟弟好。可是在第一学期考试中小芹高数挂科，并且补考没有通过，这一事件对小芹打击很大。在他人眼中性格严重内向、胆小的小芹出现了异常的表现。每天夜里睡不着，半夜里突然变得亢奋，情绪高涨，要求同宿舍的室友陪她聊天，但在表达上逻辑混乱。一旦室友拒绝小芹的要求，小芹就会变得情绪暴躁，在宿舍和走廊里来回踱步，甚至恶语相向，摔东西。上课的时候无法集中注意力，经常走神。室友将小芹的情况反馈给辅导员老师，并向学校心理咨询老师求得帮助。

经过心理咨询发现，小芹夜晚睡不着，并且无法控制地冒出很多之前不曾有过的想法。在与其他人沟通的时候经常因为他人的不理解感到愤怒，无法控制自己的行为，甚至出现过激行为，在表述过程中出现言语不连贯等现象。

学校第一时间启动了心理危机干预紧急预案，及时联系小芹的家长带小芹到专科医院做检查。经医生临床诊断，小芹患上了躁狂症，医生为她开了相关药物。小芹遵照医嘱按时服药，经过一段时间的治疗基本康复。

二、大学生心理危机干预及措施

（一）什么是心理危机干预

心理危机干预是指采用紧急的应对方法缓解或消除心理危机，使其恢复到心理平衡状态。对于高校心理危机干预工作而言，在大学生处于严重心理状态或心理危机时，应及时给予心理辅导与治疗，帮助其正确面对危机和压力，尽快摆脱危险状态，走出心理危机，回归正常的心理平衡状态。

（二）心理危机的发生阶段

（1）冲击期。在危机事件发生之后不久或是当时，个体表现出恐慌、震惊、不知所措，甚至日常功能受到影响。

（2）防御期。希望恢复心理上的平衡，控制住焦虑和紊乱的情绪，但是不知如何去做，会出现否认、合理化等表现。

（3）解决期。尝试接受现实，积极采取各种办法寻求资源解决问题；焦虑减轻，社会功能恢复。

（4）成长期。经历危机后变得更加成熟，掌握应对危机的方法，但也有人出现消极、不健康的心理和行为。

（三）心理危机干预措施

心理危机干预措施

大部分学生对心理危机的理解存在误区，认为心理危机是一种疾病，其实不然，心理危机是一种暂时的认知、情感、行为处于混乱状态的过程。及时对心理危机采取干预可以缓解或消除心理危机，使其恢复至心理功能正常状态。但是，如果采取不恰当的干预方法，可能会适得其反，甚至会使患者出现自杀、自伤等行为，酿成惨剧。因此，采取恰当的干预方法帮助自己或他人有效走出困境，重建心理平衡状态就显得尤为重要。

1. 当自己遭遇心理危机

（1）不要等待，主动寻求帮助。

（2）要相信会有人帮助自己，一定要将自己真正的困难和痛苦告诉可信任的人，否则他们会对此一无所知。

（3）如果倾诉对象不知道如何帮助自己，可以向学校的心理咨询中心寻求帮助。

（4）如果担心心理问题被发现，可以向心理热线或校外的心理咨询人员寻求帮助。

（5）有时为找到一个真正能帮助自己的人，需要求助于几个不同的人或机构。一定要坚持下去，提供帮助的人一定会出现。

（6）解决心理危机通常需要一个过程，可能需要反复多次见咨询人员或心理医生。

（7）如果医生开药，应按医嘱坚持服用。

（8）避免使用酒精或毒品麻痹自己。

（9）不要冲动行事，强烈的痛苦使自己更难做出合理的决定。

2. 当他人遭遇心理危机

校园内发生心理危机时通常需要辅导员、班主任、学校心理咨询师等参与。当发现身边的同学或同伴出现心理危机时，可以做到以下几个方面。

（1）精神支持。建立良好的信任关系，询问困境及需求，表达关心。若超过个人能力解决范围，应建议其及时向学院和老师求助。

（2）积极倾听。以积极的、接受的、中立的态度进行倾听。

（3）宣泄。提供宣泄机会，鼓励当事人将内心情感直接表达出来。不要担心当事人出现强烈的情绪，当事人宣泄、情感暴发或哭泣有助于当事人释放情绪和压力。

（4）耐心陪伴。耐心陪伴，哪怕保持暂时沉默。如果发现有自杀念头或行动绝不能让其独处，应在陪伴的同时及时通知老师和该生家长。

（5）希望和乐观。选择恰当的时机给予当事人鼓励，传递乐观的态度，使其看到希望，建立信心。

（6）谨慎劝告和限制。当事人处于心理危机时可能思维和情绪混乱，一般应避免直接劝告、直接给出建议和限制。

（7）留心自杀危险。如果当事人流露出自杀的危险念头，不要承诺保密。如果当事人已经采取了自杀、自伤或伤人行为，应在保护自身安全的前提下立刻采取措施制止，拨打“120”“110”电话求助，并通知学院启动危机干预预案。

拓展阅读

创伤后应激障碍

创伤后应激障碍（PTSD）又称延迟性心因性反应，是由应激性事件或处境引起的延迟性反应。创伤后应激障碍是对异乎寻常的威胁性或灾难性事件的延迟和（或）持久的反应。了解常见的身心反应与应激相关障碍，有助于心理咨询师了解障碍产生的原因，从而更好地对来访者进行干预。

调查发现，经历地震的成年人中有32% ~60%的人患有创伤后应激障碍，除了直接的受害者外，还有很多的间接创伤受害者，如医护人员、救援战士和志愿者。尤其是这些救援者，他们赶往现场时要面临高强度的工作，几乎处于高度应激的状态。通过对汶川地震的救援士兵的研究发现，将近4%的士兵诊断患有创伤后应激障碍。一些志愿者出现了梦里高度警觉、入睡困难、担心石块掉落等情况。

第三节　大学生心理危机的预防与干预

一、心理高危人群的识别

（一）心理高危的征兆

1. 情绪征兆

情绪不稳定，和以往相比更加易怒、紧张、焦躁、抑郁，等等。过分的挫败感、过分内疚或过分自责等。

2. 语言征兆

语言上直接或间接地透露“不想活”“活着没有必要”“别人没有我会生活得更好”“我受不了了，我的生活看不到任何希望”等，流露出无助、无望、想要放弃生命的情感。可能会谈论和自杀有关的话题或以自杀开玩笑，谈论自杀计划，与亲友告别等。

3. 认知征兆

反复出现自杀的想法，感到未来没有希望，觉得死了比活着好。对以前感兴趣的事物失去兴趣，对未来不抱有希望，感到彻底的无助、无望。

4. 行为征兆

突然或明显的行为改变，危险行为增加，社交功能明显减退甚至中断交往。反复整理身边的东西，无缘无故将心爱的东西送给他人做纪念，有条理地安排后事等。

（二）心理高危评估线索

（1）语言或其他途径表达过自杀意愿。

（2）流露出消极悲观情绪。

（3）近期经历了难以弥补的严重丧失性事件。

（4）近期采取过自伤、自杀未遂行动。当事人采取自伤行动都未真正解决问题时，将大大增加自杀风险。

（5）发生人格改变者。行为反常，习惯突变；中断社交；感到彻底的无助、无望；出现憎恨、羞愧和无价值感等。

（6）慢性疾病或难以医治的躯体疾病患者突然不愿意治疗或出现反常的情绪好转，与家人交代后续安排。

（7）精神病患者，特别是抑郁症、精神分裂症、酒精或药物依赖等都是自杀高危人群，应引起关注。

二、心理高危人群的预防和干预

（一）心理高危的理性认知

在自杀悲剧发生之前，每个人都会觉得自己距离自杀很遥远。实际上，在现代社会，每个人都有必要了解一些关于自杀的预防知识，及时发现和干预，避免悲剧的发生。当发现身边的同学有自杀可能时，应注意以下九个方面。

1. 积极倾听

与当事人建立良好的关系，对有自杀倾向的人，积极倾听和关注他所传达的信息，有利于了解其背后潜在的情感，指责和批评只会阻碍交流。

2. 接纳所有的抱怨和宣泄

处于心理危机中的人可能以不经意的方式表达其抱怨，但其背后伴随着强烈的情感波动。不应忽视有自杀可能的人的任何抱怨，其中可能隐藏着严重的问题。

3. 识别评估

对于处于危机的人，及时对其思维、情感、语言、生理表现进行评估，对任何自杀想法都要认真对待。对自杀已经做了详细计划的人比只有自杀念头的人自杀危险要大很多。他们可能会表现得情绪激动，也有可能情绪平静。对于处于明显的抑郁情绪中同时又出现焦躁反应的人，其自杀危险性最大。

4. 鼓励求助

当发现当事人所面临的心理危机是自己无法解决和控制的，要鼓励其积极地向心理中心和专业的心理咨询和治疗机构寻求帮助，帮助其走出生命的误区。

5. 及时报告

当发现当事人有自杀的可能时，要及时报告给学校、辅导员和心理辅导中心，以便及时启动自杀干预预案。

6. 细心陪伴，做好监护

在家长没到来前，协助教师监护好可能自杀的同学，细心陪伴，将其转移到安全环境中，移除一切可能危及生命安全的物品，确保同学的生命安全。

7. 不要担心直接问及自杀

根据以往经验，在适当时候直接询问自杀问题并不会产生不良结果，但要注意在会谈进行顺利的时候询问这一问题，当与处于心理危机的人建立良好的信任关系时，询问效果会更好。

8. 充分利用合适资源

每个人都同时拥有内部资源和外部资源，资源的匮乏会加重问题的严重程度。积极帮助当事人寻找和利用合适的有效的资源可能会帮助其建立希望和信心，如寻求社会支持系统的帮助。

9. 特别注意很快反悔的人

有自杀可能的人经过危机干预后可能状态会有好转，周围的人会误以为自杀危险性降低了，从而放松警惕。研究发现，自杀危机好转后，至少在3个月内当事人还有自杀的危险，抑郁患者症状好转时情况尤甚。

（二）提升危机应对技能

1. 构建积极的自我概念

通过自我的了解和悦纳，营造积极的自我概念。自我概念包括对自我有清晰的认识和评估、适度的自信，能够肯定和悦纳自己的长处，接纳自己的短处和不足，觉察自己的不良认知模式，并改变这些消极的思维模式。

2. 正确认识压力、挫折和危机

压力、挫折和危机都是客观存在的，不可避免的，不以人的意志为转移的。它们是一把双刃剑，既是威胁又是挑战。适度的压力和挫折能够帮助人们适应环境，提升意志力，是维系正常心理功能的条件。危机能够激发人的潜能，克服危机的过程能够帮助人们提升自信心，丰富人生阅历。

3. 改善自身的情绪状态

情绪是生活的染色剂，情绪不仅仅影响个人及其生活，同时也会影响到周围的人。当出现负面情绪时要学会正确表达和释放，不能一味地将自己压抑在痛苦折磨中。经常参加体育活动也有助于大脑分泌积极情绪的化学物质。

4. 积极寻求社会的支持

社会是人与人关系的综合，人无法完全脱离社会存在。建立良好的人际关系网络有助于建立自尊和自信。大学生遇到难以解决的挫折和困难时，应积极寻求社会支持系统的帮助。同时，应多多培养兴趣，学会团队合作，多参加课外社团活动和文体活动，结交更多志同道合的朋友，也能促进社会支持系统的完善。

（三）建立大学心理危机干预体系和机制

1. 普及心理危机干预的知识

以宣传、讲座、活动等作为载体，积极宣传自杀预防知识，提高自杀的防范意识，及时发现生活中有自杀可能的人，给予他们关心和帮助，采取有效的干预办法。

2. 建立心理健康档案

通过心理测评建立学生心理健康档案，对于有心理危机和心理问题的学生及时进行动态监控，对于心理危机高危人群更要及时进行心理干预，避免恶性事件的发生。

3. 加强心理危机队伍建设

从心理危机的体系上看，仅仅依靠单一部门做到危机干预很难达到效果，它需要各个部门的联动配合，如学院系部、学生处、校医院、保卫处等。心理危机干预的主力不仅仅包括心理咨询师，还包括教师、管理者、学生、家长、社会工作者等，每个人都有其重要的位置和角色。

三、战胜社会恐慌心理

（一）增强自我安全控制感，克服社会恐慌心理

心理学中的控制感，通俗地讲，是指个体对自我或者社会力量在特定情境下对事件的控制能力的自我评估。当人们对自身的控制感受到威胁时，会表现出负性情绪（生气、愤怒），并通过某种行为来反抗，以满足自身诉求。如果失去控制感，很可能会经历以焦虑、气愤、无助甚至是生理疾病为表现形式的压抑状态。

当处在压力情境中，如果人们相信自己对这一应激事件能够有所控制，压力情境的负面影响就会减少。例如，在拥挤的电梯里，有人愿意站在靠近控制板的地方，在那里并不会觉得电梯拥挤，也不会感到焦虑。这是因为他们认为自身能控制这一情境。根据安全需要理论，安全需要可以分为确定感、安全感和控制感三个层次。只要达到个体能控制的水平，安全需要必然会得到最大限度的满足，因此控制感是个体安全需要的最高层次。

（二）毕业前夕择业恐慌心理的应对措施

当今社会严峻的就业形势、不完善的职业教育体系及传统择业观念等因素对大学生毕业前夕的恐慌心理产生了重要影响。要预防或克服择业恐慌心理，需从个体层面、学校层面及政府层面等进行共同努力，其重点是高校必须进行职业形势教育、职业观念教育、职业能力教育及职业规划教育。

随着社会经济的发展，国家的高等教育制度也在发生着深刻的变革，大学生就业问题成了社会各阶层关注的重中之重。2021 年 11 月 19 日，教育部、人力资源社会保障部召开 2022 届全国普通高校毕业生就业创业工作网络视频会议，进一步统一思想认识，分析研判形势，对 2022 届全国普通高校毕业生就业创业工作进行动员部署。

消除大学生毕业前夕择业的恐慌心理，对于大学生寻找合适的工作并合理规划职业生涯将起到举足轻重的作用。因此，探讨大学生毕业前夕的恐慌心理及对策意义重大。

1. 大学生毕业前夕择业心理分析

大学生在毕业前夕的择业存在很多不同的心理状况，如自卑心理、焦虑心理及从众心理等。

（1）自卑心理。很多大学生在毕业前夕寻找工作的阶段往往表现出特别的不自信，总是觉得自己一无是处，消极、负面的想法时刻困扰着自己，不愿意主动向企业推荐自己。

（2）焦虑心理。当大学生在毕业前夕看到他人都已经落实工作，而自己的工作却毫无着落；当大学生看到严峻的就业形势，而且经过数次的面试却无一被录用；当大学生被家长一遍遍地追问就业信息却无言以对，这个时候他们就会产生焦虑的心理。越临近毕业，焦虑心理越为严重，而焦虑心理又会助长恐慌心理。

（3）从众心理。很多大学生对自己的职业定位不明了，特别是同一专业的毕业生，认为自己的同学找什么工作，自己就应该找什么工作，同学找到月薪多少的工作，自己也要找到月薪多少的工作。盲目的攀比，使大学生在从众不成的情况下，会感觉自己很难找到

工作，从众心理会造成更大的恐慌。

2. 影响大学生毕业前夕择业恐慌心理的因素

不管是自卑心理还是焦虑心理，也不管是从众心理还是恐慌心理，都会影响大学生毕业前夕的择业，而恐慌心理更是重中之重。这里主要从大学生就业准备不够充分、传统就业观念影响、就业形势异常严峻、高校职业教育及政府指导政策有待进一步健全等几个方面来分析影响大学生毕业前夕择业恐慌心理的因素。

（1）大学生就业准备不够充分。大学生在毕业前的择业时期之所以产生恐慌心理和他们没有做好充分的思想准备和知识能力准备是有很大关系的。很多大学生认为自己是天之骄子，特别是一些重点大学的学生或者社会认可度较高专业的学生，他们自认为只要拿到毕业证就能顺利找到合适的岗位，完全不需要相应的思想准备，他们会因为没有思想准备和严重缺乏实力而造成毕业前的择业时期的心理恐慌。

（2）传统就业观念影响。陈旧的择业观念支配着大学生和家长的就业思想，不仅大学生的择业观念和现实就业情况会发生严重偏差，大学生家长也经常按照自己的择业观念来引导子女择业，这会给大学生择业带来众多困扰。

（3）就业形势异常严峻。如今大学生的就业形势日益严峻，2022 年大学生就业形势不容乐观。

（4）高校职业教育不完善。高校的职业教育不够完善，毕业前夕的大学生择业心理恐慌时期最需要的是心理辅导，高校的指导应多偏向于择业心理恐慌的预防与对策指导，当然也应该包括择业观念教育、职业规划教育及职业发展前景教育等。

（5）政策指导有待进一步健全。现行的以“自主择业”为主的就业政策在具体的执行过程中缺乏有效的法律法规的支撑，相关的配套政策不够完善，由此造成大学生择业信息不对称、信息化服务不到位等问题，极易引起毕业前夕大学生择业的恐慌心理。

3. 大学生毕业前夕择业恐慌心理应对策略分析

大学生毕业前夕择业恐慌心理应对策略分析

大学生就业已经成为政府、学校、家长及学生个体共同关注的焦点。大学生毕业前夕的恐慌心理已经严重影响到大学生的择业。这里主要从个体层面、学校层面及政府层面提出建设性对策，以帮助大学生避免或者克服毕业前夕的恐慌心理并实现就业。

（1）个人层面。大学生的择业过程是一个自我调适、自我完善和自我提升的过程，这是因为在大学生择业过程中往往伴随着自我认识不清晰、自信心不足、自我怀疑及择业恐慌心理现象的产生。这就需要大学生重新树立择业理念和择业心态，也就是要合理定位、找准自我并充分自信、勇于挑战。

①重树择业理念：合理定位、找准自我。大学生在毕业前夕择业的紧张时期需要深入地自我剖析，通过自我认识的更新做到清楚地掌握自己的优势与不足，认识到自己可以从事哪一类工作及不可以从事哪一类工作，找到自己的前进方向，找到自己的合适定位。

②调整择业心态：充分自信、主动出击。良好的择业心态能够应对择业过程中的各种心理问题，包括择业的恐慌心理。大学生在毕业前的择业过程中往往表现出自卑心理，而

自卑心理是造成恐慌心理的重要原因。只有充分地认可自己才能充满自信，只有主动出击才能获取更多的就业机会，如此才能克服择业的恐慌心理。

（2）学校层面。大学生毕业前夕的择业恐慌心理对其个人发展会产生不良影响。因此，要从职业形势教育、职业观念教育、职业能力教育及职业规划教育等四个方面进行努力，避免这一恐慌心理。

①职业形势教育：学校应在大学生毕业前夕开展系列的就业形势教育课程，使大学生深刻地认识当今的就业形势，只有面对现实才能理出思路，才能把现实和自身结合起来，才能真正地找到未来的发展方向。

②职业观念教育：重树观念、拒绝恐慌。观念为人类行为提供指导。传统的就业观念深刻地影响着大学生的择业过程。这个时候就需要优化大学生就业心理辅导资源，帮助大学生重树择业观念，让他们认识到不能仅限于一种就业方式，而要尝试不同的就业方式。

③职业能力教育：完善知识、提升能力。大学生获取知识的主要途径是学校，大学生的知识结构和能力层次受大学教育的影响巨大。而这些完善的知识结构和较高的专业能力能避免大学生毕业前夕的择业恐慌心理。

④职业规划教育：合理规划、有的放矢。高校开展的大学生职业规划教育并不是只能在毕业前夕进行，在大学生进入高校时就应开展起来。

（3）政府层面。完善的教育体系能够引导大学生择业，健全的就业法律法规能够保障大学生就业。因此，政府必须加大力度构建完善的教育体系和建立健全保障就业的法律法规。

①完善职业教育体系，引导大学生择业。一个完善合理的教育体系是现在社会发展的迫切需要。完善教育体系可以优化大学生的知识结构，指明大学生职业发展方向，这不但能为当代大学生提供择业引导，还能够有效地避免大学生毕业前夕的恐慌心理。

②健全就业法律制度，保障大学生择业。有效地保障大学生择业是当今社会的重中之重。健全就业方面的法律制度在有效保障大学生择业的同时，还监管了人才市场，优化了用人制度环境。能够保障大学生就业的相关法律法规迫切需要健全，而健全就业法律制度需要从完善就业制度和自主创业制度等多个方面共同努力。

综上所述，大学生在毕业前的择业中普遍存在自卑心理、焦虑心理、从众心理及恐慌心理等，它们之间会互相影响。要预防或克服择业恐慌心理需从个体层面、学校层面及政府层面进行共同努力。具体来讲，个体需要转变择业理念与心态，学校必须进行职业形势教育、职业观念教育、职业能力教育及职业规划教育，而政府需要加大力度完善职业教育体系和健全就业法律制度，给大学生提供就业保障。

心理测评

大学生心理健康自测

指导语：你觉得自己的心理够健康吗？下面是40道心理健康测试（见表10－1），如果感到“常常是”，画√号；“偶尔”是，画△号；“完全没有”，画×号。

表 10－1　40 道心理健康测试题

序号	题目	判断
(1)	上床后，怎么也睡不着，即使睡着也容易惊醒	
(2)	平时不知为什么总觉得心慌意乱，坐立不安	
(3)	经常做噩梦，惊恐不安，早晨醒来就感到倦怠无力、焦虑烦躁	
(4)	经常早醒 1～2 小时，醒后很难再入睡	
(5)	学习的压力常使自己感到非常烦躁，讨厌学习	
(6)	读书看报甚至在课堂上也不能专心致志，往往自己也搞不清在想什么	
(7)	遇到不称心的事情便较长时间地沉默寡言	
(8)	感到很多事情不称心，无端发火	
(9)	哪怕是一件小事情，也总是很放不开，整日思索	
(10)	感到现实生活中没有什么事情能引起自己的乐趣，郁郁寡欢	
(11)	老师讲的概念常常听不懂，有时懂得快忘得也快	
(12)	遇到问题常常举棋不定，迟疑再三	
(13)	经常与人争吵发火，事后又后悔不已	
(14)	经常追悔自己做过的事，有负疚感	
(15)	一遇到考试，即使有准备也紧张焦虑	
(16)	一遇挫折，便心灰意冷，丧失信心	
(17)	非常害怕失败，行动前总是提心吊胆，畏首畏尾	
(18)	感情脆弱，稍不顺心，就暗自流泪	
(19)	自己瞧不起自己，觉得他人总在嘲笑自己	
(20)	喜欢跟自己年幼或能力不如自己的人一起玩或比赛	
(21)	感到没有人理解自己，烦闷时他人很难使自己高兴	
(22)	发现他人在窃窃私语，便怀疑是在背后议论自己	
(23)	对他人取得的成绩和荣誉常常表示怀疑，甚至嫉妒	
(24)	缺乏安全感，总觉得他人要加害自己	
(25)	参加春游等集体活动时，总有孤独感	
(26)	害怕见陌生人，人多时说话就脸红	
(27)	在黑夜行走或独自在家有恐惧感	
(28)	一旦离开父母，心里就不踏实	
(29)	经常怀疑自己接触的东西不干净，反复洗手或换衣服，对清洁极端注意	
(30)	担心是否锁门和可能着火，反复检查，经常躺在床上又起来确认，或刚一出门又返回检查	

表 10－1（续）

序号	题目	判断
(31)	站在经常有人自杀的场所，例如悬崖边、大厦顶、阳台上，有摇摇晃晃要跳下去的感觉	
(32)	对他人的疾病非常敏感，经常打听，生怕自己也身患同病	
(33)	对交通工具（电车、公共汽车等）、尖状物及白色墙壁等特定的事物有恐惧心理	
(34)	经常怀疑自己发育不良	
(35)	一旦与异性交往，就脸红心慌或想入非非	
(36)	对某个异性伙伴的每一个细微行为都很注意	
(37)	怀疑自己患了癌症等严重不治之症，反复看医书或去医院检查	
(38)	经常无端头痛，并依赖止痛或镇静药	
(39)	经常有离家出走或脱离集体的想法	
(40)	感到内心痛苦无法解脱，只能自伤或自杀	

“√”得 2 分，“△”得 1 分，“×”得 0 分。

0～8 分。心理非常健康，请你放心。

9～16 分。大致还属于健康的范围，但应有所注意，也可以找老师或同学聊聊。

17～30 分。你在心理方面有了一些障碍，应采取适当的方法进行调适，或找心理辅导老师帮助你。

31～40 分。是黄牌警告，有可能患了某些心理疾病，应找专门的心理医生进行检查治疗。

41 分以上。可能有较严重的心理障碍，应及时找专门的心理医生治疗。

团体心理辅导

活动一：美丽碎片

【活动目的】尝试回忆和发现生活中那些平素被忽略的小温馨和小快乐，重温快乐经历。学习享受生活，发现快乐，心怀感恩，增强前行的动力。

【活动时间】25 分钟。

【活动准备】纸、笔。

【活动方法】

（1）依然在小组内进行。

（2）请学生安静，闭上眼睛。回忆一下自己人生中最快乐的三个生活片段，片段要尽量具体。记录在纸上。

（3）小组分享，要求其他组员积极回应。

（4）班级分享。

【教师点拨】

（1）有时候，我们容易形成一种思维定式，好像只有拥有了某种想要的东西（如名利）；或者摆脱了不想要的东西（如绝症），才能获得快乐。但事实是，一个人如果具有享受生活的能力，即使无法拥有美好的事物，或者遇到糟糕的情况，他仍然可以积极、乐观地生活。

（2）你记忆里最美的片段是什么？答案五花八门。在你为丧失而绝望时，找张纸列表，有多少人想看你好好活着？去采访你的父亲、母亲，问问他们，你的生命对他们有着何其非凡的意义？

（3）发现快乐，享受生活，背负着责任，积极、乐观地向前走。

活动二：我的生命线

【活动目的】提升主题，使学生珍惜生命，把握当下。

【活动时间】10 分钟。

【活动准备】纸条、记号笔。

【活动方法】

（1）请每名学生准备一个比较长的纸条。

（2）现在，我们要用这个纸条来代表我们的一生，请在这个纸条的最左侧用记号笔画上一个醒目的原点，这个点象征你生命的开始。

（3）我们假设这个纸条的长度是 100 岁，那么现在参考 2015 年世界卫生组织给出的数据，中国现在男性平均寿命是 74 岁，女性是 77 岁。再结合你自己的健康状况、家族的大概寿命来给出一个比较客观的答案。你认为自己大概能活多少岁？从右侧开始，把 100 岁中你活不到的那些年撕掉。

（4）在纸条上找到今天这个日子大概所在的时间。假设你是 20 岁，那么前面的 20 年你已经活完了，代表过去，不可能再重来。请把这已经过去的 20 年，从左侧开始撕掉。

（5）在剩余的这部分纸条中，我们再来找一个重要的点：你预期自己到多大年纪可以达到个人事业的巅峰；从这个转折点以后的日子，我们就可以主要用来陪伴自己的家人、享受生活呢？请思考后找到这个点，然后把这个点右侧的纸条全部撕掉。

（6）最后，你手里剩下的纸条还有多长？你留给自己奋斗的时间还有多少年呢？

（7）组间分享：小组每名成员都拿出自己的生命线给其他人看，边展示边说明，注意自己与他人内心的反应。

（8）班级分享。

【教师点拨】人生有限，青春一去不再返。留给我们奋斗和创造的时间还有多少呢？

参考文献

[1]王振杰,刘彩琴,乔哲. 大学生心理健康[M]. 北京:高等教育出版社,2021.
[2]朱志强,钟琪. 大学生心理健康教育与拓展训练[M]. 北京:首都师范大学出版社,2018.
[3]叶奕乾. 现代人格心理学[M]. 上海:华东师范大学出版社,2021.
[4]武桂梅,韩宇. 大学生心理健康教育[M]. 北京:中国农业出版社,2021.
[5]姚树桥,傅文青,唐秋萍,等. 临床心理学[M]. 2 版. 北京:中国人民大学出版社,2018.
[7]豆娟,孟光. 大学生心理健康教育[M]. 长沙:中南大学出版社,2020.
[8]裴德金. 新编心理学教程[M]. 北京:北京理工大学出版社,2021.
[9]邵帅. 独立学院大学生职业生涯规划的问题与对策研究[J]. 山西青年,2013.
[10]方平. 自助与成长:大学生心理健康教育[M]. 北京:教育科学出版社,2021.

参考文献

[illegible]